汉语水平步步高

动词 助动词

主 编 陆庆和 黄 兴
编写者 邵传永 杨 慧 林齐倩
季 艳 陈明美

苏州大学出版社
Suzhou University Press

图书在版编目(CIP)数据

汉语水平步步高. 动词、助动词 / 陆庆和，黄兴主编. 苏州：苏州大学出版社，2009.6
ISBN 978-7-81137-245-8 .

Ⅰ. 汉… Ⅱ. ①陆…②黄… Ⅲ. ①汉语-动词-对外汉语教学-教学参考资料②汉语-助动词-对外汉语教学-教学参考资料 Ⅳ. H195.4

中国版本图书馆 CIP 数据核字(2009)第 096055 号

汉语水平步步高
动词　助动词
陆庆和　黄　兴　主编
责任编辑　杨　华

苏 州 大 学 出 版 社 出 版 发 行
(地址:苏州市干将东路 200 号　邮编:215021)
南京市溧水秦源印务有限公司印装
(地址:南京市溧水县开发区溧淳路　邮编:211200)

开本 787 × 1092　1/16　印张 20　字数 496 千
2009 年 6 月第 1 版　2009 年 6 月第 1 次印刷
ISBN 978-7-81137-245-8　定价:36.00 元

苏州大学版图书若有印装错误，本社负责调换
苏州大学出版社营销部　电话:0512-67258835
苏州大学出版社网址 http://www.sudapress.com

编者的话

当前，随着我国国际地位的提升，学习汉语的外国人越来越多。形势喜人也逼人。这一形势向从事对外汉语教学的教师提出了新的挑战——如何让外国人更快更好地学习和掌握汉语的语法与词汇知识。

长期处于教学第一线的教师们不难发现这样的事实：汉语的句法和词法方面的知识，特别是其中的重点与难点，都不是教一两次就能让外国学生掌握的，有的难点，教师反复强调多次，一些学生还是会出现这样或那样的问题。

于是，很多教师都希望能有这样一套讲练结合的参考书：将汉语的句法与词法知识系统化、细化，将其中的内容，特别是对学生来说较难掌握的部分按照由浅入深、由易到难的原则，有计划、分层次、螺旋式地复现，不仅如此，还应针对汉语中的难点与重点，让学生反复进行操练，让学生在练习中不断提升自己。

另外，外国学生在学习汉语的过程中，经常会提出这样一些问题："我吃饭了"和"我把饭吃了"有什么不同？"我不习惯"和"我还没习惯"有什么不同？"想不起来"和"想不出来"有什么不同？"漂亮"和"美丽"有什么不同？"时间"和"时候""时光"有什么不同？"省得""免得"和"以免"是否用法完全一样？简言之，随着学习的深入，外国学生对意义和形式相似或相关的句式、结构、词语的区别越来越关注。这些确实是汉语学习的重点和难点。他们期待着教师能把这类疑团一个个辨析清楚，但是，有的问题并不是一下子能够讲清楚的，或者很难讲清楚。对很多刚刚踏上这一教学岗位的年轻教师来说，更是如此。本丛书的主编曾以考官的身份参加过几次出国汉语教师及志愿者的选拔考试工作，发现很多综合素质很好的年轻教师对这类辨析问题的回答很不尽如人意。

《汉语水平步步高》就是为了满足广大对外汉语教师的上述需要，同时也是为了满足那些已有一定汉语基础、有较高自学能力的汉语学习者的需要而编写的讲解与练习相结合的大型汉语学习丛书。该丛书由三十位作者参与，从策划、编写、修改到定稿，历经三年。编写者大多是苏州大学长期从事对外汉语教学的教师，也有对外汉语教学方向的一些研究生。在编写过程中，我们一方面参考了目前已有的对对外汉语教学有直接指导意义的专著及论文；另一方面，书中的不少分析与说明，都是编者们自己通过对语料的调查分析得出的，对已有的研究成果作了必要的补充，有些结论是编者们的新发现。

《汉语水平步步高》分八册：《句型与句式》《名词与形容词》《动词　助动词》《副词》《介词　代词》《助词》《句子成分》《关联词语　量词》。

上述八个分册的内容参考基础、初中级《中国汉语水平考试大纲》和《高等学校外国留学生汉语教学大纲》（长期进修）几个大纲加以编排，换句话说，这几个大纲中有关句型与句式、语法成分、短语（主要是动补短语）、常用实词或虚词中的重点难点等内容，这八册基本上都涵盖了。这些内容是根据难易程度的不同和水平的高低加以编排的。第一单元的讲练内容一般都是针对初级较低水平的学生的，凡是学过250个学时（45分钟一学时）汉语的学生可以先通过学习这一部分内容复习所学的知识（句式或词汇的），打好基础。第二单元的内容一般是针对初级中水平较高的学生的，同时也往往是该学习阶段的重点和难点。学生如果学习并掌握了第二单元的内容，就可由初级水平向中级水平迈进。第三单元和第四单元所讲的内容，是中级偏高到高级的水平，因此例句与练习都有一定的难度。

有些较难学习的语法点或词语，一般会在几个单元中反复出现，多次练习，为的是让学生在不同层次的上下文中多次理解与把握它们，使他们学得更加扎实和深入。

本丛书每一册前面都阐述该册总的内容，句式或词类的语法功能和特点，编写的体例与使用方法。希望读者们能够认真阅读这一部分的内容，以便更好地使用它们。

本丛书是编者们在承担繁重的教学任务的同时经过长期的艰苦努力编写而成的，有许多分析也是前人未做过的，因而出现疏漏与错误在所难免。不足之处，请专家与学者多提宝贵意见。

本丛书能够编写完成，首先要感谢华东师范大学国际汉语教师研修基地执行副主任张建民教授对本书编写指导思想的充分肯定、鼓励与指导。本丛书的顺利出版，离不开苏州大学海外教育学院黄兴院长的积极参与与鼓励，离不开苏州大学出版社高敏社长的大力支持与帮助，在此一并对他们致以诚挚的谢意。

目录

上篇　动词

·第三单元·

·第四单元·

下篇　助动词

·第一单元·

·第二单元·

·第三单元·

·第四单元·

上篇 动词

总　说

一、动词的语法特点

动词是表示动作的行为，主要有以下语法特点：

1．动词在句子里主要作谓语。大部分动词作谓语时，前面可以带状语，后面可以接补语。如：

他每天都很努力地学习。（带状语）

那个小孩长得非常可爱。（带补语）

有些双音节动词常可作主语或宾语。如：

比赛还没有开始。（“比赛”作主语）

你提的建议我们正在进行研究。（“研究”作“进行”的宾语）

很多动词或动词短语可以作定语，后面一般要带“的”。少数动词可作状语。如：

昨天我们去参观博物馆了，参观的人很多。（作定语）

刚来的客人都住在二楼。（作定语）

他同意地点了点头。（作状语）

有些动词还可以作结果补语、趋向补语和状态补语。如：

请大家打开书，翻到第二十页。（“开、到”作结果补语）

昨天玛丽给妈妈寄去了几张照片。（“去”作趋向补语）

他听到这个消息时难过得哭了。（“哭”作状态补语）

（关于补语的用法详见《句子成分》）

2．当否定某个时点之前动作的发生时，一般用“没”（如果句中没有时间词，就是指到说话时为止）。如果不是这种情况，则用“不”否定。如：

小王不去北京。

她不喜欢运动。

我们没有见过那个人。（到说话时为止）

你要是星期天早上八点去找他，他大概还没起床呢！

（关于“不”和“没”的区别，详见《副词》）

3．动词中的非心理动词一般不受“很”修饰，表示心理活动的动词可受“很”“非常”等程度副词修饰。如：

妈妈很担心孩子的身体。

韩国同学很喜欢吃辣的。

4．多数动词后可以接动态助词“了”“过”。如：

我昨天买了一些水果。

他以前学过汉语。

5. 有些动词常带动态助词“着”，表示动作完成后状态的持续。如：

小李在教室后边坐着。

墙上挂着一张地图。

有些动词带“着”时往往以连谓或并列谓语的形式出现。如：

老王笑着对我说：“太谢谢你了！”

他拿着一束花向她走去。

孩子们唱着，跳着，高兴极了。

（关于“着”“了”“过”的用法详见《助词》）

6. 动词根据能不能带宾语可分为两类：

（1）及物动词：可以带宾语的动词，如“吃、喝、买、卖、看、听、做”等。如：

他正在看报纸。

妈妈在做饭。

有的动词可以带双宾语。如：

他给我一本书。

老师告诉我一件事。

（关于“双宾语”及其句式详见《句型与句式》）

（2）不及物动词：不能带宾语的动词。如“毕业、睡觉、休息、迟到、散步”等。

妹妹大学毕业了。

小林病了，在家休息。

7. 汉语很多动词可以重叠。动词重叠后可以表示动作量小、尝试、经常性重复等意义。单音节动词重叠一般形式为 AA 式，双音节动词重叠一般为 ABAB 式。如：

我用用你的词典，行吗？

这个问题你们可以先讨论讨论。

退休的老人常在这个公园散散步，打打拳什么的。

二、学习汉语动词应该注意的重点与学习方法

1. 注意分清及物动词和不及物动词。

汉语有很多动词是及物动词，但也有一些是不及物动词，不能带宾语，汉语中只有少数动词可以带双宾语。对后两类动词的用法应特别注意。

2. 注意动词重叠的规则。

汉语很多动词可以重叠，但不是所有的动词都可以重叠。即使可以重叠的动词也不是什么时候都可以重叠的，是有一定条件的。对这些规则与条件也应作为学习的重点。

3. 注意动词的搭配用法。

汉语动词常与主语和宾语发生搭配关系，有不少动词还常带各类补语，这种搭配关系因动词的不同而有区别。要想真正掌握汉语的动词，应将动词与常跟它搭配使用的词语一起记忆。

4. 注意近义动词的区别。

汉语中有不少近义动词，它们往往在语义重点、词语搭配和语法特点上有所不同，对这些不同点应特别加以记忆。

·第一单元·

第一课 吃与喝　讲、说与谈

吃　喝

讲一讲

“吃”最常带的宾语一般是要用嘴嚼(jiáo)的固体类的食物，如“苹果、米饭、面条、饺子、菜”等，但有时水状的食物如“粥(zhōu)、稀饭、药(中药)”等，在中国的南方，人们也常用“吃”。如：

他常常到那家饭馆吃饭。

孩子饿了，该让他吃奶了。(婴儿“吃”妈妈的奶或牛奶等，不用“喝”)

“吃”的后边还常接结果补语“完、好”等，趋向补语“进去、下去、起来”等，可能补语“得了/不了、得起/不起”等。如：

你吃好了吗？我们该回家了。

这药太苦了，我吃不下去。

“喝”最常带的宾语是液(yè)体类的东西，如“水、酒、茶、奶、咖啡”等，但也可以是水状的“粥、稀饭、药(中药)”等(普通话一般用“喝”)。如：

天很热，进来喝杯茶吧。

你肚子不好，还是喝点儿粥吧。(南方话可说“吃粥”)

“喝”的后边也可以接结果补语“完、好”等，趋向补语“进去、下去、起来”等，可能补语“得了/不了、得起/不起”等。如：

两人一见面就喝起酒来了。

牛奶太多了，我喝不了。(除了婴儿，“牛奶”等一般用“喝”)

提示

"吃"与"喝"的区别

词语	宾语性质	常带宾语
吃	一般是固体的东西，但有时也可以是水状的东西	面包、苹果、米饭、面条、饺子、菜、粥、稀饭、药(中药)
喝	都是液体或水状的东西，不能是固体的东西	水、酒、茶、果汁、奶、咖啡、粥、稀饭、药(中药)

练一练

一、把下列词语分别放在"吃"和"喝"的后边。

饮料　豆浆　鸡腿　咖啡　西红柿　啤酒　面包　鱼　绿豆汤　羊肉串　酸奶　豆腐　粥茶

吃	
喝	

二、判断对错并改正错句(对的画√，错的画×)。

1. 这些面包已经过期了，不能再喝了。(　　)
2. 中国正月十五一般都要吃元宵。(　　)
3. 他没有喝早餐的习惯。(　　)
4. 没有时间了，我们就去喝碗牛肉拉面吧。(　　)
5. 可口可乐太甜了，我不想再喝了。(　　)

参考答案

一、

吃	豆浆　鸡腿　西红柿　鱼　绿豆汤　羊肉串　酸奶　豆腐　粥
喝	饮料　豆浆　咖啡　啤酒　绿豆汤　酸奶　茶　粥

二、1. ×，"喝"改成"吃"。　2. √　3. ×，"喝"改成"吃"，一般像"早餐、午餐、晚餐、年夜饭"等概括性的词语，都用"吃"。　4. ×，"喝"改成"吃"，像"面条、方便面、拉面"等虽然含有水，但主要是吃面，所以用"吃"而不用"喝"。　5. √，可口可乐是液体，应用"喝"。

讲 说 谈

讲一讲

“说”是指用言语表达。后面可接结果补语“完、错、清楚”等,趋向补语“起来、下去”,可能补语“得好/不好、得明白/不明白”等。如:

我已经说了三遍了,你怎么还没明白。

你别插话,让他说下去。

“讲”主要用于“解释、说明”的意思。如:

我们的老师讲课讲得很清楚。

这么难的问题你讲得明白吗?

“讲”有时有“说”的意思。下面的“讲”可以换成“说”:

那件事他已经讲过了,你不用再说了。

我给大家讲个笑话。

“讲”常带“故事”等词语作宾语,还常带一些抽象名词作宾语,如“道理”“礼貌”“科学”“条件”“信誉(xìnyù)”等,这些都是“说”没有的用法。如:

小时候妈妈常给我讲故事。

孩子做错了事,要跟他讲道理,让他明白为什么错了。

“讲”也可接结果补语“完、错、清楚”等,趋向补语“起来、下去”,可能补语“得好/不好、得明白/不明白”。

“谈”多指有双方或多方参加的讨论、语言交流。常带的宾语有“想法”“打算”“感想”“体会”“恋爱”“生意”等。“谈”常带的补语有“完、成、清楚”,趋向补语“起来、下去”,还可以带可能补语“得来/不来、得拢/不拢”等。如:

咱们来谈一下明天的安排吧。

关于今年的工作,我想谈几点意见。

我跟大卫的性格和爱好差不多,特别谈得来。

因为想法不一样,我跟那位先生真的谈不来。(也可用“谈不拢”)

提示

“讲”“说”与“谈”的区别

词语	语义特点	常带宾语	常带补语
讲	单方面陈述、解释或说明	话、笑话、故事、道理、礼貌、条件、科学	完、错、得好、起来、下去、得好/不好、得明白/不明白
说	单方面陈述想法或事情	话、笑话、事情	完、对、错、得好、起来、下去
谈	双方、多方讨论、交流想法或意见	话、想法、意见、打算、感想、体会、恋爱、生意	完成、清楚、起来、下去、得来/不来、得拢/不拢

三个动词都可以带"话"作宾语，意思不一样：

上课了，不要说话了。("说话"比较随便)

现在请校长给我们讲话。("讲话"比较正式)

王老师正在跟小林谈话。(双方比较正式、认真的交谈)

下面句中用"谈"太正式，所以是错的：

*晚上吃完晚饭，我常和妈妈谈一会儿话，然后再做作业。

改：晚上吃完晚饭，我常和妈妈聊一会儿天，然后再做作业。

"说"和"讲"都可以带补语"错"，意思不一样：

我说错了，是三斤不是四斤。("说错"是指"口误")

这道题他讲错了。("讲错"是指"解释错了")

练一练

一、HSK 仿真题：从下面 ABC 中选择唯一正确的填入空格中。

1. 他们两个是好朋友，很______得来。
   A. 讲　　B. 说　　C. 谈
2. 那个词老师已经______过了，你怎么还不会用？
   A. 讲　　B. 说　　C. 谈
3. 小李______他还从未到过北京。
   A. 讲　　B. 说　　C. 谈
4. 对今天这个会大家看有什么意见，请随便______一______。
   A. 讲　　B. 说　　C. 谈
5. 那件事我______出来，你可不要生气。
   A. 讲　　B. 谈　　C. 说
6. 这个语法我不太懂，你能再______一下吗？
   A. 讲　　B. 说　　C. 谈
7. 你______这儿的风景怎么样？
   A. 讲　　B. 说　　C. 谈
8. 对不起，我______错了，明天应该是星期一。
   A. 讲　　B. 说　　C. 谈

二、判断对错并改正错句(对的画√，错的画×)。

1. 你谈了这么半天，我还是没听懂。(　　)
2. 这课的练习老师已经讲过了。(　　)
3. 这笔生意没能说成，只好等下一次了。(　　)
4. 对不起，刚才是我不小心说错了他的地址。(　　)
5. 据那位医生谈，这种病很难治愈。(　　)
6. 想了一会，他很快就说出了我的名字。(　　)
7. 几年没见，两人一见面就讲了起来。(　　)
8. 他们俩谈恋爱已经谈了很久了。(　　)

参考答案

一、1. C　2. A　3. B　4. C　5. C　6. A　7. B　8. B

二、1. ×,“谈”改成“说”或“讲”,说给别人听让对方明白一般用“讲”或“说”。　2. √　3. ×,“说”改成“谈”,“生意”前一般用“谈”。　4. √　5. ×,“谈”改成“说”或“讲”,跟“据”搭配的词一般是“说”或“讲”。　6. √　7. ×,“讲”改成“谈”。　8. √

第二课 不及物动词和离合动词

讲一讲

不能带宾语的动词叫不及物动词。汉语不及物动词有以下几类：

一、一般不能带宾语的不及物动词

1．“毕业、散步、旅行、出发、游泳、跑步”等。

这类动词一般通过介词“在、从”等与地点名词发生关系。如：

她已经从那个大学毕业了。或：她大学毕业了。

我和奶奶在公园散步。

下面的句子是错的：

＊田中毕业大学了。

＊我和朋友散步公园。

2．“见面、谈话、聊天、帮忙、结婚、离婚、照相”等离合动词（详见下文）。

3．“休息、死、病、睡觉、迟到”等。如：

我爷爷已经死了。

小张病了，正在睡觉。

只有像下面这种特殊情况才可以带宾语：

这次事故死了两个人。

旅行中病倒了好几个人。（“病”后带结果补语）

二、有条件能带某些宾语的不及物动词

1．“来、去、走、跑、飞”等动词可以带处所宾语，如“来学校”“去商场”“走路”“这班飞机飞上海”。在“家里来了客人”“天上飞来一只鸟”等存现句中，可以带施事宾语。在惯用结构如“跑了第一”“走江湖”中，可带专门特定的宾语。

2．“坐、站、立、躺、睡”等后接某些结果补语时，可带使动宾语。如“立直了身子”“睡疼了腰”。在有的特定句式中，可带工具宾语，如“睡床还是睡沙发”“坐椅子还是坐沙发”。

三、离合动词

汉语动词中有一类叫作“离合词”，比较常见的有“洗澡、睡觉、起床、散步、游泳、聊天、谈话、见面、照相、跳舞、帮忙、考试、结婚、离婚、打工”等。它们有以下特点：

1．单独作谓语时是作为一个词来用，一般不能带宾语（另见上文一、2）。如：

我们明天考试。

我朋友三年前结婚，今年离婚了。

他约我在公园见面。

2. 跟动作有关的对象，常要用介词“跟”或“给”引进。如：

她常常跟中国人聊天。

大卫跟我的同学结婚了。

妈妈做饭，我在旁边给她帮忙。

请老李给我们照相吧。

下面的句子是错的：

*我下午见面老师。

改：我下午跟老师见面。或：我下午去见老师。

*他去年结婚了我姐姐。

改：他去年跟我姐姐结婚了。

“帮忙”的动作对象有时以定语的形式出现在“帮忙”中间：

马克今天搬家，大家都来帮他的忙。（另见本单元第三课）

3. 如果句中有表示动作的时间、量或状态的补语，一般要把离合动词分开，补语插在当中。如：

老师跟小林谈了一个小时的话。（“一个小时”是表示动作时间的补语）

大卫头疼，睡了一觉，就好一点儿了。（“一”是表示动作的量）

三班已经考过一次试了。（“一次”是表示动作次数的补语）

小明跑步跑得很快。（“跑步”后要带“得很快”这样的补语，“跑”应重复）

4. 这类动词重叠时是AAB式，即“洗洗澡”“谈谈话”（详见第二单元第一课）。

练一练

一、模仿下面的例句，用所给的动词和其他词语造句。

1. 他跟我散了一个小时步。

（聊天一会儿）

（游泳一个半小时）

2. 我们每个学期考两次试。

（见面三次）

（结婚一次）

3. 小明跑步跑得很快。

（考试很好）

（睡觉很早）

4. 请给我们照个相。

东西太多，请__________吧。（帮忙　个）

睡觉前先__________吧。（洗澡　个）

二、判断对错并改正错句（对的画√，错的画×）。

1. 去年哥哥就毕业大学了。（　　）

2. 他跑了一会儿步。（　　）

3. 她结婚了大卫。（　　）

4. 弟弟起床得很晚。(　　)

5. 我和朋友在海边散步。(　　)

6. 妹妹跳舞跳得不错。(　　)

三、HSK 仿真题：从下面 ABC 中选择唯一正确的填入空格中。

1. 大卫是游泳运动员，______。

A. 游泳很快　　B. 游泳游得很快　　C. 很快地游泳

2. 自从开学第一天认识他后，我______。

A. 常常见面他　　B. 常常见他的面　　C. 常常跟他见面

3. 今天因为下大雪，公共汽车很少，马克______。

A. 上课迟到了　　B. 迟到了上课　　C. 上课迟了

4. 为了赚到上学的钱，他暑假______。

A. 打了工一个月　　B. 打了一个月的工　　C. 打工了一个月

参考答案

一、1. 他跟我聊了一会儿天。我游了一个半小时泳。

2. 我们每个月见三次面。那人结过一次婚。

3. 小明考试考得很好。她睡觉睡得很早。

4. 东西太多，请帮个忙吧。

睡觉前先洗个澡吧。

二、1. ×，应改成“去年哥哥就大学毕业了”。　2. √　3. ×，应改成“她跟大卫结了婚”。　4. ×，应改成“弟弟起床起得很晚”。　5. √　6. √

三、1. B　2. C　3. A　4. B

第三课　帮助与帮忙　打听与问

帮助　帮忙

讲一讲

“帮助”是指替别人出力、出主意,或在物质上、精神上给以支持。后常带表示人的宾语,也可带“国家、地区”等(有人存在的)宾语。有时也可不带宾语。如:

他常帮助那些学习上有困难的同学。

国家每年都拿出很多钱帮助那些贫穷的地区。

大家应该相互帮助。

“帮助”后可接“了、过”,也可带“得了/不了、下”等补语。如:

老张以前帮助过我。

这件事太难办了,我可帮助不了你。

“帮忙”是指在别人有困难或非常忙时给予帮助。常用于请求具体帮助,后面不能直接接宾语和补语。那些表示动作对象、结果、时间或次数等成分要插在“帮忙”中间。如:

这些东西我拿不了,你能帮个忙吗?

看到他一个人干不了那么多活儿,大家都去帮他的忙。

小李在工作上帮过我很多忙,我真的很感谢他。

李丽在这个商店帮过两天忙。

下面两例,一般普通话不这样说:

*我很想帮忙你,但没有时间。(注:香港、台湾地区可以这样说)

改:我很想帮你,但没有时间。

*感谢你那天大大帮忙我。

改:那天你可帮了我的大忙了,谢谢你。

提示

“帮助”与“帮忙”的区别

词语	语义特点	直接带宾语或补语	常见的用法
帮助	指替别人出力、出主意,或在物质上、精神上给以支持	可以	在……帮助下 重叠式:帮助帮助

续上表

词语	语义特点	直接带宾语或补语	常见的用法
帮忙	别人有困难或非常忙时用行动给予帮助,不用于物质、精神方面	不能。相关成分要插在中间	用于请求别人用行动给予帮助。重叠式:帮帮忙

小王明天搬家,你去帮忙吗?(不用"帮助")

在朋友的帮助下,大卫找到了一个很好的工作。(不用"帮忙")

李丽学习上遇到了困难,你去帮助帮助她。(没有具体要求,不用"帮忙")

他经常在精神上给予(jǐyǔ)我帮助。(不用"帮忙")

他曾经来这儿帮过一次忙。(不用"帮助")

在生活上老师帮助了他三年。(直接带宾语和补语,不用"帮忙")

"帮助""帮忙"的重叠形式分别为ABAB和AAB式。两词都可用于请求别人帮助,但"帮助"不太具体,有时只表示客气或谦虚。"帮忙"则要求对方具体用行动给予帮助。下面两例的区别就是这样:

我刚来这个公司工作,今年还要请大家多帮助帮助。(也可说"多帮助")

今天的工作看来干不完了,请大家帮帮忙。

练一练

一、用"帮助""帮忙"填空。

1. 这个箱子太重,你能________一下________吗?
2. 在学习上我没少________他,可他的进步不大。
3. 妈妈做饭的时候,她的小女儿经常在旁边________。
4. 这次你________了我的大________了,真不知该怎么感谢你。
5. 中国经常________那些遭受自然灾害的国家。
6. 当孩子遇到困难时,父母应该鼓励他,在精神上给他________。
7. 我正需要人手,你能来________,我真是太高兴了。
8. 看到他们一家人生活那么困难,很多人都主动拿出钱、物去________他们。

二、用"帮助""帮忙"完成下面的句子。

1. 听说老师要往楼上搬东西,大家________________。
2. 在________________下,我最后终于通过了这次考试。
3. 他虽然很有钱,但却没有________________。
4. 现在商店里人手不够,你________________?
5. 我这是第一次当班长,没有经验,请大家以后________________。

三、HSK仿真题:从下面ABC中选择唯一正确的填入空格中。

1. 对不起,今天因为有事,你搬家我就______。

A. 不能去帮忙你了　B. 不能去帮你的忙了　C. 不能去给你帮助了

2. 你别叫他了,______。

A. 他正给我帮着忙呢　B. 他正帮忙我呢　C. 他正帮助着我呢

3. 这件事非常麻烦,我实在没有办法了,______。

A. 请你多帮助帮助　B. 只好请你帮帮忙了　C. 只好请你给帮忙

4. 如果你高兴，______。
A. 我很乐意帮忙你　　B. 我很乐意帮你忙　　C. 我很乐意帮你这个忙

参考答案

一、1. 帮……忙　2. 帮助　3. 帮忙　4. 帮……忙　5. 帮助　6. 帮助　7. 帮忙　8. 帮助
二、1. 听说老师要往楼上搬东西，大家都赶紧过来帮忙。
2. 在老师的帮助下，我最后终于通过了这次考试。
3. 他虽然很有钱，但却没有帮助过那些生活上有困难的穷人。
4. 现在商店里人手不够，你能不能帮一下忙？
5. 我这是第一次当班长，没有经验，请大家以后多帮助帮助。
三、1. B　2. A　3. B　4. C

打听　问

讲一讲

一、打听

"打听"表示"向别人了解关于某人或某事物的情况"。后面常带名词、代词、小句作宾语。一般用于口语。"打听"的动作对象要用介词"向""跟"引进。如：

我想跟您打听个人，他叫大卫，是从美国来的。
李丽向她打听马克的情况，但是她什么也没说。
您就把这事交给我吧，我去打听她在哪里。

"打听"可以重叠，但动作的对象不能出现在"打听"之后。如：

我先去打听打听，回来再商量怎么办。

二、问

（1）表示向人了解某个情况。如：
他问这件衣服在哪儿买的。
有件事我想问问你。（也可以说：有件事我想跟你打听一下。）
（2）表示有不明白的问题，请人解答。如：
课文里还有不懂的地方，可以问我。

上面两个意义的"问"可以重叠，可以直接带所问对象和所问内容两个宾语（即双宾语），也可以只带其中的一个。如：

问您几个问题，行吗？
这件事你去问问老师就知道了。
去超市该往哪儿走，你去问问路吧。

这类"问"后可以带结果或状态补语。如：

这个问题一下子把我问住了。
她被问得张口结舌，回答不上来。

(3) 表示问候,有时可以用"向"引进问候的对象。如:
请你代我问大家好。
代我向你的父母问好。
(4) 表示关心或管。如:
他最近工作很忙,几乎不问家里的事。(关心、管)
生产任何产品只顾数量、不问质量是不行的。(管)

提示

"打听"与"问"的区别

词语	(1)向别人了解情况	(2)不明白而问	(3)表示问候 (4)表示关心、管	用"向""跟"引进对象	直接带对象宾语或双宾语	带补语
打听	+	−	−	+	−	−
问	+	+	+	(1)(2)(4)− (3)可用"向"	+	+

("+"表示可以,"−"表示不可以,全书同)

动词 助动词

练一练

一、用"打听""问"填空。

1. 老李______你小张去不去北京。
2. 你为什么向别人______我的情况?
3. 他向老师______了一声好就走进教室去了。
4. 人家是听说你的戏好,才跟我______你的。
5. 这个问题把她______住了,她想了好一会儿也没答上来。
6. 这件事我已经______过老张了。

二、用(　　)内的动词完成句子。

1. 他一心只想着工作,家里的事____________。(问)
2. 听说王老师已经回来了,这个问题____________。(问)
3. 我跟____________,王平住在这儿吗?(打听)
4. 他的年龄你还是____________。(问)
5. 他很想你,每次见到我,还常____________。(打听)

参考答案

一、1. 问　2. 打听　3. 问　4. 打听　5. 问　6. 问
二、1. 他一心只想着工作,家里的事从来都不问。
2. 听说王老师已经回来了,这个问题你去问她吧。
3. 我跟你打听一下,王平住在这儿吗?
4. 他的年龄你还是去问一下他自己吧。
5. 他很想你,每次见到我,还常打听你的情况。

第四课 安排与布置 参观与访问

安排 布置

讲一讲

“安排”是指有计划、分先后地处理事物(包括时间),后可接结果补语“完、好、满”等。“安排”也常用于安置人,常带“得下/不下、得开/不开”等可能补语。如:

服务员安排他住在了九号楼。

这次会议时间安排得很紧,没空儿出去旅游。

今天你(时间)安排得开吗?我想让你陪我去买件衣服。

旅馆的房间已经满了,这几位客人我实在安排不下了。

“布置”是指为了使某处适合某种需要,进行装饰或摆放一些东西。后可跟结果补语“完、好”等,还可以带状态补语。如:

老王就要搬过来了,你好好布置一下这个房间。

没用几分钟她们就把会场布置好了。

为了过圣诞晚会,同学们把教室布置得很漂亮。

人一到齐,大家就开始布置起会场来。

提示

“安排”与“布置”的区别

词语	表示的意义	常带宾语	常带补语
安排	有计划、分先后地处理事物	时间、生活、工作	好/很紧 得开/不开
	安置人	客人、游客	得下/不下
布置	为了某种需要,对处所进行装饰、陈列	房间、会场、展览厅	好/得很漂亮
	安排活动	工作、任务、作业	起来、下去

1. “安排”常带表示人的宾语,“布置”常带处所宾语。两个动词的这两类宾语不能互换。如:

你安排客人到楼上休息吧。(不用“布置”)

我们正在布置展览厅。(不用“安排”)

2. “安排”和“布置”后面可以带的补语大部分不同(详见上表)。

3. “安排”和“布置”都可带“工作”作宾语,区别是“安排工作”的对象可以用“给”引进,在句中有两个位置,意思不一样。“布置工作”可以表示把很多工作分派给不同的人,对象可以不出现。有时可用“给”引进对象,但要放在动词前。如:

他在公司给大卫安排了一个工作。(让大卫在公司就职)
把这项工作安排给小李和小张两个人做吧。(把工作分配给两个人做)
明天的工作你都布置下去了吗?(工作布置给下面的人分别去做了)
部长给我们布置了很多工作。

练一练

一、用“安排”“布置”填空。

1. 小王被__________在了车间工作。
2. 大家正忙着__________房间,因为晚上要开联欢会。
3. 老师今天没有__________什么作业。
4. 我们每学期__________两次外出参观活动。
5. 他被__________到那家公司做总经理。
6. 舞台的背景__________了很多五颜六色的灯光。

二、用(　　)内的动词完成句子。

1. 他刚转学过来,老师______________________________。(安排)
2. 为了考验大家,经理给我们每个人都______________________________。(布置)
3. 新人就要进来了,______________________________。(布置)
4. 为了社会治安,这一地区______________________________。(安排)
5. 你把这么重要的工作______________________________,他能胜任吗?(安排)

三、HSK 仿真题:从下面 ABCD 中选择唯一正确的填入空格中。

1. 领导交给你的任务你______?
   A. 给谁布置了　　B. 安排下去了吗
   C. 布置下去了吗　　D. 安排给谁了
2. 先生,您的房间______,是102,这是钥匙。
   A. 已经安排完了　　B. 已经安排好了
   C. 已经布置完了　　D. 已经布置好了
3. 他们下星期就要结婚了,现在正在______。
   A. 布置新房　　B. 安排新房
   C. 布置新房了　　D. 安排新房了
4. 老李找到老朋友,请他给自己刚毕业的儿子______,朋友没有答应。
   A. 找到一份工作　　B. 布置一份工作
   C. 干一个工作　　D. 安排一份工作

参考答案

一、1. 安排 2. 布置 3. 布置 4. 安排 5. 安排 6. 布置

二、1. 他刚转学过来,老师安排他坐在我的旁边。

2. 为了考验大家,经理给我们每个人都布置了任务。

3. 人就要进来了,你们赶快布置一下房间吧。

4. 为了社会治安,这一地区安排了十几个警察。

5. 你把这么重要的工作安排给李明做,他能胜任吗?

三、1. C 2. B 3. A 4. D

参观 访问

讲一讲

"参观"是到某地实地观察,了解一些情况。常带的宾语有"工厂、学校、研究所、博物馆、名胜古迹、展览"等。如:

我们一起参观了历史博物馆。

他们学校很漂亮,我去参观了一下。

通过参观这个画展,我对这个画家更了(liǎo)解了。

"访问"是有目的地去某处正式看望某人并跟他谈话。常带表示人的宾语,也可以带"工厂、学校、农村、城市、国家"等处所宾语。表示动作者到该处与那里的人接触、谈话。如:

那位记者访问过我们两次。

她曾多次访问北京,和很多中国人见过面,认真交谈过。

"访问"是相当正式的动词,像下面句中用"访问"是错的:

*我们班的同学常常去访问王老师的家。

改:我们班的同学常常去王老师家玩儿。

如果要表示比较出于礼貌去看望某人,应用"拜访"(bàifǎng):

李教授,我想去您家拜访,可以吗?

提示

"参观"与"访问"的区别

词语	表示的意思	常带宾语	常带补语
参观	实地观察了解情况	工厂、学校、博物馆、研究所	完、好、成 下去、下来、起来
访问	正式看望某人并交谈	教授、领导、导演、研究员、英雄	
	到某地并与那里的人交谈	学校、农村、北京、单位	

1."访问"的宾语可以是人,也可以是处所。"参观"的宾语只能是处所。

2. “参观”的宾语，一般是供人观看的地方，参观者主要通过观看了解情况。而“访问”一般要与当地人交谈，所以所带的处所宾语多为有人聚集的地方。

练一练

一、用“参观”“访问”填空。

1. 最近很多人________了苏州博物馆。
2. 总统下个月将________中国，还要________很多名胜古迹。
3. 这个大学曾经多次派代表团来我校________。
4. 外国学生________了我们的校园以后，都觉得很漂亮。
5. 这是我第一次________中国的农村，觉得什么都很新鲜。
6. 李华________那位著名作家时，问了他很多问题。

二、用(　　)内的动词完成句子。

1. 新市长____________________，想更多了解这个城市的情况。(访问)
2. 你别去找他了，他明天____________________。(参观)
3. 外国代表团____________________以后，感觉中国的变化真是太大了。(访问)
4. 那个植物园很漂亮，你____________________？(参观)
5. ____________，向他们了解这个村子的历史。(访问)

三、HSK 仿真题：从下面 ABCD 中选择唯一正确的填入空格中。

1. 甲：听说你跟代表团最近去国外__(1)__了，有些什么收获？

　乙：我们不仅__(2)__了当地的工厂和农村，还__(2)__了一些名胜古迹。

　(1) A. 拜访　　B. 参观　　C. 访问　　D. 询问

　(2) A. 观赏　　B. 参观　　C. 旅游　　D. 访问

2. 李医生，我想有空去您家______，可以吗？

　A. 拜访　　B. 参观　　C. 访问　　D. 询问

参考答案

一、1. 参观　2. 访问　参观　3. 访问　4. 参观　5. 访问/参观　6. 访问

说明：当宾语是人时不用“参观”而应该用“访问”。宾语是处所时，如果只是为了让人观看的地方一般用“参观”，如果是有人居住并可以通过交谈了解情况的地方一般用“访问”。如果某处既可以观看，又可以找人谈话了解情况，用“参观”和“访问”都可以，只是动作的重点不一样。

二、1. 新市长访问了很多市民，想更多了解这个城市的情况。

2. 你别去找他了，他明天将去参观一个大型美术展览。

3. 外国代表团访问了五个城市以后，感觉中国的变化真是太大了。

4. 那个植物园很漂亮，你以前参观过吗？

5. 我访问过那里的许多人，向他们了解这个村子的历史。

三、1. (1)C　(2)B　2. A

第五课 打算与计划　掉与丢

打算　计划

讲一讲

“打算”是指经过大致考虑对今后动作作出的初步安排。可以作动词也可以作名词。动词用法更为多见，常带动词及短语作宾语。如：

你打算在这儿住多久？（动词）

毕业以后有什么打算？（名词）

“打算”作动词时，否定一般在“打算”前加否定副词“不”“没（有）”。如：

我不打算在这地方工作。

你没打算跟我结婚吗？

“计划”是指经过仔细考虑预先对今后的动作作出的安排。可以作动词也可以作名词。以名词用法更为多见，一般不用“不”“没”否定词。如：

我们计划用一年的时间完成这项工作。（动词）

比赛都在按计划顺利进行。（名词）

动词“计划”后可带补语“一下”。如：

这项工作比较复杂，我们应该好好计划一下。

“计划”多用于正式场合，如“计划生育”。作名词时，常受动词或名词修饰，如：

教学计划　教育计划　学习计划　复习计划　年度计划　原计划

名词“计划”常常跟“制订”“修改”“实行”“签订”“起草”“实施”“执行”“履行”等比较正式的书面语动词搭配使用（“打算”没有这种用法）。如：

教师要制订课堂教学工作计划。

这个生产计划必须严格执行。

提示

“打算”与“计划”的区别

词语	语义特点	词性	语体色彩	语法特点
打算	经过大致考虑对今后动作作出的初步安排，不一定实现	动词(多用) 名词	多用于口语，较随便	常带动词及短语作宾语，可加“不”“没”否定
计划	经过仔细考虑预先对今后的动作作出的安排，一般要实现	动词 名词(多用)	多用于正式场合语	作名词，常与“制订”等正式动词搭配

练一练

一、用"打算""计划"填空。

1. 一些汽车厂家已将原(　　　)10月份推出的新车型,提前到9月份推出。
2. 这个暑假你(　　　)干什么?
3. 为了满足学生的需要,我们学校(　　　)明年建一个新的图书馆。
4. 听说你不(　　　)参加小王的生日晚会,是吗?
5. 中国实行了(　　　)生育政策。
6. 为了在这次考试中能取得好成绩,我在考试前制订了一份详细的复习(　　　)。
7. 我走了就没(　　　)再回来!
8. 这个项目对我们公司很重要,我们必须好好(　　　)一下。

二、用(　　)内的动词完成句子。

1. 他________________,电话铃响了。(打算)
2. 研究人员已经搞出了新产品,公司________________。(计划)
3. 这个晚会________________,没想到他自己来了。(打算)
4. 开发商________________,但没能得到政府批准。(计划)
5. 为了丰富学生的业余生活,学校________________。(计划)

三、HSK仿真题:从下面ABCD中选择唯一正确的填入空格中。

1. 学校__(1)__从这个学期开始安排部分贫困学生在学校图书馆和食堂打工,__(2)__他们解决经济上的困难。

(1) A. 打算　　B. 想　　C. 计划　　D. 觉得

(2) A. 帮助　　B. 援助　　C. 帮忙　　D. 支持

2. 你__(1)__什么时候搬家?决定以后告诉我,我一定来__(2)__。

(1) A. 打算　　B. 想　　C. 计划　　D. 觉得

(2) A. 帮助　　B. 帮忙　　C. 援助　　D. 支持

动词　助动词

参考答案

一、1. 计划　2. 打算　3. 计划　4. 打算　5. 计划　6. 计划　7. 打算　8. 计划

二、1. 他正打算出门的时候,电话铃响了。

2. 研究人员已经搞出了新产品,公司计划下月正式生产。
3. 这个晚会我们没有打算请他,没想到他自己来了。
4. 开发商计划在这一地区建一个商务楼,但没能得到政府批准。
5. 为了丰富学生的业余生活,学校计划每学期举办一次唱歌比赛。

三、1. (1)C　(2)A　2. (1)A　(2)B

掉 丢

讲一讲

一、掉

1. 落下。如：

笔掉在地上了。

听到这个消息以后，我忍不住掉下了眼泪。

2. 因不知何时落下而遗失。如：

先生，你的钱包掉在出租车上了。

3. 因粗心而遗漏(yílòu)(文字)(注：遗漏是指应该列入或提到的因疏忽而没有列入或提到)。如：

这一页掉了两个字。

4. 减少、降低。如：

我最近每天运动，掉了几斤肉了。

水果暂时还不会掉价。

“掉”常带结果补语“光”表示“落光”。如：

树上的叶子都掉光了。

爷爷九十多岁了，牙差不多掉光了。

“掉”常用在一些动词后作补语，表示动作较彻底地完成(南方人常用)。如：

一箱啤酒都被他们喝掉了。

这个坏毛病你要下决心改掉。

二、丢

1. 不小心遗失、遗忘某物。如：

钥匙不知丢在哪儿了？找也找不到。

糟糕(zāogāo)，我的钱包丢了。

2. 主动地丢弃(事物)。或抛弃(pāoqì)某种理想、传统、作风、幻想等(注：抛弃是指扔掉不要)。如：

不要乱丢垃圾。

再怎么艰难也不能把自己的理想丢了。

这种好传统不能丢。

3. 失去面子、工作、生命。如：

上次我在学校出丑，让我儿子丢脸了。

最近真倒霉，不仅把工作丢了，连女朋友也不要我了。

“丢”常带结果补语“光”，表示“遗失光”或“抛弃光”。如：

你这么粗心，总是丢东西，再这样下去，好东西都要被你丢光了。(遗失光)

凡是旧的东西，他都反对，连好传统、好习惯也都给他丢光了。(抛弃光)

“丢”可用在有些动词后作补语，仍表示“遗失”。如：

银行卡被我弄丢了。

你怎么把这么重要的资料搞丢了？

提示

“掉”与“丢”的区别

词语	相近的语义	各自独有的意义	带结果补语	作结果补语
掉	因不知何时落下而遗失某物	①落下 ②因粗心而遗漏(文字) ③减少、降低	“掉光”意思是“落光”	～掉 表示动作完成
丢	因不小心或原因不明而遗失某物	①主动地丢弃(事物)。或抛弃(理想、传统等) ②失去面子、工作、生命	“丢光”意思是“遗失光”或“丢弃光”	～丢 表示遗失

1.“掉”与“丢”都可以表示“遗失”。“丢”一般表示“由于一时不小心或原因不明的遗失”，“掉”表示的是“因不知何时落下而遗失”。凡是比较小的、容易“落下而遗失的东西”可以用“丢”，也可以用“掉”；否则只能用“丢”。如：

王平不知道什么时候把车钥匙掉(丢)了。

我的自行车丢了。(不用“掉”)

2.“掉”与“丢”带相同的补语“光”表示不同的意义。两个动词都可以作结果补语，表示的意思也不一样。“丢”比“掉”更多地表示“遗失”。

3.“掉”与“丢”各自都有一些独有的意义。(详见上表)

练一练

一、用“掉”“丢”填空。

1. 他的手抖了一下，杯子__________到地上，碎了。
2. 在那么多人面前说这样的话，真__________脸。
3. 真正污染环境的不是垃圾，而是乱__________垃圾的人。
4. 这次出国太累，一下子__________了十斤肉。
5. 在上海我__________过好几回钱了。
6. 译文把原文里的丰富内容丢__________了许多。
7. 因为吃那种药，他的头发全都__________光了。
8. 在那次战斗中，他几乎__________了性命。

二、用(　　)中的动词完成下列句子。

1. 疾控中心专家告诫市民，______________________________等有毒有害物。(丢)
2. 前面有个坑，小心______________________________。(掉)
3. 学校里也有小偷，我______________________________。(丢)
4. 因为跟公司领导发生了矛盾，他______________________________。(丢)
5. 几天没睡好吃好，体重______________________________。(掉)

三、HSK 仿真题：从下面 ABCD 中选择跟画线词意义最接近的词。

1. 这句话不通，你看是不是<u>掉</u>了几个字？

A. 丢失　　　　B. 遗失　　　　C. 遗漏　　　　D. 减少

2. 这样好的传统我们永远也不能丢。

A. 丢失　　　　B. 抛弃　　　　C. 丢弃　　　　D. 丢下

参考答案

一、1. 掉　2. 丢　3. 丢　4. 掉　5. 掉/丢　6. 掉　7. 掉　8. 丢

二、1. 疾控中心专家告诫市民，千万不要乱丢废电池等有毒有害物。

2. 前面有个坑，小心别掉下去。

3. 学校里也有小偷，我已经丢过好几辆自行车了。

4. 因为跟公司领导发生了矛盾，他为此丢了工作。

3. 几天没睡好吃好，体重已经掉到六十公斤了。

三、1. C　2. B

第六课 感到、觉得与想 结束与完成

感到 觉得 想

讲一讲

一、感到

1. 表示由于某些客观因素使人在身体或心理上产生某种感觉。后面常带形容词、动词、小句作宾语。如:

你的突然来访让我感到很意外。

不好听的话会让人感到难受。

孩子的出生让他感到肩上的担子更重了。

我昨天走路的时候突然感到头有点晕。

每当到医院的时候,他就会感到心上像压了一块沉重的大石头似的。

"感到"后可以不带宾语,但后面一定有"了、过"。如:

——昨天夜里有轻度地震,你感到了吗?——感到了。

这种感觉你曾经感到过吗?

注意:(1)作宾语的形容词一般表示身体或心理的感受,不包括视觉、听觉。比如"累、沉重、不自在、兴奋、为难、满意、害怕、焦急、不安、惊讶、孤独、委屈、厌烦、别扭、惭愧、愧疚、困惑、亲切"等形容词都可以与"感到"搭配,但"漂亮、动听、结实、瘦小、黑"等表示通过视觉、听觉而感受到的感觉不能与"感到"搭配。

(2)"感到"常用于兼语句中。(例句见上文)

2. 表示对某事有某种想法。语气比较轻,后跟小句作宾语。但这种用法的句子很少。如:

同学们都感到,这次全班取得好成绩是老师认真辅导的结果,也是同学们认真学习的结果。

二、觉得

1. 表示产生某种感觉,后面跟形容词、动词、小句作宾语。如:

一个人住在这么大的房子里,觉得很孤单。

他越说越觉得委屈,索性大哭了起来。

我心里不舒服,总觉得有什么不幸的事要发生。

"觉得"后也可以不带宾语。如:

我并没觉得父母之间有什么互相妨碍的地方，大概他们也没觉得过。

这种事瞒不了多久，大家很快就会觉得了。

2. 表示个人对事物的看法、想法。如：

我觉得凭你的能力一定能找到一份好工作的。

晚上我们吃完饭去看电影，你觉得怎么样？

我觉得她长得很漂亮。

三、想

“想”作动词有三个意思：

1. 表示对某事的想法、推测。语气比较轻，不肯定。如：

我想他今天不会来了。

看这天，我想过会儿可能要下雨。

我想这件事你去办最合适。

2. 表示怀念、想念。如：

我想家了。

大家都很想你。

3. 表示思考。如：

我正在想办法解决这个问题。

他想了一会才回答。

提示

“感到”“觉得”与“想”的区别

词语	语义特点	所带宾语	语体色彩	可否接补语
感到	因客观因素身体或心里的感觉	形容词宾语一般不包括视觉和听觉上的	常用于书面语	不可
	对事物有某种想法			
觉得	主观感受	形容词宾语可表示视觉和听觉上的	常用于口语	不可
	个人对事物的看法			
想	对某事的推测		常用于口语	不可
	表示怀念、想念			
	表示思考			好 起来、下去

1．“感到”的前面可以用“强烈”“深”表示感觉的强烈程度，但“觉得”没有这些用法。如：

这种经历让我强烈感到，个人命运与国家命运是分不开的。

从这几年的接触中，我深深感到你对人生、对艺术的理解都渐渐成熟起来。

2．“想”表示“人对事物的想法”时与“觉得”相近，但“想”更着重“个人对事物的推测、估计”，“觉得”没有“推测”的意思。“想”的另外两个意思“想念”“思考”都是“感到”和“觉得”都没有的。

练一练

一、用“感到”“觉得”“想”填空。

1. 我__________你这样做不太合适。
2. 因为心里兴奋，所以倒也不__________累。
3. 我每到一个地方，都强烈__________中国人的热情。
4. 我在__________该怎么回答你的问题才好。
5. 我__________今晚的逃跑计划恐怕很难实现了。
6. 坐在草地上，__________天色明朗，风吹得也舒服。
7. 离家那么长时间，他谁都不__________。
8. 我__________昆明雨季气压不低，人很舒服。
9. 那时候的生活很简单，人们都__________格外幸福。

二、用（　　）中的动词完成下列句子。

1. 看了演出以后，我____________________。（感到）
2. 作为《人民日报》的总编辑，我深深____________________。（感到）
3. ____________________，所以开始运动。（觉得）
4. ____________________比什么地方都蓝，黑夜里的星星比什么地方都亮。（觉得）
5. 因为他了解爱护公共财物的意义，所以对破坏公共财物的行为__________。（感到）

三、HSK 仿真题：从下面 ABCD 中选择唯一正确的填入空格中。

1. 这个消息让我______。

A. 觉得很吃惊　　B. 感到很吃惊

C. 看来很吃惊　　D. 感觉很吃惊

2. 我______他好像有点儿不太高兴。

A. 觉得　　B. 想　　C. 看来　　D. 想到

3. 她的那件衣服我______。

A. 觉得很漂亮　　B. 感到很漂亮

C. 想到很漂亮　　D. 想不漂亮

4. 所有的人都__（1）__，但婚姻是一辈子的事，看看眼下自己的境况，他__（2）__。

（1）A. 想她跟他很合适　　B. 感到她跟他很合适

C. 考虑她跟他很合适　　D. 觉得她跟他很合适

（2）A. 感到有一种说不出的压力　　B. 感受有一种说不出的压力

C. 认为有一种说不出的压力　　D. 想有一种说不出的压力

参考答案

一、1. 觉得　2. 感到/觉得　3. 感到　4. 想　5. 想　6. 觉得　7. 想　8. 觉得　9. 觉得/感到

二、1. 看了演出以后，我感到她今天的表现不错。

2. 作为《人民日报》的总编辑，我深深感到责任意味着什么。

动词　助动词

3. 他觉得自己太胖了,所以开始运动。

4. 我觉得这里的天比什么地方都蓝,黑夜里的星星比什么地方都亮。

5. 因为他了解爱护公共财物的意义,所以对破坏公共财物的行为一定会感到愤恨。

三、1. B 2. A 3. A 4. (1)D (2)A

结束 完成

讲一讲

"结束"是指"事情自然地发展或进行到最后阶段,不再继续",通常是客观地进行。常与"战争、会议、比赛、运动、活动、演出、节目、考试、仪式、历史、时代、生命、谈话、讨论"等搭配,而且这些词主要是作主语。如:

足球比赛什么时候结束?

丧礼上午结束,婚礼到傍晚开始。

我们这番谈话结束得恰到好处。

最后他用一颗子弹结束了他的生命。

清朝灭亡以后,中国封建制社会也就宣告结束。

"结束"还可以跟表示心情、情感、关系方面的名词搭配。如:

这本小说我是为了结束一下过去的心情而写的。

这件事过去以后,我想,他的孤独也会结束了。

我们之间的友情就这样结束了。

"完成"是指"按照预期的目的做完、做成",通常是主观地去做。常与"任务、工作、项目、作品、使命、计划、作业、学业、事业、目标"等搭配,这些词主要是作宾语。如:

我保证一个月内一定完成您交给我的任务。

每个学生应该遵守校规、认真听课、按时完成作业。

你要是不用超出常人的标准要求自己,怎么能完成超出常人的事业?

他父亲交给他的使命,他已完成了。

提示

"结束"与"完成"的区别

词语	语义特点	说明动作	说明目标计划	说明心情友情关系	搭配的词语
结束	客观说明事情自然地发展到最后完结阶段	+	–	+	作主语多 作宾语少
完成	按照预期的目的做完、做成,主观目的性强	+	+	–	作主语少 作宾语多

练一练

一、用"结束""完成"填空。

1. 这幅画我花了三天三夜才______。
2. 电影______后,大家都拥向出口。
3. 我们还有一个台湾问题没有解决,仍然面临着______国家统一的任务。
4. 你必须在一个星期内______这个软件项目。
5. 会议是否可以考虑早点______?
6. 爱情要以悲剧______才显得完美。

二、用(　　)中的动词完成下列句子。

1. 学期______________________,师生都要聚餐。(结束)
2. ______________________,你就必须加倍努力。(完成)
3. 这次活动从8月1日开始,______________________。(结束)
4. 老板命令我必须在他回来之前______________________。(完成)
5. 这次讨论______________________,下星期一我们继续。(结束)
6. 尽管知道他们之间的关系很难挽回,______________________。(结束)

三、HSK 仿真题:从下面ABCD中选择唯一正确的填入空格中。

寒假就要______了,学生们又要开学了。但有些学生还没有______老师______的作业,他们这时______着急起来,不知道应该怎么办。

A. 完成　结束　布置　突然
B. 结束　完成　安排　忽然
C. 结束　完成　布置　突然
D. 完成　结束　布置　忽然

四、HSK 仿真题:在下面每一段话中找出错误的部分。

1. 由于大家的共同努力(A),我们公司上半年的工作计划结束得比较好(B),希望大家继续保持这种状态(C),争取下半年做出更大的成绩(D)。

2. 报纸上说(A),一名年仅十二岁的初中女学生自杀了(B)。她为什么要完成这么年轻的生命(C),人们不禁产生了许多疑问(D)。

参考答案

一、1. 完成　2. 结束　3. 完成　4. 完成　5. 结束　6. 结束

二、1. 学期快要结束的时候,师生都要聚餐。

2. 如果想尽快完成老师交给你的任务,你就必须加倍努力。

3. 这次活动从8月1日开始,预计将于8月8日结束。

4. 老板命令我必须在他回来之前完成这个项目。

5. 这次讨论就到这里结束,下星期一我们继续。

6. 尽管知道他们之间的关系很难挽回,但他也不想就这样结束。

三、C

四、1. B (应改成:我们公司上半年的工作计划完成得比较好)

2. C (应改成:她为什么要结束这么年轻的生命)

第七课 利用与使用 认为与以为

利用 使用

讲一讲

一、利用

1. 表示"使原来不用的或未发生效能的事物发挥作用"。对象一般是东西、资源、能源、条件、机会、时间等。如：

我们应该合理利用资源、能源，有效地控制污染，保护环境。

我想利用休假时间去北京旅游。

城市家庭垃圾还没做到分类回收，废物利用、让垃圾变为财富，还有大量的工作要做。

2. 表示"用手段使人或事物为自己服务"。有时含有贬义。如：

原来你存心利用我？并不是真的爱我！

他利用欺骗手段非法获得了不少利益。

"利用"的宾语除了名词以外，还可以是动词或小句。如：

他利用敌人不熟悉这里的地形来打麻雀战。

他利用搞这次活动筹到了不少资金。

二、使用

"使用"表示"使器物、资金等事物发挥其作用"。多用于具体的东西。如：

我不会使用这个复印机，你能教我一下吗？

这幢教学楼将于明年年底建成、投入使用。

《现代汉语词典》是使用最广泛的汉语工具书。

有时也可以用于较抽象的事物。如：

对孩子的惩罚只有使用得当才能有效果。

有些人当面说得好听，背后却暗中使用诡计。

提示

"利用"与"使用"的区别

词语	语义特点	语体色彩	所接宾语	是否有较强的目的性
利用	使不用或未发生效能的事物发挥作用	褒义或中性	东西、资源、条件、时间等名词	–
	用手段让人或事物为自己服务	一般为贬义	人或事物	+
			可以接小句或动词	
使用	使器物、资金等发挥作用	中性	机器、楼房、书等具体的东西	–
			奖励、惩罚、计谋等抽象事物	

练一练

一、用"利用""使用"填空。

1. 在如今电子计算机普及的时代，______电脑的人正逐渐增多。
2. 你可以______养病的这段时间安心在家学习，等你病好了就去参加成人高考。
3. 这种防晒(shài)霜比较适合夏天______。
4. 外国人考高级 HSK 作文时，应当______中文。
5. 你怎么这么傻，他是在______你反对老板，你怎么还不明白。
6. 你居然想______你骗来的遗产来打动我，跟你一起犯罪。
7. 你知道吗？姐姐和姐夫在二十年前谈恋爱时，是______我为他们互传信息的。
8. 在两千多年前的都江堰水利工程中，竹子已经被大量______。

二、用(　　)中的动词完成下列句子。

1. 中国是______________________最早的国家。(使用)
2. 他最讨厌有人______________________大吃大喝，占公家的便宜。(利用)［注："占(zhàn)便宜"是惯用语］
3. 考试就要到了，______________________，好好复习。(利用)
4. 留学生在中国应该学会______________________。(使用)
5. 为了节约资源，北京市内各旅游星级饭店将______________________。(使用)

三、HSK 仿真题：从下面 ABCD 中选择唯一正确的填入空格中。

1. 有人会＿(1)＿各种关系搞到别的公司的商业秘密，但他自己也会＿(2)＿一种说不出的压力。因为这是违(wéi)法的。

(1) A. 使用　　B. 利用　　C. 计划　　D. 打算

(2) A. 觉得　　B. 感受　　C. 感到　　D. 想到

2. 不管你＿(1)＿什么方法，只要你＿(2)＿对你学习汉语有好处，就应该用，比如跟中国人聊天啦，唱中国歌啦，看中国电影、电视等。

(1) A. 安排　　B. 使用　　C. 布置　　D. 利用

(2) A. 感到　　B. 想到　　C. 觉得　　D. 感受

3. 大卫＿(1)＿他在中国旅游的机会，跟很多中国人交了朋友，现在他＿(2)＿他对中国的了解比以前多多了。

(1) A. 利用　　B. 安排　　C. 计划　　D. 使用

(2) A. 感觉　　B. 感到　　C. 感受　　D. 觉得

参考答案

一、1. 使用　2. 利用　3. 使用　4. 使用　5. 利用　6. 利用　7. 利用　8. 使用

二、1. 中国是世界上使用纸币最早的国家。

2. 他最讨厌有人利用公款大吃大喝，占公家的便宜。

3. 考试就要到了，你应该充分利用晚上的时间，好好复习。

4. 留学生在中国应该学会使用汉语同中国人交流。

5. 为了节约资源源，北京市内各旅游星级饭店将不使用一次性餐饮用品。

三、1. (1)B　(2)C　2. (1)B　(2)C　3. (1)A　(2)D

认为　以为

讲一讲

"认为"和"以为"都表示"对人或事物有某种看法，作出某种判断"。但这两个词的语义重点和语气强弱不同。

"认为"一般表示经过分析、思考后的认识、见解、主张。语气上比较肯定、坚决。所以，"认为"后边的小句宾语里常有"应该、必须、一定、能、会"等表示主观看法、估计等助动词。如：

大家一致认为他的分析有道理。

我认为这件事应该马上报告老师。

我认为她这次考试一定会成功的。

"认为"前可以有"一般""据"。如：

一般认为，汉语是典型的分析语言。

据认为，他的财产高达100亿美元。

"认为"可以用于"被"字句。如：

孔子在生前就被认为是博学的人。

"以为"一般表示一种与实际情况不符的推断，前后常有表示真实情况的句子。由此引申出一种以委婉的语气表达看法、见解的用法。语气较轻。如：

你不会以为我在骗你吧？

我还以为是小偷在偷东西，原来是你在这里。

"以为"可以用于"让"的兼语句中。如：

她把头发染成了黄色，竟让有的人以为她是外国人。

提示

"认为"与"以为"的区别

词语	语义特点	词前可否接别的词	特殊用法	语气轻重
认为	表示经过分析、思考后的见解、主张	跟"一般""据"连用	用于被动句	较肯定、坚决
以为	表示一种与实际情况不符的推断	不可	用于兼语句	较轻

练一练

一、用"认为""以为"填空。

1. 她是那种一开始接触会让人误______迟钝的人。
2. 据调查，80%的家长______现在的孩子压力太大。
3. 传统的暑期培训课程一直被______是学生的"第三学期"。
4. 大家都______你已经回国了，原来你还没走啊。
5. 过去一般______，一个人的智力发育在5岁前已基本成型。

二、用(　　)中的动词完成下列句子。

1. 他学习认真，成绩优秀，一直被______________________________。(认为)
2. 这部电影是描写中国古代历史故事的，但电影中有些情节在当时根本不可能发生，所以历史学家______________________________。(认为)
3. 他爬山时，看到周围没有人，______________________________，其实还有很多人在他的后面。(以为)
4. 她昨天打电话说生病了，我还______________________________。(以为)
5. 他说的如果你______________________________，那你就错了。(以为)

三、HSK仿真题：从下面ABCD中选择唯一正确的填入空格中。

1. 经过那次失败以后，许多人都______他不会再继续做下去了，没想到过了几天，他又______重新开始。

A. 认为；觉得　　B. 以为；打算　　C. 打算；认为　　D. 认为；计划

2. 你应该<u>　(1)　</u>放假的这段时间好好复习一下以前学过的内容，不要让人<u>　(2)　</u>你整天玩，不把学习放在心上。

(1) A. 安排　　B. 使用　　C. 利用　　D. 布置

(2) A. 认为　　B. 感到　　C. 想到　　D. 以为

四、HSK仿真题：在下面每一段话中找出错误的部分。

1. <u>事实证明</u>(A)，<u>他的关于改进学习方法的想法是正确的</u>(B)。<u>但也有一些人以为</u>(C)，<u>他的方法只能适用于一部分人</u>(D)。

上篇第一单元

2. 放假这么多天了，我认为你早就回家了，今天看到你真是太高兴了，那我们去喝杯咖啡吧。

A　　　　B　　　　C　　　　D

参考答案

一、1. 以为　2. 认为　3. 认为　4. 以为　5. 认为

二、1. 他学习认真，成绩优秀，一直被认为是我们班最好的学生。

2. 这部电影是描写中国古代历史故事的，但电影中有些情节在当时根本不可能发生，所以历史学家认为这部电影并没有真实反映那段历史。

3. 他爬山时，看到周围没有人，他以为大家都爬上山了，其实还有很多人落在他的后面。

4. 她昨天打电话说生病了，我还以为她不来了呢。

5. 他说的如果你以为都是真的，那你就错了。

三、1. B　2. (1)C　(2)D

四、1. C　(应改为：但也有一些人认为)

2. B　(应改为：我以为你早就回家了)

单元练习

一、在动词后选择适当的宾语。

1. 吃______　（水　黄瓜　汤　可乐）
2. 安排______　（作业　学习　工作　会场）
3. 参观______　（黄山　作文　朋友　学校）
4. 打算______　（睡觉　知道　灯光　亲人）
5. 打听______　（洗澡　茶杯　说话　事情）
6. 觉得______　（生气　舒服　旅游　情况）
7. 结束______　（生命　使命　风　材料）
8. 利用______　（工资　新鲜　头脑　援救）
9. 以为______　（他应该吃饭　打发出去　很害怕　我不知道）

二、连词成句。

1. 这次　你　忙　帮　的　了　很大　我
2. 我　打算　完成　以后　去　地方　任务　这项　别的
3. 利用　你　小孩　感到　不　吗　这么　惭愧　小的
4. 近况　我　他　能　认为　打听　的　到　田中
5. 我们　参观　如果　来　安排　帮　你　想　一下　我　你　学校的

三、用所给的词完成句子。

1. 虽然这件事并不复杂，但______________________。（觉得）
2. 这个房间有些乱，____________________。（布置）
3. 这部电视剧真是太长了，____________________？（结束）
4. ________________________，因为许多人都反对你那样做。（认为）
5. ________________________，他想自己独立完成。（帮忙）

四、HSK 仿真题：从下面 ABCD 中选择唯一正确的填入空格中。

1. 这个语法很难，老师______了半天，我也没听懂。

A. 说　　B. 讲　　C. 谈　　D. 告诉

2. 请了很多人______，我才把这套家具弄到家里。

A. 安排　　B. 布置　　C. 帮助　　D. 帮忙

3. 我们学校每年都会制订一些工作______，以便更好地促进教学。

上篇　第一单元

A. 打算　　B. 打听　　C. 计划　　D. 安排

4. 我______每个人都应该为他的国家作一些贡献，不管这种贡献是大是小。

A. 觉得　　B. 想　　C. 感到　　D. 打算

5. 自从______了这种输入法以后，他感觉方便多了。

A. 结束　　B. 完成　　C. 利用　　D. 使用

6. 别______我不知道，你的很多事情我早就一清二楚了。

A. 认为　　B. 以为　　C. 觉得　　D. 感到

7. 新博物馆刚刚建造好，我们就迫不及待地去______了一下。

A. 问　　B. 访问　　C. 参观　　D. 打听

8. 街上人很多，小孩一不小心就容易走______。

A. 掉　　B. 丢　　C. 吃　　D. 喝

9. 这么多东西我真的______不掉，你就别让了。

A. 吃　　B. 喝　　C. 使用　　D. 利用

10. 这次参加会议的人很多，每一个人______一个房间够吗？

A. 布置　　B. 参观　　C. 访问　　D. 安排

五、HSK 仿真题：在下面每一段话中找出错误的部分。

1. 或许是因为太渴了，他一回到家拿起果汁就吃，还没等奶奶让他喘口气，一瓶果汁已经下肚了。

A　B　C　D

2. 老王是一个脾气很怪的人，没有人愿意跟他说话，我虽然对他没有什么看法，但发现自己也没有办法跟他说得来。

A　B　C　D

3. 残疾人因为身体不方便，每次经过比较复杂路段的时候，一般都需要有人来帮忙他们，大部分人也很乐意这样做。

A　B　C　D

4. 他在路过那个地方的时候，参观了很多当地的居民，居民们都告诉他，这一地区很多年前就用上自来水了。

A　B　C　D

5. 这个周末我计划在家休息，不想到街上去逛了，你如果出去的话，麻烦帮我买一本汉英词典来。

A　B　C　D

6. 那幅画不是我弄下来的，是它自己从墙上丢下来的，你不相信去问一下王平，他当时就跟我在一起。

A B C D

7. 李老师已经很久没有来上课了，我向张老师问他的近况，张老师说李老师已经不在这儿上课了，他和他的家人都到国外去了。

A B C D

8. 好久没有见到李明了，昨天我才听说他受伤了，听到这个消息我想很难过，因为他是那么一个健康活泼的人。

A B C D

9. 电影很快就要完成了，我们快点出去吧，不然等一会儿出去的人太多，我怕我们不小心会走散掉。

A B C D

10. 他们的设计非常有创意，你为什么这么快就离开呢？我们应该使用这次机会好好研究一下，可能以后对我们很有帮助。

A B C D

参考答案

一、1. 黄瓜 2. 工作 3. 学校 4. 睡觉 5. 事情 6. 舒服 7. 生命 8. 头脑 9. 我不知道

二、1. 你这次帮了我很大的忙。

2. 完成这项任务以后，我打算去别的地方。

3. 利用这么小的小孩，你不感到惭愧吗？

4. 我认为他能打听到田中的近况。

5. 如果你想参观我们学校，我来帮你安排一下。

三、1. 虽然这件事并不复杂，但我觉得解决起来并不容易。

2. 这个房间有些乱，需要重新布置一下。

3. 这部电视剧真是太长了，怎么到现在还没有结束呢？

4. 我认为你不应该再继续坚持了，因为许多人都反对你那样做。

5. 他不愿意请别人帮忙，他想自己独立完成。

四、1. B 2. D 3. C 4. A 5. D 6. B 7. C 8. B 9. A 10. D

五、1. B （应改成：他一回到家拿起果汁就喝）

2. D （应改成：但发现自己也没有办法跟他谈得来）

3. C （应改成：一般都需要有人来帮助他们）
4. B （应改成：访问了很多当地的居民）
5. A （应改成：这个周末我打算在家休息）
6. B （应改成：是它自己从墙上掉下来的）
7. B （应改成：我向张老师打听他的近况）
8. C （应改成：听到这个消息我感到很难过）
9. A （应改成：电影很快就要结束了）
10. C （应改成：我们应该利用这次机会好好研究一下）

·第二单元·

第一课 爱护与保护　保存与保留

爱护　保护

讲一讲

“爱护”是出于爱惜，通过注意自己的行为过程，不使事物、动物或人受损害。如：

你这么不爱护身体会生病的。

我们一定要爱护学校的名誉。

遵守交通规则就是爱护自己的生命。

这里的人们爱护环境就像爱护自己的眼睛一样，从不乱扔垃圾。

“保护”是为了不使事物、动物或人受到损害或遭到破坏，采用积极的行动，加以维护。如：

这种化妆品可以保护皮肤。

我们要努力减少污染，保护环境。

地震时，这个老师为了保护学生，用身体护住学生，受了重伤。

她常常涂防晒霜，为的是保护皮肤。

提示

“爱护”与“保护”的区别

词语	语义特点	相同的动作对象	不同的动作对象	语法特点
爱护	出于爱惜，通过注意自己的行为过程，不使事物受损害，语义轻	动物、古迹、遗产、文物、眼睛、财产	公物、身体、集体荣誉、名誉、家人	可受表示程度的状语或补语的修饰
保护	为了不使受损害或破坏，采取积极的行动，加以维护，强调动作的结果，语义重	干部、群众、人才、儿童、学生、环境、生命、皮肤、积极性、森林	听力、树木、河道、地球、耕地、权益、利益、知识产权、建筑、民族工业、农业、工商业、弱者、名牌	可带“得 了/不了”、“起来、下来、下去”、“好”等补语。可作“得到、受到”等的宾语

1．因为“爱护”是出于爱惜的保护，可以受表示程度的状语或补语的修饰。“爱护”的对象可以用介词“对”引进，放在动词前。常和“关心”“关怀”等心理动词一起用等。这些都是“保护”没有的用法。如：

他非常爱护国家财产。（“非常”是程度副词）

爷爷对这个园林的一草一木都爱护极了。（“极了”是程度补语）

我们要关心和爱护下一代。

他虽然家里很穷，但在学校和好心人的关怀和爱护下，并没有失学。

2．“保护”可以带可能补语“得了/不了”，趋向补语“起来、下来、下去”，结果补语“好”等。“爱护”不能带这类补语。如：

保护视力保护得很好。

你自己要小心，我可保护不了你。

由于战争的破坏，这里很多古建筑都没能保护下来。

3．“保护”可以作“得到、受到”等动词的宾语。“爱护”不能。如：

消费者的利益应该得到保护。

这里的大熊猫受到了很好的保护。

4．“保护”可以作定语。如：

保护工作　保护措施　自然保护区　自我保护意识

练一练

一、用“保护”“爱护”填空。

1．她自从受了伤以后，就特别__________自己的身体。

2．他们这些人都很__________集体的荣誉，从来不做损害集体荣誉的事情。

3．珍稀动物应该__________起来。

4．法律规定要__________妇女和儿童的权益。

5．为了__________自己的孩子不受伤害，母虎大声叫着，不让人们靠近它们。

6．小王开车时很小心，他__________自己的汽车，就像__________自己的眼睛一样。

二、判断对错并改正错句（对的画√，错的画×）。

1．她十分保护国家公物。（　　）

2．领导在生活上很关心爱护年轻的干部。（　　）

3．如果有可能，我们应该尽力保护下去。（　　）

4．为了爱护自己的权利，我们要尽力争取一切可能的机会。（　　）

5．爱护野生动物，是我们每个人的责任。（　　）

三、用（　　）中的动词完成下列句子。

1．请________________，绕道行走。（爱护）

2．因为连续下了几天暴雨，很多出土文物________________。（保护）

3．在公园里散步时不要乱扔垃圾，注意________________。（保护）

4．你不仅在学习上应该关心她，而且________________。（爱护）

5．虽然国家拨了很多款，但还是有很多古代建筑没有得到________________。（保护）

四、HSK 仿真题：从下面 ABCD 中选择唯一正确的填入空格中。

1．我们单位的领导十分__（1）__自己的部下，尽管上级__（2）__了很多任务，但领导总是征求了大家的意见以后再让我们去做。

（1）A．保护　　B．服从　　C．相信　　D．爱护

（2）A．要求　　B．布置　　C．安排　　D．放下

2．当下，许多人已经认识到自然界对人类生存的重要性，有人呼吁希望全社会都能__（1）__到__（2）__野生动物的活动中来。

（1）A．参加　　B．参观　　C．参与　　D．进入

（2）A．帮助　　B．爱护　　C．帮忙　　D．保护

五、HSK 仿真题：在下面每一段话中找出错误的部分。

1．当身体遭到侵害时，我们应该学会用法律爱护自己，有些人没有意识到这一点，往往造成了无法挽回的后果。

A 当身体遭到侵害时　B 我们应该学会用法律爱护自己　C 有些人没有意识到这一点　D 往往造成了无法挽回的后果

2．每次外出参加活动，妻子都反对他喝酒，他自己虽然很不高兴，但很多人都对他说，这正说明了他妻子对他的关心与保护。

A 每次外出参加活动　B 妻子都反对他喝酒　C 他自己虽然很不高兴，但很多人都对他说　D 这正说明了他妻子对他的关心与保护

参考答案

一、1．爱护　2．爱护　3．保护　4．保护　5．保护　6．爱护；爱护

二、1．×，“保护”改成“爱护”。　2．√　3．√　4．×，“爱护”改成“保护”。　5．√

三、1．请爱护绿地，绕道行走。

2．因为连续下了几天暴雨，很多出土文物都没有保护下来。

3．在公园里散步时不要乱扔垃圾，注意保护公共卫生。

4．你不仅在学习上应该关心她，而且在生活方面也应该处处爱护她。

5．虽然国家拨了很多款，但还是有很多古代建筑没有得到很好的保护。

四、1．（1）D　（2）B　2．（1）C　（2）B

五、1．B　（应改成：我们应该学会用法律保护自己）

2．D　（应改成：这正说明了他妻子对他的关心与爱护）

保存 保留

讲一讲

“保存”指使事物、性质、意义、作风等继续存在，不受损失或不发生变化。它所带的宾语通常是“书籍、资料、照片、文物、账目、粮食、蔬菜、实力、信息、证件”等。“保存”的后边可带“着、了、过”。如：

鲜奶中有细菌，不易保存。

他一直保存着那张珍贵的照片。

那些档案(dàng'àn)已经在学校保存了很长时间。

另外，“保存”的后边还可带趋向补语“下来、下去、起来”，结果补语“好、到”等。如：

虽然经过了很多年，那些文物还是完整地保存下来了。

你要保存好这些衣物，他过一段时间还会来取。

请你把这些资料保存到文件夹里。

1. “保留”指通过主动行为使事物存留下来不消失，也可指自然地存留。所带的宾语通常有“建筑、古迹、衣服、家具、邮票、资料、记录、风格、风貌、风俗、文化、传统、习惯、制度、特色、品质”等。“保留”的后边可带“着、了、过”，并且也可带趋向补语“下来、下去、起来”。如：

苏州现在还保留着不少古典园林。

当地的居民把这棵百年古树小心地保留下来。

他送给我的那件礼物我一直保留着。

可作“价值、节目”的定语。如：

这个舞蹈是我们团的保留节目，几乎每次演出都要表演。

2. “保留”表示“暂时存留，等以后解决”，如“意见、看法、态度”等。如：

你有什么意见先保留，先按大家的意见办。

这件事我保留自己的看法。

3. “保留”表示“暂时存留而不取消”，如“资格、权利、身份、职责、待遇、位置”等。如：

王教授虽然退休了，但学术顾问的职务还保留着。

这个运动员的比赛资格不能保留。

4. “保留”还有“留着不拿出来”的意思，用于“有”或“没有”之后，或与“毫无”组成短语作状语。如：

他的这一回答显然是有保留的。

她把一个女人的全部交给你，没有保留，只有深爱着你的人才会这样做。

刘师傅把技术毫无保留地传授给我们。

提示

“保存”与“保留”的区别

<table>
<tr><th>词语</th><th>语义特点</th><th colspan="2">动作对象或用法</th></tr>
<tr><td>保存</td><td>通过主动的行为使事物不丢失、不缺损</td><td rowspan="2">文件、古迹、资料、家具、照片、建筑、衣服、记录、邮票、风格、传统、习俗、风俗、特色、风貌、习惯、制度、品质、文化、文物</td><td>蔬菜、粮食、实力、书籍、信息</td></tr>
<tr><td rowspan="4">保留</td><td>通过主动行为使事物存留下来不消失，也可指自然地存留</td><td>作定语：
保留节目
保留价值</td></tr>
<tr><td>暂时存留不变</td><td colspan="2">意见、看法、态度</td></tr>
<tr><td>暂时存留不取消</td><td colspan="2">资格、权利、身份、职责、待遇、位置</td></tr>
<tr><td>留着不拿出来</td><td colspan="2">有/没有保留，毫无保留(作状语)</td></tr>
</table>

练一练

一、用“保存”“保留”填空。

1. 你快点把这些文件______起来，别丢失了。
2. 这座古城还______着它原来的古朴风貌。
3. 政府决定把这些老房子______下来，在别处另建政府大楼。
4. 国家队想______自己的实力，等下一场再奋力一搏。
5. 他毫无______地把知道的一切都告诉了我们。

二、判断对错并改正错句(对的画√，错的画×)。

1. 这个古城依然保存着五百年前的风貌。(　　)
2. 这个小村庄还保留着原始的生活方式。(　　)
3. 那家博物馆至今还保留着革命烈士用过的各种物品。(　　)
4. 你不同意老师的观点，可以暂时保存，下次再讨论。(　　)
5. 那些文件在这次大火中没有被保留下来，全部化为了灰烬。(　　)
6. 奥运会决定把这一比赛项目保存下来。(　　)

三、用(　　)中的动词完成下列句子。

1. 虽然他严重违反了学校纪律，____________________。(保留)
2. 这些资料____________________，领导下次可能会用到。(保存)
3. 对于他的观点，我____________________。(保留)
4. 汽车制造商决定____________________，只是在发动机上作一些改动。(保留)
5. 他____________________，没有参加今天的比赛，希望能在明天拿到好的名次。(保存)

四、HSK 仿真题：从下面 ABCD 中选择唯一正确的填入空格中。

1. 在城市拆迁中，一些古老建筑被__(1)__了下来，这有__(2)__城市历史的意义。

(1) A. 保护　　B. 爱护　　C. 保留　　D. 保存

(2) A. 保护　　B. 爱护　　C. 保留　　D. 保存

2. 我们有理由___(1)___,经过几十年的研究,科学家已经发现了___(2)___葡萄和葡萄酒的新方法。

(1) A. 以为　　B. 感觉　　C. 想到　　D. 认为

(2) A. 保护　　B. 保存　　C. 保留　　D. 爱护

3. 这部小说被改编成剧本以后,改动很大,但导演___(1)___剧中的人物对话最好还是___(2)___原作者的语言特色,不作大的变动。

(1) A. 感到　　B. 想到　　C. 觉得　　D. 感觉

(2) A. 保留　　B. 保存　　C. 留下　　D. 存在

参考答案

一、1. 保存　2. 保留　3. 保留　4. 保存　5. 保留

二、1. √　2. √　3. ×,"保留"改成"保存"。　4. ×,"保存"改成"保留"　5. √　6. ×,"保存"改成"保留"。

三、1. 虽然他严重违反了学校纪律,但学校还是保留了他的学生资格。

2. 这些资料你要保存好,领导下次可能会用到。

3. 对于他的观点,我持保留态度。

4. 汽车制造商决定保留原来的样式,只是在发动机上作一些改动。

5. 他为了保存体力,没有参加今天的比赛,希望能在明天拿到好的名次。

四、1. (1)C　(2)D　2. (1)D　(2)B　3. (1)C　(2)A

第二课 表达、表明与表示 采用、采取与采纳

表达　表明　表示

讲一讲

“表达”是指用语言或行为动作表示一定的思想、感情，宾语多为名词或名词短语。“表达”的后边可带“了、过”，可带结果补语“清楚、明白、完”，趋向补语“出、出来”等。如：

他们在会上都表达了不同想法。

我对你的感激之情无法用语言来表达。

这首诗表达了诗人对祖国的热爱之情。

你应该把自己的意思表达出来。

“表明”是指清楚明白地表示出来，宾语多为名词性词语，也可以是主谓短语。“表明”的后边可带“了、过”。如：

你应该在他面前明白地表明自己的态度。

这件事表明他并不适合做这份工作。

双方都分别表明了自己的立场。

“表示”是指用语言或行为显示出某种思想、感情、态度等，宾语多为名词性词语、动词性词语、主谓短语。“表示”的后边可带“了、过”，也可带结果补语“好、完”，趋向补语“出、出来、起来”等。如：

在会上大家都表示了自己的决心。

对这种不合理的做法我们表示反对。

他明确表示他这次一定要通过资格考试。

李明没有对我表示出不满的情绪。

另外“表示”还指语言或行动之外，事物本身所具有的符号义、象征或隐喻义。如：

红灯表示停止，绿灯表示放行。

在中国，红色多表示喜庆，所以很多喜事都用红色。

提示

"表达""表明"与"表示"的区别

<table>
<tr><th>词语</th><th>表示</th><th>表达</th><th>表明</th></tr>
<tr><td>语义特点</td><td>用语言或行为显示出某种思想、感情、态度等</td><td>用语言或行为动作表示一定的思想、感情</td><td>清楚明白地表示出来</td></tr>
<tr><td rowspan="2">名词性宾语</td><td colspan="2">感情、思想</td><td rowspan="2">立场、态度</td></tr>
<tr><td>决心、意思、情意、心意
象征义:和平、友谊、爱情</td><td>感激之情</td></tr>
<tr><td>动词性宾语</td><td>欢迎、理解、反对、同意、赞成、悲伤、担忧、</td><td></td><td></td></tr>
<tr><td>形容词性宾语</td><td>喜悦、悲伤、高兴、满意、不满</td><td></td><td></td></tr>
<tr><td>主谓短语</td><td>+</td><td>−</td><td>+</td></tr>
<tr><td>带补语</td><td>结果补语"好、完",趋向补语"出、出来、起来"等</td><td>结果补语"清楚、明白、完",趋向补语"出、出来"等</td><td>−</td></tr>
</table>

注意:

从意义上来说,"表达"主要是用语言或行为显示动作者的感情或想法;而"表明"则是通过语言或行为显示动作者的某种立场或态度,通常没有主观感情色彩,因而它的对象常是立场、决心、身份等;"表示"除了显示动作者某种感情或具有主观倾向的态度以外,还可显示事物本身的符号义、象征或隐喻义。如:

这篇文章表达了作者对朋友的深厚感情。(不用"表明、表示")

他的行动已经表明他是支持我的。(不用"表达、表示")

十一朵玫瑰花一般表示对爱情的一心一意。(不用"表达、表明")

练一练

一、分别用"表达""表明""表示"填空。

1. 证据______服用这种药对身体有极大的危害。
2. 在那种场合下,她没办法把自己的观点______出来。
3. 中国政府在很多场合都______中国永远不称霸。
4. 热烈的掌声______了人们对戏剧的喜爱。
5. 专家们对近期发生的一系列爆炸事件______担忧。

二、判断对错并改正错句(对的画√,错的画×)。

1. 她没有把想说的话表达清楚。(　　)
2. 老师对新学生们的到来表明了欢迎。(　　)
3. 所有的事实都表示他是无罪的。(　　)
4. 狗对人摇头摆尾时一般表示没有敌意。(　　)
5. 在面对自己的偶像时,他没能把自己的意思表达出来。(　　)

三、用(　　)中的动词完成下列句子。

1. 她因为身体不好不能参加这次比赛,很多人________________。(表示)

2. 尽管很多人都不支持,但他还是________________。(表明)

3. 因为自己也是学画画儿的,他对那部作品________________。(表示)

4. 可能是太激动了,她一时无法________________。(表达)

5. 在一些作品中,人们常常用鸽子________________。(表示)

6. 没有人能在10分钟内做出这道题,我对你的自信________________。(表示)

四、HSK 仿真题:从下面 ABCD 中选择唯一正确的填入空格中。

1. 事实__(1)__,她的想法很有道理,但也有人__(2)__,如果换一个角度,她的推断并不完全正确。

(1) A. 表达　B. 表示　C. 表明　D. 认为

(2) A. 表达　B. 表示　C. 表明　D. 感到

2. 老师称赞田中的作文写得非常好,完全__(1)__出了自己内心的真实想法。所以她特别高兴,决定把这篇作文好好__(2)__下来,留作纪念。

(1) A. 表示　B. 表明　C. 说明　D. 表达

(2) A. 保存　B. 保护　C. 保留　D. 收藏

五、HSK 仿真题:在下面每一段话中找出错误的部分。

1. 当问到家庭情况时(A),他表明自己是从农村出来的(B),因为庄稼收成不太好(C),全家人都靠父亲打工维持生活(D)。

2. 在这次会议上(A),他坚定地表达了自己的反对立场(B)。至于别人有什么想法(C),他根本就没有考虑到(D)。

参考答案

一、1. 表明　2. 表达　3. 表示　4. 表达　5. 表示

二、1. √　2. ×,“表明”改成“表示”。　3. ×,“表示”改成“表明”。　4. √　5. √

三、1. 她因为身体不好不能参加这次比赛,很多人都表示理解。

2. 尽管很多人都不支持,但他还是在发言中明确表明了自己的态度。

3. 因为自己也是学画画儿的,他对那部作品表示出了浓厚的兴趣。

4. 可能是太激动了,她一时无法用语言来表达自己的感激之情。

5. 在一些作品中,人们常常用鸽子来表示和平。

6. 没有人能在10分钟内做出这道题,我对你的自信表示怀疑。

四、1. (1)C　(2)B　2. (1)D　(2)A

五、1. B　(应改成:他表示自己是从农村出来的)

2. B　(应改成:他坚定地表明了自己的反对立场)

采用　采取　采纳

讲一讲

“采用”表示动作者在众多事物中经比较后认为合适而选择使用(文章、技术、方案、计划、物品、工具、材料等)。“采用”的后边可带“了、过”,后也可带可能补语“得了/不了”。如:

那篇论文已经被编辑部采用了。

公司曾采用过先进技术来提高工作效率。

营救小组决定采用第一套方案营救人质。

“采取”是指有针对性地选择并实行、实施(某种方针、政策、措施、手段、形式、态度等)。“采取”的后边可带“了、过”。如:

老师对不同的学生采取了不一样的教育方法。

水利部门采取了积极的措施应对洪水的到来。

“采纳”是表示动作者认为正确而接受(意见、建议、方案、要求等)。“采纳”的后边可带“了、过”,也可带趋向补语“过来”。如:

领导采纳了部分工人的意见,改进了工作环境。

她的方案没有被采纳。

我们应该把好的建议采纳过来。

提示

“采用”“采取”与“采纳”的区别

词语	语义特点	常搭配使用的词语(动作对象)	带补语	用于“被”字句
采用	在众多事物中经比较后的选择使用	文章、方案、计划 物品、工具、材料、技术	–	+
		方法、方式、手段		
采取	有针对性地实施	措施、策略、态度		–
采纳	认为正确,接受并实行	建议、主张、意见、方案	过来	+

“采用”“使用”与“利用”的区别

词语	语义特点	常搭配使用的词语(动作对象)	带贬义	用于“被”字句
采用		文章、方案、计划	–	+
		物品、工具、材料、技术		–
使用				+
利用	认为有利而用	物品、工具、材料、技术、地形、废旧物品、太阳能		–
	出于某个不好的目的而用	人、心理	+	+

“采用”表示动作者是经过主观上的比较、判断的过程之后，在众多的事物中选择后使用(文章、技术、方案、计划、物品、工具、材料等)。“使用”没有这一过程，只是客观地表示“用”。所以像“文章、技术、方案、计划”等不能作“使用”的宾语。

“利用”一般是对某个事物进行分析后认为有利而使用，一般不需要在众多的事物中加以选择。“采用”常带的“文章、方案、计划”等宾语往往是在众多的事物中加以选择使用的，所以一般不作“利用”的宾语，除非是出于某个目的的“用”(详见下文)。“利用”可以带“技术、物品、工具、材料、地形”等宾语，还常用于一些本来人们觉得不太可以利用和过去未加利用的事物(如“废旧物品、太阳能”等)。如：

这些产品都是利用旧材料制成的。

她利用旧报纸折了一个大的帽子戴在头上。

敌人利用有利的地形向我们发起了进攻。

整座大楼的设计是充分考虑如何合理地利用太阳能。

“利用”还有一个意义是“采用”和“使用”都没有的，即出于某个不好的目的而“用”，往往带贬义的主观评价。这一意义的“利用”不仅可以带某些表示事物的宾语，也可以带表示人或心理方面的宾语。如：

我写这篇文章本来是为了讨论学术问题，没想到被人利用来攻击我的老师。

要防止有人利用这一事件煽(shān)动群众反对政府。

这个罪犯常利用孩子干坏事。

有些骗子使用假的首饰进行诈(zhà)骗活动之所以能成功，往往是利用人们爱贪小便宜的心理。

练一练

一、分别用“采用”“采取”“采纳”填空。

1. 因为证据的真实性值得怀疑，法院没有______。
2. 现在的电脑都______了先进的处理器，运算速度比以前有了很大提高。
3. 政府应该______群众的合理性要求。
4. 这款手机______了蓝色的屏幕。
5. 国家______部分优惠政策吸引外商投资。
6. 对待客人不应该______这种不友好的态度。

二、判断对错并改正错句(对的画√，错的画×)。

1. 工厂采取了这种方案，但没有应用到生产中。(　　)
2. 他的文章被许多家媒体采用。(　　)
3. 烧这种菜要采用特别的调料才能有好的味道。(　　)
4. 工人采纳了新的制作工艺，使产品完善了许多。(　　)
5. 他的新闻没有被报纸采用。(　　)
6. 为了达到目的，他采纳了各种手段。(　　)

三、用(　　)中的动词完成下列句子。

1. 为了保护环境，相关部门__________________。(采取)

2. 这种方法不行,你可以________________。(采用)

3. 经过几天的努力,她的建议________________。(采纳)

4. 为了提高生产效率,工厂决定________________。(采用)

5. 获取信息即使是为了自己的合法利益,也不应该________________。(采取)

6. 经过一段时间的学习,那位老太太________________。(使用)

7. 别看这些纸箱结实耐用,实际上它们________________。(利用)

四、HSK 仿真题:从下面 ABCD 中选择唯一正确的填入空格中。

1. 这种材料曾在飞机上被广泛__(1)__,但随着科技的进步,部分飞机已经找到了替代品,不再__(2)__它了。

(1) A. 采纳　　B. 采取　　C. 采用　　D. 利用

(2) A. 使用　　B. 利用　　C. 采纳　　D. 采取

2. 路边的摊贩很多,经常乱扔垃圾,为了__(1)__环境,过去警察__(2)__过一些行动,但都没怎么奏效。

(1) A. 爱护　　B. 保护　　C. 维护　　D. 爱惜

(2) A. 使用　　B. 采用　　C. 采纳　　D. 采取

3. 这些砖是__(1)__沙压制成的,很多公寓的花园__(2)__这种砖铺地,吸水性很好。

(1) A. 采取　　B. 使用　　C. 采用　　D. 利用

(2) A. 使用　　B. 采用　　C. 利用　　D. 采取

五、HSK 仿真题:在下面每一段话中找出错误的部分。

1. 对于你提出的问题(A),我们一定会采纳积极的态度去解决(B),虽然其中可能会碰到各种困难(C),但我们决不会轻易放弃(D)。

2. 最近,公司的效益不是太好(A),关键是我们的产品质量不过关(B),要想进一步提高产品质量(C),我们就必须采取国外的先进技术(D)。

3. 这里是一个风口(A),一年四季的风常刮不断(B),现在当地政府正在考虑建一个采用风力发电的厂(C),解决电能不足的问题(D)。

参考答案

一、1. 采纳或采用　2. 采用　3. 采纳　4. 采用　5. 采取　6. 采取

二、1. ×,“采取”改成“采纳”。　2. √　3. √　4. ×,“采纳”改成“采用”。　5. √　6. ×,“采纳”改成“采取”。

三、1. 为了保护环境,相关部门采取了一些具体措施。

2. 这种方法不行,你可以采用别的方法。

3. 经过几天的努力,她的建议终于被领导采纳了。

4. 为了提高生产效率,工厂决定采用进口的先进机器。

5. 获取信息即使是为了自己的合法利益,也不应该采取不正当的手段。

6. 经过一段时间的学习,那位老太太已经学会使用电脑了。

7. 别看这些纸箱结实耐用,实际上它们都是利用废旧报纸做成的。

四、1. (1)C (2)A 2. (1)B (2)D 3. (1)D (2)A

五、1. B (应改成:我们一定会采取积极的态度去解决)

2. D (应改成:我们就必须采用国外的先进技术)

3. C (应改成:现在当地政府正在考虑建一个利用风力发电的厂)

第三课　产生与发生　成立与建立

产生　发生

讲一讲

“产生”是指从已有的事物中生出新的事物，或由某个条件引起了某个结果，都是以已有的事物为基础。“产生”的后边可带“了、过”，后边还可带趋向补语“出、出来”。如：

经过几天的投票，新的领导终于产生出来了。

这种药对他的病没产生什么效果。

协调不好，双方就会产生许多矛盾。

战争年代，中国产生过无数的英雄人物。

在交往中，两人之间逐渐产生了感情。

那件事对公司发展产生了深远的影响。

“发生”是指原来没有的事或情况出现了。“发生”的后边可带“了、过”，后面可用介词“在”引出“发生”的处所或时间。如：

最近这条路上老是发生事故。

改革开放以后，这个小山村发生了巨大的变化。

那个地区不断发生地震。

几年没见，她的想法发生了很大的转变。

这种事不应该发生在她身上。

这个故事发生在很久很久以前。

提示

“产生”与“发生”的区别

词语	语义特点	常带宾语	带补语	在＋处所／时间
产生	从已有的事物中生出新的事物，或由条件引起某结果	想法、感情、兴趣、好感、影响、结果、问题、误会、误解、危害、作用、效果、后果、联想	出、出来	－
发生	原来没有的新情况出现了	变化、转变、(新)情况、关系、意外、事故、地震、自然灾害	－	

练一练

一、用“产生”“发生”填空。

1. 这一地区经常______自然灾害。
2. 你们那样做,会______很多问题。
3. 经过讨论,从十位候选人中间______出了两位新领导。
4. 他对自然界的生物______了浓厚的兴趣。
5. 他在回家的路上没有______什么意外。

二、判断对错并改正错句(对的画√,错的画×)。

1. 我也没想到竟然会发生这种事。(　　)
2. 手机在使用时会发生一些电磁波,对人体造成一些危害。(　　)
3. 最近,昆曲的命运发生了很大的转变。(　　)
4. 谈判会对增进双方间的了解发生积极的作用。(　　)
5. 我对那件事的真假产生了怀疑。(　　)

三、用(　　)中的动词完成下列句子。

1. 她是那么天真可爱,谁也没有想到,这么不幸的事________________。(发生)
2. 只要你勤奋工作,领导________________。(产生)
3. 看到这些画,不由让人________________。(产生)
4. 虽然国际间的经济交流加强了,但________________。(发生)
5. 如果不能很好地进行沟通,他们________________。(产生)

四、HSK 仿真题:从下面 ABCD 中选择唯一正确的填入空格中。

1. 巨大的噪音会对人的听觉__(1)__影响,所以居民在购买住房时,最好__(2)__离噪声远一些的地方。

(1) A. 发生　　B. 发展　　C. 产生　　D. 出生

(2) A. 打算　　B. 选择　　C. 参观　　D. 感觉

2. 前一段时间我本来__(1)__去那里旅游,但听说最近那里__(2)__了地震,我现在有点担心了。

(1) A. 打算　　B. 感觉　　C. 以为　　D. 选择

(2) A. 产生　　B. 出现　　C. 发生　　D. 发展

五、HSK 仿真题:在下面每一段话中找出错误的部分。

1. 有些人喜欢长时间趴在桌上看书(A),但这样人的脊椎可能会发生变形(B),如果看一段时间书以后起来走一走(C),就不会产生类似的情形(D)。

2. 面对这种状况(A),每个人都会发生疑问(B),除非你能当面跟大家解释清楚(C),否则大家是不会就这样轻易放弃的(D)。

上篇　第二单元

参考答案

一、1. 发生 2. 产生 3. 产生 4. 产生 5. 发生

二、1. √ 2. ×,“发生”改成“产生”。 3. √ 4. ×,“发生”改成“产生”。 5. √

三、1. 她是那么天真可爱,谁也没有想到,这么不幸的事会发生在她身上。

2. 只要你勤奋工作,领导一定会对你产生好感的。

3. 看到这些画,不由让人产生许多联想。

4. 虽然国际间的经济交流加强了,但还是经常会发生各种贸易摩擦。

5. 如果不能很好地进行沟通,他们两人之间可能还会产生矛盾。

四、1. (1)C (2)B 2. (1)A (2)C

五、1. D (应改成:就不会发生类似的情形)

2. B (应改成:每个人都会产生疑问)

成立 建立

讲一讲

“成立”是指将分散的人组织起来,形成组织或机构。“成立”的后边可带“了、过”,也可带趋向补语“起来”。如:

我们班成立了助人为乐小组。

合唱队昨天终于成立起来了。

他们几个人成立过一个书法社。

另外,“成立”也指理论、意见有根据,站得住。如:

他的这一观点不能成立。

这一理论有理有据,完全能够成立。

“建立”是指像建造建筑一样,建成某些有特殊功用的建筑、设施或社会的上层建筑等。常带的宾语有“仓库、车库、基地、网站、观测站、监控系统、政权、制度”等。如:

那一地区建立了一个新的工业基地。

为了存放丰收的粮食,还要建立几个新的粮食仓库。

解散旧政权,建立新政权。

“建立”还常用于较为积极、正式的关系的形成和确立。常带“友谊、邦交、关系”等宾语。“建立”的后边可带“了、过”,也可带趋向补语“起来、起”。如:

经过十年的合作,他们之间建立起了深厚的友谊。

改革开放以后,中国建立了市场经济体制。

两校建立了长期合作交流的关系。

“建立”有时还可以带具有开创性、建设性特点的“理论、学说”等宾语。这些宾语都要求有一定的基础。如:

这位科学家建立了独立的理论体系。

这一结论是建立在广泛调查研究的基础上的。

"建立"还可以带"自信、信心、威信"等宾语，这些宾语都表示人发自内心的一种积极的精神状态。如：

他领导这个厂从一个乡村小厂变成了全国的"十强"企业，他也靠自己的业绩在全厂职工中建立了威信。

要想战胜困难，首先要建立克服困难的信心。

提示

"成立"与"建立"的区别

<table>
<tr><th>词语</th><th>语义特点</th><th>常搭配词语</th><th>带补语</th></tr>
<tr><td rowspan="2">成立</td><td>指(组织、机构等)准备工作完成，开始存在</td><td>(以人为主体的)组织、机构、团体、协会</td><td rowspan="4">起来、起</td></tr>
<tr><td>理论、意见因客观依据而站得住脚</td><td>观点、理论、想法</td></tr>
<tr><td rowspan="2">建立</td><td>(政权、基地等)开始成立</td><td>基地、场地、站点(上层建筑)政权、体制、制度、理论、学说、体系</td></tr>
<tr><td>(友谊、邦交等)开始产生，开始形成</td><td>友谊、联系、交流关系、感情、自信、信心、威信</td></tr>
</table>

练一练

一、用"成立""建立"填空。

1. 你的结论没能说服别人，不能______。
2. 你们的记者站______起来了吗？
3. 不要把自己的幸福______在别人的痛苦基础之上。
4. 每个公司都______起了自己的规章制度。
5. 中外交流协会昨天在北京______。
6. 中国的最终目标是______太空站。

二、判断对错并改正错句(对的画√，错的画×)。

1. 真理在任何地方都能建立。(　　)
2. 最近，各地都建立起了篮球队。(　　)
3. 他们俩通过打电话成立了联系。(　　)
4. 话剧团到六月底还没有成立。(　　)
5. 为了预防犯罪，公共场所都建立了视频监控系统。(　　)

三、用(　　)中的动词完成下列句子。

1. 到2006年8月7号，两国之间的外交关系________________。(建立)
2. 旧政府结束以后，________________。(成立)
3. 他们合作已经很多年了，在这期间________________。(建立)
4. 尽管这一理论很多人都赞同，但________________。(成立)
5. 现在汽车增加得很快，地面上的停车位已经不能满足需要，所以__________。(建立)

四、HSK 仿真题：从下面 ABCD 中选择唯一正确的填入空格中。

1. 不管这个基金会能不能___(1)___，我都特别感谢你，没有你的___(2)___，我们无论如何也走不到今天。

(1) A. 成立　　B. 成就　　C. 建立　　D. 建设

(2) A. 帮忙　　B. 帮助　　C. 安排　　D. 布置

2. 为了让这两只大熊猫___(1)___感情，工作人员特意把它们___(2)___在了一个舒适的、共同生活的环境之中。

(1) A. 成立　　B. 成就　　C. 建立　　D. 建设

(2) A. 安排　　B. 安放　　C. 布置　　D. 安装

五、HSK 仿真题：在下面每一段话中找出错误的部分。

1. 为了成立自信（A），你需要作出更大的努力（B），不管以后在你身上发生任何事情（C），你都应该坚持下去（D）。

2. 早在20世纪80年代初期（A），由于缺乏经验（B），中国还没有成立起完善的社会主义市场经济体制（C），因而在发展中出现了一系列的问题（D）。

3. 如果想有更进一步的发展（A），就必须建立一家大公司（B）。这样不仅可以吸纳更多的人才（C），而且可以更好地开拓市场（D）。

参考答案

一、1. 成立　2. 建立　3. 建立　4. 建立　5. 成立　6. 建立

二、1. ×，“建立”改成“成立”。　2. √　3. ×，“成立”改成“建立”。　4. √　5. √

三、1. 到2006年8月7号，两国之间的外交关系已经建立整整二十年了。

2. 旧政府结束以后，新政府便宣告成立。

3. 他们合作已经很多年了，在这期间他们建立起了深厚的友谊。

4. 尽管这一理论很多人都赞同，但事实上并不能成立。

5. 现在汽车增加得很快，地面上的停车位已经不能满足需要，所以必须建立地下停车场。

四、1. (1)A　(2)B　2. (1)C　(2)A

五、1. A　（应改成：为了建立自信）

2. C　（应改成：中国还没有建立起完善的社会主义市场经济体制）

3. B　（应改成：就必须成立一家大公司）

第四课　出发与动身　创造与发明

出发　动身

讲一讲

“出发”是指离开原来的地方去别的地方。“出发”的后边可带“了”，也可带程度补语。是不及物动词。如：

考察队已经出发了好多天了。

今天他们出发得太晚，可能赶不上去北京的火车。

另外，“出发”还指以一方面为起点考虑或处理问题，常与“从”配合使用。如：

我们做什么事都要从大局出发。

从实际出发，是我们一贯坚持的原则。

“动身”是指启程、出发，多用在口语。“动身”的后边可带“了”，是不及物的离合动词。“动身”的中间可以插“不了”。如：

别着急，我们立刻就动身。（也可以说“出发”）

今天太忙，看来是动不了身了。

提示

“出发”与“动身”的区别

词语	语义特点	对象	语体色彩	特殊用法
出发	离开原来的地方去别的地方	人 车、船、飞机等	多用于书面语	
	以一方为起点考虑或处理问题	事物		
动身	启程、出发	人	多用于口语	中间可加“不了”

练一练

一、用“出发”“动身”填空。

1. 他明天就从苏州______去上海。
2. 领导决定什么事都应该从群众的利益______。
3. 老师看到学生都到齐了，喊了一声“______”。

4. 飞机因为机械故障，没能______。

5. 因为有一些事情，现在还______不了______。

6. 早点______吧，时间快来不及了。

二、判断对错并改正错句（对的画√，错的画×）。

1. 昨天一大早部队就出发了。（　）

2. 火车每天都按时动身。（　）

3. 小李7日出发前往日本。（　）

4. 老师要从学生的实际情况动身考虑问题。（　）

5. 看到报纸，他就立刻动身赶来了。（　）

6. 人马已经动身了。（　）

三、用（　）中的动词完成下列句子。

1. 你如果想早一点到那儿，______________________。（动身）

2. ______________________，才能制定出好的政策。（出发）

3. 现在雨越下越大，______________________。（动身）

4. 车队______________________，你可能赶不上了。（出发）

5. 结束了那里的考察，他便______________________。（动身）

四、HSK 仿真题：从下面 ABCD 中选择最接近画线词意义的词语。

1. 看起来天气不太好，你还是早点出发吧。

A. 出现　B. 动身　C. 出去　D. 出来

2. 她昨天晚上就已经动身去上海了。

A. 活动　B. 启动　C. 起身　D. 启程

五、HSK 仿真题：从下面 ABCD 中选择唯一正确的填入空格中。

1. 很多人都__(1)__总经理解雇小李太严厉了，但如果从公司的角度__(2)__，经理做得并不过分。

(1) A. 感到　B. 想到　C. 以为　D. 认为

(2) A. 看来　B. 出发　C. 动身　D. 觉得

2. 客轮早上8点准时__(1)__，你早点做好准备。至于旅程什么时候__(2)__，这你要去问船长。

(1) A. 出发　B. 动身　C. 开始　D. 出去

(2) A. 完成　B. 完全　C. 结束　D. 结果

参考答案

一、1. 动身或出发　2. 出发　3. 出发　4. 出发　5. 动……身　6. 动身或出发

二、1. √　2. ×，“动身”改成“出发”。　3. √　4. ×，“动身”改成“出发”。　5. √　6. ×，“动身”改成“出发”。

三、1. 你如果想早一点到那儿，就应该现在动身。

2. 只有从中国的国情出发，才能制定出好的政策。

或：只有从实际情况出发，才能制定出好的政策。

3. 现在雨越下越大，可能动不了身了。

4. 车队早就出发了，你可能赶不上了。

5. 结束了那里的考察，他便动身前往意大利。

四、1. B　2. D
五、1. (1)D　(2)B　2. (1)A　(2)C

创造　发明

讲一讲

"创造"是指想出新方法、建立新理论、作出新的成绩或东西。"创造"的后边可带"了、过",也可带趋向补语"出、出来"。如:

老师在教学实践中创造了一套新的学习方法。

他在那次比赛中创造了新纪录。

好长一段时间他都没有创造出好成绩。

"发明"是指想出新方法、作出新事物。"发明"的后边可带"了、过",也可带趋向补语"出、出来"。如:

他们发明过很多新商品。

活字印刷术是中国人最早发明出来的。

提示

"创造"与"发明"的区别

词语	语义特点	对象
创造	重在开创新理论、新方法、新事物	多为抽象事物,也可以是具体事物
发明	重在研究或制造出世界上没有的东西	只能是具体事物或方法

练一练

一、用"创造""发明"填空。

1. 人类______了最伟大的物质文明和精神文明。
2. 那项新纪录是他在去年______的。
3. 科学家发现黑猩猩竟然也会______工具进行打猎。
4. 没有条件,我们就应该______条件。
5. 最近那家公司又______了新型环保节能汽车。
6. 他想为自己的子女______一个舒适而美满的家。

二、判断对错并改正错句(对的画√,错的画×)。

1. 是普通的劳动人民创造了历史。(　　)
2. 经过十年努力,他终于发明出了自己的事业。(　)
3. 是他创造了奇迹。(　　)
4. 这项专利是那位普通工人发明的。(　)

5. 他的画完全超越了前人，发明了一种新境界。（　　）

6. 那些文字都是古代劳动人民经过长期的生产实践创造出来的。（　　）

三、用（　　）中的动词完成下列句子。

1. 为了航海时辨别方向，________________。（发明）

2. 短短十几年的时间，这家公司就________________。（创造）

3. 如果想让孩子专心学习，________________。（创造）

4. ________________，人类比以前走路快多了。（发明）

5. 他们离开家乡，打算到大城市________________。（创造）

四、HSK 仿真题：从下面 ABCD 中选择唯一正确的填入空格中。

1. 在电话__(1)__以前，人类大部分都是通过写信进行交流和传递信息。而现在，更多的人开始__(2)__电子邮件进行沟通和交换信息。

（1）A. 创造　　B. 发明　　C. 发现　　D. 制造

（2）A. 接触　　B. 打开　　C. 利用　　D. 登录

2. 为了__(1)__一些将要灭绝的稀有动物，人类结合它们自身生存条件__(2)__出一些生态环境，从而让它们能够更好地生存下去。

（1）A. 保存　　B. 保留　　C. 保护　　D. 爱护

（1）A. 创造　　B. 发明　　C. 发现　　D. 制造

五、HSK 仿真题：在下面每一段话中找出错误的部分。

1. 经过几十年的努力（A），我们公司终于发明了世界有名的品牌（B），这不仅是我们公司的荣誉（C），更为我们国家争了光（D）。

2. 在一个大型展览会上（A），人们被一些从没见过的新玩意儿深深吸引住（B），更让人想不到的是（C），这些东西都是一个只有 16 岁的孩子创造出来的（D）。

参考答案

一、1. 创造　2. 创造　3. 发明　4. 创造　5. 发明　6. 创造

二、1. √　2. ×，“发明”改成“创造”。　3. √　4. √　5. ×，“发明”改成“创造”。　6. √

三、1. 为了航海时辨别方向，人类发明了指南针。

2. 短短十几年的时间，这家公司就创造出了上亿的产值。

3. 如果想让孩子专心学习，你就应该给他创造一个良好的学习环境。

4. 自从发明了火车、飞机等交通工具，人类比以前走路快多了。

5. 他们离开家乡，打算到大城市创造新的生活。

四、1. (1)B　(2)C　2. (1)C　(2)A

五、1. B　（应改成：我们公司终于创造了世界有名的品牌）

2. D　（应改成：这些东西都是一个只有 16 岁的孩子发明出来的）

第五课 到达与达到 发展、开展与展开

到达 达到

讲一讲

“到达”是指到了(某一地点、某一阶段),“到达”的后边可带“了、过”。如:

他昨天晚上就到达了北京。

旅行团比我们预期的早到达了两个小时。

“达到”是指到或实现。多指抽象的某个目标或某种程度,中间可插入“得”或“不”。“达到”的后边可带“了、过”。如:

中国的航天技术已经达到了很高的水平。

只要努力工作,我想我们的目标一定能达到。

对不起,我们的产品可能达不到你的要求。

提示

“到达”与“达到”的区别

词语	语义特点	宾语	构成可能补语
到达	到了某个处所	处所名词(地名、山顶、终点等)	-
达到	到了某一水平、目标等	目的、水平、要求、标准、纪录、高度	达得到、达不到

练一练

一、用“到达”“达到”填空。

1. 这些学生的汉语水平都________不________学校的要求。
2. 飞机晚上10点才________北京。
3. 这一产品的合格率________了百分之百。
4. 今年的气温已经________了历年的最高纪录。
5. 凭着坚强的毅力,他终于在最后几秒________了终点。
6. 你放心,我最迟5点________。

二、判断对错并改正错句（对的画√，错的画×）。

1. 人类已经多次到达过月球。（　　）

2. 今年的产量会到达预期目标。（　　）

3. 参加这次会议的苏州代表会先期到达。（　　）

4. 我希望能从这里直接达到成功彼岸。（　　）

5. 当他匆忙到达医院时，病人已经离开了。（　　）

6. 他没能按规定的时间达到。（　　）

三、用（　　）中的动词完成下列句子。

1. 接到报警，警察______________________________。（到达）

2. 为了满足观众的需要，这部电影的放映时间________________________。（达到）

3. 为了不耽误会议，他______________________________。（到达）

4. 随着房地产的不断升温，现在苏州的房价________________________。（达到）

5. 尽管你们产品的质量的确不错，______________________________。（达到）

四、HSK 仿真题：从下面 ABCD 中选择唯一正确的填入空格中。

1. 在合唱的过程中，由于指挥不当，队员们的声音并没有完全___（1）___和谐一致，高低不平的音调已经___（2）___了一切。

（1）A. 采用　　B. 采取　　C. 到达　　D. 达到

（2）A. 表示　　B. 表明　　C. 表达　　D. 表现

2. 由于天气的原因，飞机并没有按___（1）___的时间___（2）___机场，等待接机人还是___（3）___出了一些不满的情绪。

（1）A. 打算　　B. 计划　　C. 安排　　D. 布置

（2）A. 跑到　　B. 达到　　C. 到达　　D. 达成

（3）A. 表现　　B. 表示　　C. 表明　　D. 表达

五、HSK 仿真题：在下面每一段话中找出错误的部分。

1. 姚明是中国有名的篮球运动员（A），他的身高已经到达了 2.26 米（B），他现在在美国打篮球（C），已经成为了球队的核心球员（D）。

2. 经过两个多小时的攀登（A），他们终于达到了山顶（B），站在高处向四周张望（C），有一种处在仙境的感觉（D）。

3. 你只有全身心地投入进去（A），才能到达他所描绘的境界（B）。但由于现代人过于追求现实的东西（C），根本无法做到这一点（D）。

参考答案

一、1. 达……到 2. 到达 3. 达到 4. 达到 5. 到达 6. 到达

二、1. √ 2. ×,"到达"改成"达到"。 3. √ 4. ×,"达到"改成"到达",这是一种比喻的说法。

5. √ 6. ×,"达到"改成"到达"。

三、1. 接到报警,警察迅速到达了现场。

2. 为了满足观众的需要,这部电影的放映时间每天达到18个小时。

3. 为了不耽误会议,他已于昨天晚上就到达了北京。

4. 随着房地产的不断升温,现在苏州的房价已经达到了平均每平方米6000多元钱。

5. 尽管你们产品的质量的确不错,不过还没有达到国家规定的要求。

四、1. (1)D (2)B 2. (1)B (2)C (3)A

五、1. B (应改成:他的身高已经达到了2.26米)

2. B (应改成:他们终于到达了山顶)

3. B (应改成:才能达到他所描绘的境界)

发展 开展 展开

讲一讲

"发展"常表示较为抽象的事物的规模、状态由小到大、由简单到复杂、由低级到高级的自然变化。主语一般是事物。"发展"的后边可带"着、了、过",后边也可带补语"起来、下去"。如:

我国的经济正以前所未有的速度发展着。

他们的关系发展到什么程度了?

事态再这样发展下去,恐怕不会有好结果。

"发展"又指人有意识地扩大组织或(行业、事业的)规模等。主语常为人、组织等。"发展"的后边可带"着、了、过",后边也可带补语"到"、趋向补语"下去、进来、起来"。"到""进来"后还可以带数量短语或人作宾语。如:

我们应该大力发展服务业。

他们的诗社正在不断地发展着,下面的分社已发展到了六个。

我们的自愿组织又发展进来五个人。

"开展"表示人有意识地发动某项工作或活动,使从小到大得到发展。"开展"的后边可带"着、了、过",后边也可带结果补语"好、完",趋向补语"下去、起来"。如:

全国上下正在开展植树活动。

课外活动已经开展完了。

这项工作非常有意义,应该继续开展下去。

"展开"一是表示将卷起的东西(多为图或画等)打开并展平。"展开"的后边可带"了、

过”。如：

请你把那张地图展开。

他展开过那些画卷。

“展开”还可以带表示人与动物的肢体等名词作宾语，表示伸展开来。如：

看到这美丽的风景，我真想展开双臂拥抱它，又想展开歌喉高歌一曲。

小鸟展开翅膀飞向天空。

“展开”又可表示大规模地进行某项运动、活动或动作并扩大其范围。后面可以带动词宾语，如“讨论、争论、辩论、调查、斗争”等。有时也可带“了、过”，但不能带“起来、下去”等补语。如：

同学们对这个问题展开了热烈的讨论。

这项运动已经在全国全面展开。

提示

“发展”“开展”与“展开”的区别

词语	语义特点	对象	所带动态助词	所带补语
发展	事物由小到大、由简单到复杂、由低级到高级的自然变化	某个方面的情况、事态、事业等事物，多作主语	着、了、过	起来、下去
	人有意识地扩大组织或事业的规模等	企业、事业、组织、协会等，多作宾语		起来、下去、进来
开展	人有意识地发动某项工作或活动，使从小到大得到发展	活动、运动、工作等，多作宾语，也可作主语		起来、下去
展开	打开并展平	卷起的东西（画、地图、试卷）等，多作宾语	了、过	–
	大规模地进行并扩大范围	运动、活动、斗争争论、动作等，多作宾语或作主语		

注意：

“发展”着重在使原有的事物进一步扩展、扩大；“开展”则着重在使原来没有的事物开始并从小到大地扩展；“展开”着重在全面铺开，大力或大规模地进行。“开展”有发动并进行的意思，而“发展”“展开”则没有。如：

我们要使中国的经济不断发展下去。（不用“开展”或“展开”）

没有群众的支持，这项运动就开展不起来。（不用“发展”或“展开”）

两国在经济的各个领域展开了合作。（不用“发展”或“开展”）

练一练

一、用"发展""开展""展开"填空。

1. 普法活动正在全国全面______。
2. 他在会议上主张，应该进一步______乡镇经济。
3. 部队正在______学习雷锋的活动。
4. 今天公安部门______了大规模的搜捕行动。
5. 当他听到这个好消息后，终于______了紧锁的眉头。
6. 要想______企业，就要吸引外来的先进技术。
7. 他们就留学生关心的一些问题______了交流。
8. 学校针对事故频发的问题______了安全保护教育活动。

二、判断对错并改正错句（对的画√，错的画×）。

1. 他们在沙漠地带发展了一系列的试验。（　　）
2. 两国领导人就发展两岸关系阐明了各自的观点。（　　）
3. 警察就这个案件开展了全面调查。（　　）
4. 最近我们的业务发展得很快。（　　）
5. 我市将发展清查盗版光碟行动。（　　）
6. 附近的村民对被困的灾民展开了营救。（　　）

三、用（　　）中的动词完成下列句子。

1. 为了抓住要逃跑的歹徒（dǎitú），小王跑上前______________________。（展开）
2. 为了获得更多的社会知识，许多大学生都______________________。（开展）
3. 随着人类对环境问题的重视，中国也要______________________。（发展）
4. 这个组织的人已经很多了，______________________。（发展）
5. 看到人来了，那只鸟______________________，飞向了树枝。（展开）

四、HSK 仿真题：从下面 ABCD 中选择唯一正确的填入空格中。

1. 他们这个书法协会虽然__(1)__得很晚，但已经__(2)__到了50多个人。

（1）A. 组织　　B. 建立　　C. 成立　　D. 建设

（2）A. 开展　　B. 展开　　C. 展示　　D. 发展

2. 为了更好地__(1)__工作，李老师__(2)__学生讨论决定的办法处理班级内的问题，这一办法受到了学生的热烈欢迎。

（1）A. 开展　　B. 展开　　C. 展示　　D. 发展

（2）A. 采纳　　B. 采用　　C. 采取　　D. 采摘

3. 那位姑娘__(1)__清脆的歌喉，唱了一首云南民歌，所有的人都被深深__(2)__了，不停地鼓掌__(3)__欢迎。

（1）A. 开展　　B. 展开　　C. 展示　　D. 发展

（2）A. 感觉　　B. 感到　　C. 感动　　D. 觉得

（3）A. 表达　　B. 表示　　C. 表现　　D. 表明

五、HSK 仿真题：在下面每一段话中找出错误的部分。

1. 由于资金短缺，最近他们公司的业务发展得不太顺利。为了解决这一问题，经理决定向银行贷款。

A 由于资金短缺　B 最近他们公司的业务发展得不太顺利　C 为了解决这一问题　D 经理决定向银行贷款

2. 为了培养孩子的全面展开，很多家长都给孩子报了很多辅导班，这些班有跟学习有关的，也有跟音乐、绘画、舞蹈等艺术方面有关的。

A 为了培养孩子的全面展开　B 很多家长都给孩子报了很多辅导班　C 这些班有跟学习有关的　D 也有跟音乐、绘画、舞蹈等艺术方面有关的

3. 自从那一地区变成自由商城以后，很多自行车都神秘失踪。警察对这一情况开展了调查，但也没发现什么有价值的线索。

A 自从那一地区变成自由商城以后　B 很多自行车都神秘失踪　C 警察对这一情况开展了调查　D 但也没发现什么有价值的线索

参考答案

一、1. 展开　2. 发展　3. 开展　4. 展开　5. 展开　6. 发展　7. 展开　8. 开展

二、1. ×，"发展"改成"展开"。　2. √　3. ×，"开展"改成"展开"。　4. √　5. ×，"发展"改成"开展"。　6. √

三、1. 为了抓住要逃跑的歹徒，小王跑上前同他们展开了搏斗。

2. 为了获得更多的社会知识，许多大学生都到农村开展社会实践活动。

3. 随着人类对环境问题的重视，中国也要发展环保型经济。

4. 这个组织的人已经很多了，不需要再发展下去了。

5. 看到人来了，那只鸟展开翅膀，飞向了树枝。

四、1. (1)C　(2)D　2. (1)A　(2)B　3. (1)B　(2)C　(3)B

五、1. B　（应改成：最近他们公司的业务开展得不太顺利）

2. A　（应改成：为了培养孩子的全面发展）

3. C　（应改成：警察对这一情况展开了调查）

第六课　改革与改造　改进与改善

改革　改造

讲一讲

“改革”指把事物中旧的、不合理的部分改成新的、能适应客观情况的。“改革”的后边可带“着、了、过”，后边也可带结果补语“完、成”，趋向补语“下去、起来”。另外也可以重叠成ABAB式。如：

旧的体制不适应时，就应该加以改革。

工程师改革了工序以后，工作效率大大提高了。

虽然遇到了很大的阻力，但我们一定要改革下去。

你们应该改革改革这些传统的教学方法。

“改造”是指就原有的事物加以修改或变更，使适合需要。“改造”的后边可带“着、了、过”，后边也可带结果补语“完、成、好”，趋向补语“出、起来”。另外可重叠成ABAB式。如：

那家工厂把这台机器重新改造了一下。

人们把大片的荒地改造成了良田。

我们还需要改造改造这件衣服的式样。

“改造”又指从根本上改变旧的、建立新的，使适应新的形势和需要。“改造”的后边可带“着、了、过”，也可带结果补语“好、完、成”，趋向补语“下去、过来”。另外也可重叠成ABAB式。如：

他们的思想从来都没有好好改造过。

我们一定要把他们改造过来。

这些犯了罪的人应该在监狱里好好改造改造。

提示

“改革”与“改造”的区别

词语	语义特点	搭配对象	所带补语
改革	把事物中旧的、不合理的部分改成新的，一般是性质上的部分变革	多为抽象事物，不能用于人	完、成 下去、起来

续上表

词语	语义特点		搭配对象	所带补语
改造	就原有的事物加以修改或变更	常指性质上的根本改变或大部分的改变	多用于具体事物	完、成、好 出、起来
	从根本上改变旧的、建立新的		多用于人	好、完、成 下去、过来

练一练

一、用“改革”“改造”填空。

1. 很多地方的人事制度都进行了______。
2. 很多国家都主张要全面______联合国。
3. 公司为了提高生产效率进行了一些列______。
4. 为了适应新的要求，这项技术必须进行______。
5. 那套照明系统______好以后，很多地方都亮了起来。
6. 那个人并没有认识到自己的错误，还需要______下去。

二、判断对错并改正错句（对的画√，错的画×）。

1. 早在20世纪80年代初中国在经济领域就已经改革起来了。（　　）
2. 这间厂房需要重新改革一下才能使用。（　　）
3. 为了公平起见，谁也不能随便改革贸易规则。（　　）
4. 据说他到死都没有被改革过来。（　　）
5. 中国目前对人民币汇率还不打算进行改造。（　　）
6. 所有的这些旧车床都要进行改造。（　　）

三、用（　　）中的动词完成下列句子。

1. 在监狱里，很多犯罪分子____________________。（改造）
2. ____________________，农民的生活越来越好了。（改革）
3. 为了能储藏更多的东西，他把卫生间____________________。（改造）
4. ____________________，就没有办法跟国际教育接轨。（改革）
5. ____________________，这里已变成了一个“水上乐园”。（改造）

四、HSK仿真题：从下面ABCD中选择唯一正确的填入空格中。

1. 通过对国有企业进行一系列___(1)___以后，原本亏损的企业纷纷开始盈利，___(2)___了中国经济的一个又一个奇迹。

（1）A. 改变　　B. 改革　　C. 改造　　D. 修改

（2）A. 发明　　B. 制造　　C. 制作　　D. 创造

2. 这台机器还没有被___(1)___好，暂时不能___(2)___。

（1）A. 改变　　B. 改革　　C. 改造　　D. 修改

（2）A. 使用　　B. 采用　　C. 采取　　D. 利用

五、HSK 仿真题:在下面每一段话中找出错误的部分。

1. 为了扩大销售量,这些产品必须进行改革,从而使产品更具人性化,更能满足孩子们的需求。
(A: 为了扩大销售量; B: 这些产品必须进行改革; C: 从而使产品更具人性化; D: 更能满足孩子们的需求)

2. 随着社会的发展,很多制度都会有所改变,就拿跟人们生活密切相关的事情来说吧,国家已经决定对社会福利制度进行一场大的改造。
(A: 随着社会的发展; B: 很多制度都会有所改变; C: 就拿跟人们生活密切相关的事情来说吧; D: 国家已经决定对社会福利制度进行一场大的改造)

参考答案

一、1. 改革 2. 改革 3. 改革 4. 改造 5. 改造 6. 改造

二、1. √ 2. ×,"改革"改成"改造"。 3. √ 4. ×,"改革"改成"改造"。 5. ×,"改造"改成"改革"。 6. √

三、1. 在监狱里,很多犯罪分子都要进行劳动改造。
2. 自从实行农业改革以来,农民的生活越来越好了。
3. 为了能储藏更多的东西,他把卫生间改造成了一个储物间。
4. 中国的教育机制不进行改革,就没有办法跟国际教育接轨。
5. 通过对金鸡湖进行一系列改造以后,这里已变成了一个"水上乐园"。

四、1. (1)B (2)D 2. (1)C (2)A

五、1. B (应改成:这些产品必须进行改造)
2. D (应改成:国家已经决定对社会福利制度进行一场大的改革)

改进 改善

讲一讲

"改进"是指改变旧有的情况,使有所进步。"改进"的后边可带"着、了、过"。另外可重叠成 ABAB 式。如:

这几年他已经改进了自己的工作作风。

这种教学方法还需要改进改进。

改进不了服务态度,就不能提高服务质量。

"改善"是指改变原来的情况使好一些。"改善"的后边可带"着、了、过",后边也可带趋向补语"起来、下去"。另外可重叠成 ABAB 式。如:

为了共同发展,两国正在改善着关系。

我们学校的伙食还需要改善改善。

一到了山区，他就改善起那儿的生活环境来了。

提示

"改进"与"改善"的区别

词语	语义特点	常搭配宾语	可否带补语
改进	比原来的情况有所进步	方法、作风、工作、态度、措施	−
改善	比原来更好或更完善	生活、关系、条件、环境、待遇	+，起来、下去

练一练

一、用"改进""改善"填空。

1. 一些厕所的改建，极大__________了这个地区的卫生状况。
2. 他采纳了很多顾客的意见和建议，大大__________了自己的工作。
3. 领导人多次出访是为了__________目前日益紧张的局面。
4. 作为孩子的父亲，是该__________一下教育方式了。
5. 大量的出口__________了经济低靡的状况。
6. 飞机经过__________以后飞得更快了。

二、判断对错并改正错句（对的画√，错的画×）。

1. 这项技术还可以再改进一下。（ ）
2. 近期的降雨改进了农作物的生长条件。（ ）
3. 这种设备还需要改进一下才能应用。（ ）
4. 这儿的劳动条件从来没有改进过。（ ）
5. 改革开放以后，老师的生活待遇改善了许多。（ ）
6. 开展了互助行动以后，同学之间的关系也改进了。（ ）

三、用（ ）中的动词完成下列句子。

1. 为了提高学习成绩，他____________________。（改进）
2. 我们必须____________________，才能保护我们所生存的家园。（改善）
3. 市政府通过一些购房补贴措施，____________________。（改善）
4. 由于这种汽车耗油过大，研究人员____________________。（改进）
5. 自从这儿开发了旅游业以后，____________________。（改善）

四、HSK仿真题：从下面ABCD中选择唯一正确的填入空格中。

1. 由于__(1)__了国外的先进技术，并通过对现有机器进行不断__(2)__，这家工厂的生产量已经得到了极大的提高。

(1) A. 采取　B. 采纳　C. 采用　D. 利用

(2) A. 改革　B. 改善　C. 改良　D. 改进

2. 为了进一步__(1)__业绩，__(2)__公司所规定的目标，部门领导决定拿出一定的年终奖金奖给那些为本部门贡献最大的员工。

(1) A. 改善　B. 改革　C. 改造　D. 改进

(2) A. 到达　B. 达到　C. 达成　D. 成功

动词与助动词

五、HSK 仿真题:在下面每一段话中找出错误的部分。

1. 随着汽车的不断增加(A),这里交通堵塞的情况越来越严重(B),要改进这里的交通条件(C),政府就必须投入大量的人力和物力(D)。

2. 这种灌溉措施如果不进行改善(A),不但会浪费大量水资源(B),而且农作物也得不到很好的浇灌(C),更不要提增加产量了(D)。

参考答案

一、1. 改善　2. 改进　3. 改善　4. 改进　5. 改善　6. 改进

二、1. √　2. ×,“改进”改成“改善”。　3. √　4. ×,“改进”改成“改善”。　5. √　6. ×,“改进”改成“改善”。

三、1. 为了提高学习成绩,他不断改进自己的学习方法。

2. 我们必须不断改善地球的生态环境,才能保护我们所生存的家园。

3. 市政府通过一些购房补贴措施,大大改善了城市居民购房难的状况。

4. 由于这种汽车耗油过大,研究人员决定对发动机再进行一些改进。

5. 自从这儿开发了旅游业以后,人们的生活水平得到了很大的改善。

四、1. (1)C　(2)D　2. (1)A　(2)B

五、1. C　(应改成:要改善这里的交通条件)

2. A　(应改成:这种灌溉措施如果不进行改进)

第七课　感动与激动　发觉与发现

感动　激动

讲一讲

“感动”是指思想感情受外界事物的影响而激动或言行引起他人的同情和敬慕，使人激动。前边的意思可加程度副词。“感动”的后边可带“着、了、过”。如：

看到这么多人帮助我，我非常感动。

那部电影感动了每一个人。

听到那个动人的故事，她感动得流下了眼泪。

“激动”表示人因受刺激而情绪冲动，极度兴奋或使情绪冲动。前边的意思也可加程度副词。“激动”的后边可带“着、了、过”，可带趋向补语“起来、下去”。如：

她的声音让每一个人都无比激动。

这场面激动着所有人的心。

看到自己的偶像出现了，每一个孩子都激动起来了。

提示

“感动”与“激动”的区别

词语	语义特点	主语或宾语	补语	可否用于被动句
感动	因受外界影响而产生同情、敬慕、感激的思想感情	人可作主语或宾语		+
激动	因强烈的刺激使人产生难以抑制的兴奋或气愤	人或情绪；宾语可为“人心”，但不可以为人	起来、下去	−

练一练

一、用“感动”“激动”填空。

1. 现在他心情有点儿______，我想明天再商量吧。
2. 李明得了第一名，他______得跳了起来。
3. 说到自己所受的苦，老人开始______起来。
4. 那出戏______了不少观众。

5. 他英勇的行为令我深受______。

6. 这真是一个让人______不已的好消息。

二、判断对错并改正错句(对画√,错画×)。

1. 我被这么浪漫的故事激动了。(　　)

2. 经理所做的一切感动了每一位员工。(　　)

3. 看到那么多人对自己不理不睬,他情绪有些激动。(　　)

4. 他们的帮助实在让我很受激动。(　　)

5. 父母给他这么一个惊喜,使他感动得说不出话来。(　　)

6. 这部作品曾激动过许多人。(　　)

三、用(　　)中的动词完成下列句子。

1. 当说到自己的钱包被偷时,他______________________。(激动)

2. 看到这么多的人帮助自己,______________________。(感动)

3. 想到明天就可以回家了,王师傅______________________。(激动)

4. 能让我参加这么重要的会议,______________________。(激动)

5. 他的英雄事迹______________________,以至于每一个人都流下了眼泪。(感动)

四、HSK 仿真题:从下面 ABCD 中选择唯一正确的填入空格中。

1. 有个故事就___(1)___在我身边,一直深深地___(2)___着我。

(1) A. 产生　　B. 出现　　C. 发生　　D. 发现

(2) A. 感动　　B. 感觉　　C. 激动　　D. 感到

2. 小王上台领取奖金时,显得相当___(1)___,尽管这点钱并不能完全___(2)___自己贫穷的生活,但他看到了以后的希望。

(1) A. 感动　　B. 感觉　　C. 激动　　D. 感到

(2) A. 改善　　B. 改革　　C. 改造　　D. 改进

五、HSK 仿真题:在下面每一段话中找出错误的部分。

1. 汽车司机被他的话深深激动了(A),赶忙打开车门(B),让他坐进汽车里(C),并且把刚买的水果递给他吃(D)。

2. 看到自己喜欢的歌星出现了(A),疯狂的歌迷开始感动起来(B),他们纷纷伸出手来(C),想跟自己的偶像握一握手(D)。

参考答案

一、1. 激动　2. 激动　3. 激动　4. 感动　5. 感动　6. 激动

二、1. ×,"激动"改成"感动"。　2. √　3. √　4. ×,"激动"改成"感动"。　5. √　6. ×,"激动"改成"感动"。

三、1. 当说到自己的钱包被偷时，他看起来特别激动。
2. 看到这么多的人帮助自己，他感动得说不出话来。
3. 想到明天就可以回家了，王师傅激动得不得了。
4. 能让我参加这么重要的会议，我的心情真的非常激动。
5. 他的英雄事迹太让人感动了，以至于每一个人都流下了眼泪。

四、1. (1)C (2)A 2. (1)C (2)A

五、1. A （应改成：汽车司机被他的话深深感动了）
2. B （应改成：疯狂的歌迷开始激动起来）

发觉 发现

讲一讲

“发觉”是指开始觉得、知道隐藏的或以前没有注意到的事。后边可带“了、过”，可带名词性宾语、动词性宾语或小句宾语。如：

经别人提醒以后，他才发觉了自己的失态。

直到天亮，他才发觉走错了方向。

回家的路上，小王发觉有人老是跟在他的后边。

“发现”是指经过研究、探索等，看到或找到前人不了解的事物或规律。后边可带“了、过”，也常带名词性宾语、小句宾语。如：

科学家在那一地区发现了一些稀有金属。

他们俩偷偷约会，被人发现过一次。

不认真观察，就发现不了动物活动的规律。

等我回过头来，发现他已经走远了。

提示

“发觉”与“发现”的区别

词语	可通用	语义特点	适用范围
发觉	都可以表示知道以前不知道或没注意到的情况	侧重指外物刺激人的器官，人通过各种感官(如眼、耳、口等)觉察到，多用于可感觉的人、物或事件	适用范围较小，一般只用在感觉到的人或事物的具体情况，并且这些对象往往是有意隐藏或掩盖起来的
发现		侧重在通过实践或分析研究找到或得到	适用范围较广，一般可用于人以及具体或抽象的事物，并且这些对象通常是原来不知道或未注意到的人、事物或情况

练一练

一、用"发觉""发现"填空。

1. 在我抬胳膊的时候，才______有些隐隐作痛。
2. 如果你不仔细听，就很难______里边有人。
3. 买了几次东西以后，我______便宜没好货。
4. 人们又在沙漠腹地______了一个大油田。
5. 走进他的房间，______有一股浓浓的烟味。
6. 科学家______宇宙太空像一个浩瀚的海洋，深邃而神秘。

二、判断对错并改正错句（对的画√，错的画×）。

1. 有些生活中的问题是很难被发觉的。（　　）
2. 我发现每一个人都有他自己的生活方式。（　　）
3. 敌人的阴谋很快就被发现了。（　　）
4. 探险队在森林里发觉了原始人活动的足迹。（　　）
5. 他摸了摸头，发现湿湿的，好像是水。（　　）

三、用"发觉"或"发现"完成下列句子。

1. 经过一段时间的观察，我______________________________。（发现）
2. 等我放到嘴里的时候，我才______________________________。（发觉）
3. 经过不断的研究和分析，______________________________。（发现）
4. 我仔细闻了闻，______________________________。（发觉）
5. 在大家都议论那件事的时候，______________________________。（发现）

四、HSK 仿真题：从下面 ABCD 中选择唯一正确的填入空格中。

1. 考古学者研究 （1） ，很多发掘的青铜器上面还 （2） 着使用者的姓名和身份。

（1）A. 发明　　B. 发现　　C. 发觉　　D. 感觉

（2）A. 保存　　B. 保留　　C. 发生　　D. 产生

2. 汽车很快就 （1） 了目的地，等大家都下了车，我突然 （2） 自己还坐在车上发呆。

（1）A. 到达　　B. 达到　　C. 达成　　D. 传达

（2）A. 发明　　B. 发现　　C. 发觉　　D. 感觉

五、HSK 仿真题：在下面每一段话中找出错误的部分。

1. 她进教室时轻手轻脚（A），所以我一点儿都没有发现（B），等她在背后突然抱住我时（C），我真的吓了一大跳（D）。

2. 他 12 岁时随父母去了美国（A），现在因为工作关系再次回到中国（B），在通往酒店的汽车上（C），他发觉中国的变化真是太大了（D）。

参考答案

一、1. 发觉　2. 发觉　3. 发现　4. 发现　5. 发觉　6. 发现

二、1. ×,“发觉”改成“发现”。2. √　3. √　4. ×,“发觉”改成“发现”。　5. ×,“发现”改成“发觉”。

三、1. 经过一段时间的观察,我发现他并不像人们说的那么坏。

2. 等我放到嘴里的时候,我才发觉那个东西根本不能吃。

3. 经过不断的研究和分析,他们终于发现了解决这个难题的方法。

4. 我仔细闻了闻,发觉这股味道是从邻居家传过来的。

5. 在大家都议论那件事的时候,我发现只有他一个人孤零零地坐在那儿。

四、1. (1)B　(2)B　2. (1)A　(2)C

五、1. B　(应改成:所以我一点儿都没有发觉)

2. D　(应改成:他发现中国的变化真是太大了)

第八课 规定、制定与制订　节省与节约

规定　制定　制订

讲一讲

“规定”是指针对某些人或某事物作出关于方式、方法或数量、质量的较为具体、详细的决定。“规定”的后边可带“了、过”，也可带结果补语“好、死、清楚”，趋向补语“出、下来、出来”。如：

老师规定我们必须按时回校。

这条街上规定过不许随地吐痰。

你们先把评分的标准规定好。

这些东西应该用书面的方式规定下来。

“制定”是指针对某个方面定出“法律、规程、计划”等，比“规定”要概括，所带的宾语比“规定”更正式，更抽象，范围更大。“制定”的后边可带“着、了、过”，也可带结果补语“完、成、好”和趋向补语“下去、起来、出来、出”。如：

大力发展农业的政策已经制定了好多年了。

这条规则制定得有些过分，它规定学生不能带任何吃的到学校。

政府把长期以来扶持个体经济的一些做法制定成了规章制度。

“制订”是指经协商创制拟定，常有“起草制定”的意思。所带宾语多用于相对问题简单、单项性的、短期的规划活动，规模较小。“制订”的后边也可带“着、了、过”，可带结果补语“完、成、好”和趋向补语“下去、起来、出来、出”。如：

新方案已经制订好了。

制订这项规划花费了他们不少时间。

为了搞好学生的课外活动，最近他们制订出了一份详细的计划。

提示

“规定”“制定”与“制订”的区别

词语	语义特点	宾语	补语
规定	针对某些人或某事物作出关于方式、方法或数量、质量的较为具体、详细的决定	多表示规定的具体内容	好、死、清楚 下来、出来、出

续上表

词语	语义特点	宾语	补语
制定	是指针对某个方面定出"法律、规程、计划"等。凸现的是权威性、正式性、严肃庄重性	政策、法令、计划、法律、纪律、规则、方案、规程	完、成、好 下去、起来、出来、出
制订	多为协商创制拟定，多指动作本身，有"起草制定"的意思，突出的是创造性、平等性、灵活性	计划、方案、办法、条约、契约、合同、日程、时间表	

练一练

一、用"制定""制订""规定"填空。

1. 这一法令________得很完善。
2. 保护妇女儿童的措施要尽快________出来。
3. 为了防止洪水危害城市，市政府需要________切实可行的抗洪计划。
4. 刑法________受贿的重要条件是利用职务之便，为他人谋取利益。
5. 公司虽然是新建的，但关于生产方面的详细规定都已经________好了。
6. 关于学校保安的职责和任务已经________死了，不能更改。

二、判断对错并改正错句（对的画√，错的画×）。

1. 美国宪法规定总统由选民直接选出。（　　）
2. 这个工作组规定了一些章程。（　　）
3. 道德的基本价值既不可以靠法律来规定，又不可一为法律所代替。（　　）
4. 保护环境的法规去年就已经规定好了。（　　）
5. 几位领导正在办公室制定明年的发展计划。（　　）
6. 只要制订了明确的学习目标，你就应该尽力去达到。（　　）

三、用（　　）中动词完成下列句子。

1. 婚姻法中____________________，任何人都不能提前结婚。（规定）
2. 为了促进西部地区的发展，____________________。（制定）
3. 由于运动员不断提出抗议，比赛规则____________________。（制订）
4. 为了不影响正常工作，公司____________________。（规定）
5. 根据工作人员的具体表现，经理____________________。（制订）
6. 为了促进中小企业的发展，国家____________________。（制定）

四、HSK 仿真题：在下面 ABCD 中选择唯一正确的填入空中。

1. 为了预防意外事故的发生，这个寄宿制学校在新学期__(1)__了对学生的管理工作，校规中明确__(2)__：任何人单独离开学校都必须向班主任报告。

（1）A. 改善　　B. 改进　　C. 改造　　D. 改革

（2）A. 制定　　B. 确定　　C. 规划　　D. 规定

2. 教育局局长在讲话中明确__(1)__，为了让家长更放心，今年将__(2)__详细的收费标准。

（1）A. 表达　　B. 表现　　C. 表示　　D. 表明

（2）A. 规定　　B. 制定　　C. 制订　　D. 制造

3. 由于政府＿（1）＿了很多对企业有利的法律法规，大东公司＿（2）＿明年增加汽车的产量。

（1）A. 规定　　B. 制定　　C. 制订　　D. 制造

（2）A. 计划　　B. 提出　　C. 觉得　　D. 感到

五、HSK 仿真题：在下面每一段话中找出错误的一部分。

1. 购房合同中制定（A），购房者一旦违约，其预先给付的定金将不再退还（B）。而开发商一旦违约（C），将双倍退还定金（D）。

2. 通过对上学期的教学总结（A），我们将规定本学期的教学计划（B），除了一部分教材需要调整外（C），大部分将还是采用上学期使用过的教材（D）。

3. 随着社会主义市场经济的发展（A），人们越来越重视财产的归属和利用（B），通过制订物权法（C），人们可以更深入地理解各种产权的规定（D）。

参考答案

一、1. 制定　2. 制订　3. 制订　4. 规定　5. 制定　6. 规定

二、1. √　2. ×，“规定”改成“制定”。　3. √　4. ×，“规定”改成“制定”。　5. ×，“制定”改成“制订”。
6. √

三、1. 婚姻法中规定了结婚的具体年龄，任何人都不能提前结婚。
2. 为了促进西部地区的发展，国家制定了开发大西北的长远规划。
3. 由于运动员不断提出抗议，比赛规则又重新进行了制订。
4. 为了不影响正常工作，公司规定上班时间不得随便打私人电话。
5. 根据工作人员的具体表现，经理打算制订一套具体的奖惩方案。
6. 为了促进中小企业的发展，国家制定了一系列的优惠政策。

四、1. (1)B (2)D　2. (1)C (2)C　3. (1)B (2)A

五、1. A （应改成：购房合同中规定）
2. B （应改成：我们将制订本学期的教学计划）
3. C （应改成：通过制定物权法）

节省 节约

讲一讲

“节省”是指使可能被消耗掉的不被消耗掉或少消耗掉。“节省”的后边可带“了、过”，也可带趋向补语“下来、出来、起来”。如：

这次去北京坐飞机节省了不少时间。

任何时候我们都应该节省粮食。

如果按这样的预算，可以节省下不少钱来。

“节约”是指减少不必要的耗费。“节约”的后边可带“了、过”，也可带趋向补语“下来、出来、起来”。如：

那家公司从来都没有节约过用电。

这些钱都是从购买材料中节约出来的。

改良技术以后，发电厂节约了大量能源。

提示

“节省”与“节约”的区别

词语	语义特点	使用范围	宾语	语体色彩
节省	强调精打细算，不需要用的不用，应该用的少用	多用于个人或较的小团体	时间、材料、开支、费用、篇幅、力气等	多用于口语
节约	强调自我约束，该用则用，不该用的一定不用	多用于国家或较大的集体	资源、用水、用电、成本、资金等	多用于书面语

练一练

一、用“节省”“节约”填空(因为意思较近，请用最恰当的)。

1. 地球是我们大家的，每个国家都应该______资源。
2. 王明为______早上准备出门的时间，每天晚上提前把上班的包都理好。
3. 公司现在资金紧张，我们现在应该是能______就______。
4. 造矮房子可以______材料，也可以防止被风吹掉。
5. 国家统一购买原材料后，______了不少成本。

二、判断对错并改正错句(对的画√，错的画×)。

1. 这样做可以节约我们的体能和时间。(　　)
2. 通过调整结构，可以节省不少空间。(　　)
3. 小排量的汽车每年可节省不少汽油费。(　　)
4. 家里就这点钱了，我们应该节约着用。(　　)
5. 为了保证供应充足，国家每年都提倡节约电能。(　　)

6. 那份计划书为公司节约了200万资金。（　　）

三、用（　　）中的动词完成下列句子。

1. 我们的水资源并不丰富，平时就应该________________。（节约）

2. ________________，每次出门都坐公共汽车。（节省）

3. 自从司机王平学会自己修汽车以后，________________（节省）。

4. 汽车改良以后________________，又减小了噪音。（节约）

5. 如果采用他的方法锯木头，可以________________。（节省）

四、HSK仿真题：从下面ABCD中选择唯一正确的填入空格中。

1. 最近，国家领导人一再强调，一个国家要想__(1)__得更好，更和谐，就必须__(2)__自然资源，__(3)__自然环境。

(1) A. 展开　　B. 发展　　C. 开展　　D. 展出

(2) A. 利用　　B. 使用　　C. 节约　　D. 节省

(3) A. 爱护　　B. 采用　　C. 采取　　D. 保护

2. 王老师和爱人商量后决定买一些二手家具__(1)__，这样可以__(2)__一部分生活开支，为孩子的学业多投入一些。

(1) A. 利用　　B. 采用　　C. 使用　　D. 享用

(2) A. 节省　　B. 节约　　C. 使用　　D. 利用

五、HSK仿真题：在下面每一段话中找出错误的部分。

1. 老师在上作文课的时候经常告诉大家（A），语言一定要简明准确（B），这样不仅可以节约篇幅（C），还可以使意思表达得更清楚（D）。

2. 如果从国外引进这种技术（A），不仅可以节省大量的科研资金（B），而且可以尽快应用到生产中去（C），短时间内就可以产生良好的经济效益（D）。

参考答案

一、1. 节约　2. 节省　3. 节省；节省　4. 节省　5. 节约

二、1. ×，“节约”改成“节省”。　2. √　3. √　4. ×，“节约”改成“节省”。　5. √　6. √

三、1. 我们的水资源并不丰富，平时就应该节约用水。

2. 他最近越来越节省，每次出门都坐公共汽车。

3. 自从司机王平学会自己修汽车以后，节省了不少修理汽车的费用。

4. 汽车改良以后既节约了能源，又减小了噪音。

5. 如果采用他的方法锯木头，可以节省不少材料。

四、1. (1)B　(2)C　(3)D　2. (1)C　(2)A

五、1. C　（应改成：这样不仅可以节省篇幅）

2. B　（应改成：不仅可以节约大量的科研资金）

第九课 解释与说明 交际、交流与交往

解释 说明

讲一讲

“解释”表示分析、阐明含义，为的是让对方理解，避免或解除误会。常带的宾语有“原因、理由、原理、含义、道理、概念、政策、法律、法规”等。“解释”的后边可带“着、了、过”，也可带结果补语“清楚、明白、透、完、成、开”，趋向补语“下去、起来、过去”。另外可重叠成ABAB式。如：

这件事他向老王解释了半天。

老师没有解释清楚那个词的意思。

闹了这么大的误会，你应该向他解释清楚。

“说明”表示说明白，讲清楚，为的是让对方了解、知道。常带的宾语有“原因、理由、来历、来意、问题、用途、用法、特点、原委”等。“说明”的后边可带“着、了、过”，也可带趋向补语“起来”。如：

对于迟到这件事，他从来没有说明过原因。

他又向人说明起事情的原委来了。

你能说明一下这种药的用法吗？

另外“说明”还有“证明”的意思，即用关于人或事物的可靠的材料或来证实某个结论。如：

以上的事实说明他不是一个好警察。

提示

“解释”与“说明”的区别

词语	语义特点	常用宾语	所带补语	后边可否带“说、道”
解释	分析讲解某事物的意义，为的是让对方理解，避免或解除误会	政策、法律、概念、道理、误会、原理、含义	清楚、明白、透、完、成、开 下去、起来、过去	+

续上表

词语	语义特点	常用宾语	所带补语	后边可否带“说、道”
说明	表示说明白，讲清楚，为的是让对方了解、知道。	原因、问题、理由、用途、用法、特点、来意	起来	—
	通过有关人或事物的事实表明或证明某个结论			

练一练

一、用“解释”“说明”填空。

1．昨天的体检结果______我们的身体并不太好。

2．他______说每个人都有自己喜欢的项目。

3．这件事充分______不经过努力就不会有收获。

4．这件事能______过去就______过去。

5．对于不发工资这件事你必须作出______。

二、判断对错并改正错句(对的画√，错的画×)。

1．小王解释说他不是有意那样做的。(　　)

2．他们之间的误会说开就行了。(　　)

3．昨天发生的事很能说明问题的关键。(　　)

4．这些数字解释我们学校的生源是越来越好。(　　)

5．他向李明说明了来由，并请他无论如何也要帮帮自己的忙。(　　)

三、用(　　)中的动词完成下列句子。

1．这个问题________________________，我们不会离开。(解释)

2．________________________，他会让你进去的。(说明)

3．你也不要太骄傲，这么一点小事________________________。(说明)

4．这一原理________________________，大家好像都不太明白。(解释)

5．群众反映的环境问题始终都没有解决，市长应________________________。(说明)

四、HSK 仿真题：从下面 ABCD 中选择唯一正确的填入空格中。

1．今天早晨他刚一见到我，就一再__(1)__说：昨天他是因为__(2)__了钱包，所以才对我发脾气，真的不是对我有什么看法。

(1) A．说明　　B．解释　　C．表明　　D．表达

(2) A．掉　　B．丢失　　C．偷走　　D．捡到

2．老李一进屋就向我__(1)__了来意，他是为昨天我救他孩子的事向我__(2)__感谢。

(1) A．说明　　B．解释　　C．证明　　D．表达

(2) A．表达　　B．表明　　C．表述　　D．表示

五、HSK 仿真题：在下面每一段话中找出错误的部分。

1．看到他十分为难的样子(A)，我没有让他再说明下去(B)，既然事情已经发生了(C)，再怎么样也没有办法挽回损失(D)。

2. 尽管我表示不想买这种电器，但销售人员还是不停地向我解释它的使用方法，我只好对他表明我的态度，他才又开始给我介绍别的产品。

A 尽管我表示不想买这种电器　B 但销售人员还是不停地向我解释它的使用方法　C 我只好对他表明我的态度　D 他才又开始给我介绍别的产品

参考答案

一、1. 说明　2. 解释　3. 说明　4. 解释;解释　5. 解释

二、1. √　2. ×,“说明”改成“解释”。3. √　4. ×,“解释”改成“说明”。　5. √

三、1. 这个问题没有解释清楚,我们不会离开。

2. 你只要向门卫说明来意,他会让你进去的。

3. 你也不要太骄傲,这么一点小事说明不了什么。

4. 这一原理你还需要再解释一下,大家好像都不太明白。

5. 群众反映的环境问题始终都没有解决,市长应向大家说明原因。

四、1. (1)B　(2)B　2. (1)A　(2)D

五、1. B　(应改成:我没有让他再解释下去)

2. B　(应改成:但销售人员还是不停地向我说明它的使用方法)

交际　交流　交往

讲一讲

“交际”是指人与人之间往来接触,发生某些联系。“交际”的后边可带“了、过”,也可带趋向补语“起来”。另外“交际”常作定语,也可重叠成 ABAB 式。如:

他在演艺圈交际了不少名人。

他经常参加一些交际活动。

他同每一个人交际起来都有两下子。

不要老是呆在家里,最好出去交际交际。

“交流”是指通过动作,相互了解对方的东西(如经验、意见、思想、感情、感受、文化、技术等)。“交流”的后边可带“着、了、过”,也可带结果补语“完、开”,趋向补语“起、起来”。另外可重叠成 ABAB 式。如:

他们两个人经常交流经验。

等我到达的时候,他们已经交流完意见了。

我跟他交流起来有点困难。

好的学习方法应该相互交流交流。

“交流”后可以带时量补语,一般表示较短的时间。如:

那位教授跟我们交流了几分钟就走了。

"交往"是指双方互相来往。"交往"后不带宾语,可带"着、了、过",也可带趋向补语"起来、下去",另外可重叠成ABAB式。"交往"后可带时量补语,一般都是表示较长时间的。如:

他们已经交往了十几年了。

因为矛盾越来越多,他们没有再交往下去。

你们俩早该交往交往了。

提示

"交际""交流"与"交往"的区别

词语	语义特点	宾语	时量补语	动态助词
交际	强调社会活动方面互相结交往来	–	–	了、过
交流	指通过动作,相互了解并学习对方的东西	思想、经验、感情、感受、心得、观点、意见、文化、技术	+ 一般时间较短	着、了、过
交往	侧重于人与人或国与国之间的接触、往来	不带宾语	+ 一般时间较长	

练一练

一、用"交际""交流""交往"填空。

1. 这两个国家已经______了二十多年了。
2. 他跟我们______了几分钟就离开了。
3. 你跟她先______着,至于结婚的事以后再说。
4. 因为经常出入各种场合,她很善于______。
5. 虽然许多年没有______了,但他们还是彼此想着对方。
6. 两个领导人就经济问题进行了______和沟通。

二、判断对错并改正错句(对的画√,错的画×)。

1. 女孩子也应该到各种场合交往交往。(　　)
2. 这个人的交际能力很强。(　　)
3. 两个人虽然交往了很长时间,但还是不十分了解。(　　)
4. 会议上很多人都相互交往了意见。(　　)
5. 他们俩是老朋友了,已经交流三十多年了。(　　)
6. 为了提高技术水平,科研人员应该经常相互交流。(　　)

三、用(　　)中的动词完成下列句子。

1. 她的性格很内向,______________________。(交际)
2. 寒假结束以后,回到学校大家______________________。(交流)
3. 你如果不喜欢他,______________________。(交往)
4. ______________________,儿子每次看到他都很害怕。(交流)
5. 自从那次分手后,他们______________________。(交往)

四、HSK仿真题:从下面ABCD中选择唯一正确的填入空格中。

1. 他们已经__(1)__三年多了,尽管碰到过各种问题,但相互之间从来没有__(2)__过矛盾。

（1）A. 交流　　B. 交际　　C. 交往　　D. 往来
（2）A. 出现　　B. 发生　　C. 出生　　D. 产生

2. 现代社会，在公共场合进行＿（1）＿时也需要各种技巧，比如虽然你想把自己的想法＿（2）＿清楚，但一定要注意话不要说得太多，以免引起别人的反感。
（1）A. 交流　　B. 交际　　C. 交往　　D. 往来
（2）A. 表达　　B. 表明　　C. 表述　　D. 表示

3. 今天课上所学的生词如果有一些＿（1）＿不清楚的地方，大家可以下课以后相互＿（2）＿一下，如果还不明白，可以到办公室问我。
（1）A. 讲话　　B. 解释　　C. 说明　　D. 表达
（2）A. 交往　　B. 交际　　C. 交流　　D. 往来

五、HSK 仿真题：在下面每一段话中找出错误的部分。

1. 刚来中国的时候，因为语言不通（A），他不太爱说话（B）。但随着大家在一起交际多了（C），他也开始活泼起来（D）。

2. 这个人从国外留学回来以后（A），特别善于跟外界交流（B），认识他的人都说（C），他已经完全不像原来的自己了（D）。

3. 老李不想继续跟老王交际下去了（A），因为两个人自从上次发生了不愉快以后（B），心里都特别别扭（C），尤其是老李感觉两人已经没有原来的默契（mòqì）了（D）。

参考答案

一、1. 交往　2. 交流　3. 交往　4. 交际　5. 交往　6. 交流
二、1. ×，“交往”改成“交际”。　2. √　3. √　4. ×，“交往”改成“交流”。　5. ×，“交流”改成“交往”。
6. √
三、1. 她的性格很内向，不太喜欢与人交际。
2. 寒假结束以后，回到学校大家都交流起各自的感受来。
3. 你如果不喜欢他，就不要再继续跟他交往下去了。
4. 因为很少跟儿子交流感情，儿子每次看到他都很害怕。
5. 自从那次分手后，他们已经很多年没有交往了。
四、1.（1）C　（2）D　2.（1）B　（2）A　3.（1）B　（2）C
五、1. C　（应改成：但随着大家在一起交流多了）
2. B　（应改成：特别善于跟外界交际）
3. A　（应改成：老李不想继续跟老王交往下去了）

第十课　具备与具有　理解与了解

具备　具有

讲一讲

“具备”是指在应有的要素、条件、性能或资格方面达到了齐备，因而前面可以受“完全”的修饰。“具备”的后边可带“着、了”。如：

他身上具备着别人难以想象的才能。

你不是在招秘书吗？李丽完全具备了秘书的条件。

我们这个小研究室还不具备自主研究的条件。许多设备都要借助大的研究所。

“具有”一般用于表示较抽象方面的“有”。除了可以表示各类事物的特性外，还可用于表示精神方面，如“魅力、吸引力、感染力、觉悟、精神”等。如：

这种衣服很具有民族特色。

海洋公园对孩子具有很强的吸引力。

伟大的人物大多具有为社会献身的精神。

“具有”比“具备”更多地用于主观评价，常带一些褒义或贬义的宾语。可以带“很、非常”等程度副词修饰。如：

她身上具有中华民族的传统美德。

这种产品具有很多别的同类产品所没有的优点。

昆剧很具有观赏价值。

这类广告常用“某某医学专家说”之类的语言，具有很大的欺骗性。

提示

“具备”与“具有”的区别

词语	语义特点	常带宾语	可否带动态助词“着、了”	可否用“很、非常”修饰
具备	指在应有的要素、条件、性能或资格方面达到了齐备	资格、天赋、实力、素质、品质、本领条件、技能、环境	+	−

续上表

词语	语义特点	常带宾语	可否带动态助词“着、了”	可否用“很、非常”修饰
具有	用于表示较抽象方面的“有”,可以是各类特性,包括人的精神	才华、才能、才干、功能、特点、风格、水平、作用、气质、性能、品德、传统、优点、功效、性质、觉悟、品格、决心、信心、吸引力、精神、价值	−	+

练一练

一、用“具备”“具有”填空。

1. 开发这种产品的条件都已经______了。
2. 这种花非常漂亮,很______观赏价值。
3. 他讲话做事都果敢坚定,特别______领袖的风范。
4. 他身上______着勇敢、果断的品质。
5. 我对他______很大的信心。
6. 故宫______中国传统的建筑风格。

二、判断对错并改正错句(对的画√,错的画×)。

1. 那部电影具有很强的艺术性。(　　)
2. 我们已经具有了参加决赛的实力。(　　)
3. 这台摄像机具有很多功能。(　　)
4. 从那个时代过来的人都很具备无私奉献的精神。(　　)
5. 我们的产品都具有国际先进水平。(　　)

三、用(　　)中的动词完成下列句子。

1. 他的话虽然不完全可信,________________________。(具有)
2. 这种植物适合于高寒地带,________________________。(具备)
3. 新药很管用,________________________。(具有)
4. ____________________,就差你的一声命令了。(具备)
5. 尽管他现在看起来很普通,________________________。(具有)

四、HSK 仿真题:从下面 ABCD 中选择唯一正确的填入空格中。

1. 这种炸药__(1)__了新的合成成分,在__(2)__过程中__(3)__非常强的破坏性。

(1) A. 采纳　　B. 采取　　C. 使用　　D. 采用

(2) A. 使用　　B. 利用　　C. 采取　　D. 采纳

(3) A. 具备　　B. 具有　　C. 保留　　D. 保存

2. 只有当一切条件都__(1)__了以后,我们才能进行彻底__(2)__。否则,反而会造成更大的问题。

(1) A. 具有　　B. 拥有　　C. 具备　　D. 完备

(2) A. 改造　　B. 改进　　C. 改善　　D. 改革

五、HSK 仿真题:在下面每一段话中找出错误的部分。

1. 她对中国传统的艺术具备浓厚的兴趣(A),特别是中国的京剧(B),每当有京剧演出(C),她都会想方设法去欣赏一下(D)。

2. 公司最后没有录用他(A),那是因为他还没有完全具有公司要求的条件(或实力)(B),如果想重新获得认可(C),他还需要付出更大的努力(D)。

参考答案

一、1. 具备　2. 具有　3. 具有　4. 具备　5. 具有　6. 具有

二、1. √　2. ×,"具有"改成"具备"。3. √　4. ×,"具备"改成"具有"。　5. √

三、1. 他的话虽然不完全可信,但还是具有一定的说服力。

2. 这种植物适合于高寒地带,这一地区还不具备它的生存环境。

3. 新药很管用,具有消肿止痛的功效。

或:新药很管用,具有减轻感冒症状的功效。

4. 所有的东西都已经具备,就差你的一声命令了。

5. 尽管他现在看起来很普通,但非常具有潜力。

四、1. (1)D　(2)A　(3)B　2. (1)C　(2)D

五、1. A　(应改成:她对中国传统的艺术具有浓厚的兴趣)

2. B　[应改成:那是因为他还没有完全具备公司要求的条件(或实力)]

理解　了解

讲一讲

"理解"是指懂得"为什么这么说,这么做"。"理解"的后边可带"了、过",也可带结果补语"透、清楚、对",趋向补语"起来"。另外可重叠成 ABAB 式。如:

我已经理解了他的意思。

你说的话我没能理解清楚。

这篇文章理解起来有点儿困难。

你要好好理解理解上级的指示。

"了解"是指知道"某事物是什么,某人是什么样的"。"了解"的后边可带"了",前边也可加程度副词"很、非常、十分"等。如:

我还不太了解这儿的情况。

他最后终于了解了我的意图。

对于这件事他非常了解。

“了解”还指打听、调查。后边可带“着、了、过”，也可带结果补语“清楚、完”，趋向补语“下去、起来”。另外可重叠成ABAB式。如：

他正到处了解着那儿的环境问题。

发生事故的原因我已经了解清楚了。

领导最近又了解起山区的情况来了。

我很想去了解了解病人目前的心态。

提示

“理解”与“了解”的区别

词语	语义特点	所带动态助词	所带补语	可否用程度副词“很、非常、十分”修饰
理解	主要通过思考、判断、推理比较深刻地领会“为什么这么说，这么做”	了、过	透、清楚、对起来	−
了解	清楚地知道某事或某一情况是什么，某人是什么样的，重在直觉认识	了		+
	指打听、调查	着、了、过	清楚、完起来、下去	−

“理解”的对象多用于事物，也用于体谅人的心情。“了解”多用于具体的人、事、情况，使用范围比“理解”广。如：

当时学生还不理解老师的苦心，以为是故意跟他们为难。（不用“了解”）

他的情况我详细了解了一下，跟报告的差不多。（不用“理解”）

练一练

一、用“理解”“了解”填空。

1. 现在我终于能______他当时的心情了。
2. 爆炸的原因还需要具体______，现在不要急于下结论。
3. 他对那件事______得非常清楚，你去问他吧。
4. 这篇课文太难了，学生肯定______不了。
5. 大家应该相互______，不然矛盾会越来越深。

二、判断对错并改正错句（对画√，错画×）。

1. 你不了解他的心情就不要乱说。（　　）
2. 老师的讲解很清楚，我很快就理解了。（　　）
3. 你去他们公司了解一下，看价格是不是还能再调整一下。（　　）
4. 关于这件事，我向有关部门理解过。（　　）
5. 实际上王明并不了解他所学的专业。（　　）
6. 你应该了解他，他也是迫不得已才那样做的。（　　）

三、用(　　)中的动词完成下列句子。

1. 开始的时候,我还不太明白,老师讲了以后,那个词的意思＿＿＿＿＿＿＿。(理解)

2. 我们已经分开好多年了,＿＿＿＿＿＿＿＿＿＿＿。(了解)

3. 为了让案件更清楚一些,＿＿＿＿＿＿＿＿＿＿＿。(了解)

4. ＿＿＿＿＿＿＿＿＿＿＿,根本就不是那么回事。(理解)

5. ＿＿＿＿＿＿＿＿＿＿＿,他就是那种不达目的决不罢休的人。(了解)

四、HSK 仿真题:从下面 ABCD 中选择唯一正确的填入空格中。

1. 那道数学公式很少有人能够＿(1)＿,它需要专家进行＿(2)＿以后才能明白大概的意思。

(1) A. 知道　　B. 了解　　C. 理解　　D. 解决

(2) A. 说明　　B. 解释　　C. 解决　　D. 展开

2. 如果你＿(1)＿当时的情况,你就不会这么快下结论了。当然,如果你的结论＿(2)＿很强的说服力,别人也许会相信你。

(1) A. 认识　　B. 以为　　C. 理解　　D. 了解

(2) A. 具有　　B. 拥有　　C. 具备　　D. 完备

五、HSK 仿真题:在下面每一段话中找出错误的一部分。

1. <u>小时候他觉得老师对他特别严格</u>(A),<u>当时他并不能了解老师为什么那样做</u>(B),<u>等他长大了以后</u>(C),<u>他才知道老师其实都是为他好</u>(D)。

2. <u>如果你想成为一位真正的电脑高手</u>(A),<u>你就必须找一些电脑方面的书籍</u>(B),<u>通过理解各方面的知识</u>(C),<u>从而提高你对电脑的实质认识</u>(D)。

参考答案

一、1. 理解　2. 了解　3. 了解　4. 理解　5. 理解

二、1. ×,"了解"改成"理解"。　2. √　3. √　4. ×,"理解"改成"了解"。　5. √　6. ×,"了解"改成"理解"。

三、1. 开始的时候,我还不太明白,老师讲了以后,那个词的意思<u>现在我完全理解了</u>。

2. 我们已经分开好多年了,<u>我也不太了解他现在怎么样</u>。

3. 为了让案件更清楚一些,<u>他要到案发现场去了解一些情况</u>。

4. <u>他的意思你可能理解错了</u>,根本就不是那么回事。

5. <u>我太了解小王了</u>,他就是那种不达目的决不罢休的人。

四、1. (1)C　(2)B　2. (1)D　(2)A

五、1. B　(应改成:当时他并不能理解老师为什么那样做)

2. C　(应改成:通过了解各方面的知识)

第十一课 让与使 商量、讨论与议论

让 使

讲一讲

“让”是指把方便和好处给别人。后边可带“着、了、过”,也可带趋向补语“出、出来、下去、出去、起来”。另外可重叠成AA式。如:

在公交车上我们应该给老人和妇女让座位。

做哥哥的应该让着弟弟。

家里因为来了客人,我就让出房间来给他住。

他是小孩子,你就让让他嘛。

“让”又用于礼让,即出于礼貌的谦让。后边可带“着、了、过”,也可带趋向补语“进来、起来”。另外也可重叠成AA式。如:

他让了我半天,我也没进去。

说了很多好话,总算把他让进来了。

他都到家门口了,你也不让让人家。

“让”还表示指使、容许或听任。这一意思常用于兼语句。如:

老师让我明天把作业带来。(指使)

你让我去我就去。(容许)

你别老是让他在那儿玩,应该教他一些知识。(听任)

“让”另外还指索取一定的代价,把财物的所有权移交给别人。后边可带“了、过”,也可带趋向补语“出、出来、出去”。如:

我把那辆自行车让给小王了。

他把这些债券都让出去了。

“使”是指使用。后边可带“着、了、过”,也可带结果补语“完、惯”,趋向补语“起来”。另外可重叠成AA式。如:

词典我正使着呢,你借一下别人的吧。

他经常是使完一支笔就扔一支。

他不用计算器,倒使起算盘来了。

你能不能使使劲儿呢?

“使”还可以表示致使,让。不能单独作谓语。常用在兼语句中。表示某个事物、事件或动作自然致使人如何,常用于书面语。如:

这件事使每一个人都很高兴。

屋里的浓烟使我几乎喘不上气来。

提示

“让”与“使”的区别

词语	语义特点	兼语句特点	常带补语
让	把方便和好处给别人		出、出来、下去、出去、起来
	礼让		进来、起来
	指使、容许或听任(常用于兼语句)	表示命令、要求或允许的意思,常用于口语	
	索取一定代价,把财物的所有权移交给别人		出、出来、出去
使	使用		完、惯、起来
	表示致使,让(常用于兼语句)	表示某个事物、事件或动作自然致使人如何,常用于书面语	

注意:关于“让”与“使”在兼语句方面的区别详见《句型与句式》分册有关内容。

练一练

一、用“让”“使”填空。

1. 你就______他去吧,反正我会跟着他的。
2. 大家都别______了,一起坐下来吃吧。
3. 在中国,你一定要学会______筷子。
4. 改革开放______中国的经济得到了前所未有的发展。
5. 这个店铺位置很好,要不是缺钱我真的不想______出去。
6. 大量成语的运用______文章显得妙趣横生。

二、判断对错并改正错句(对的画√,错的画×)。

1. 这盘象棋我使你两子。(　　)
2. 你这样说真的让我很高兴。(　　)
3. 她使小李不要在屋里抽烟。(　　)
4. 因为说错了话,使他在这儿感到很不自在。(　　)
5. 通过宣传能够让这种理念深入人心。(　　)
6. 你应该把力气让在关键的地方。(　　)

三、用(　　)中的动词完成下列句子。

1. 她是你妹妹,要有什么事你也不该跟她争,________________________________。(让)
2. 我的自行车丢了,________________________?(使)
3. 通过与跨国公司的合作,________________________。(使)

4. 这份报告因为开会时急着用，领导________________。（让）

5. 因为很快就要出国，他把手头的股票________________。（让）

四、HSK 仿真题：在下面 ABCD 中选择最接近画线词意义的词语。

1. 当电影快开始的时候，检票员却不让我进去。

A. 答应　　B. 允许　　C. 安排　　D. 布置

2. 他不幸遭遇车祸的消息使我心里很难过。

A. 给　　B. 送　　C. 让　　D. 请

五、HSK 仿真题：在下面每一段话中找出错误的部分。

1. 昨天打电话的时候，他使我今天在火车站等他，可是我在火车站等了一个多小时，仍然没看到他的身影。

A　B　C　D

2. 你就使他休息一会儿吧，为了完成上级布置的任务，他从昨天晚上起一直都没有睡觉，现在总算有时间睡一会儿了。

A　B　C　D

参考答案

一、1. 让　2. 让　3. 使　4. 使　5. 让　6. 使

二、1. ×，“使”改成“让”。　2. √　3. ×，“使”改成“让”。　4. √　5. √　6. ×，“让”改成“使”。

三、1. 她是你妹妹，要有什么事你也不该跟她争，你应该处处让着她。

2. 我的自行车丢了，我能使一下你的吗？

3. 通过与跨国公司的合作，会使产品更具竞争力。

4. 这份报告因为开会时急着用，领导让她明天一定要写出来。

5. 因为很快就要出国，他把手头的股票都让给了一位朋友。

四、1. B　2. C

五、1. B （应改成：他让我今天在火车站等他）

2. A （应改成：你就让他休息一会儿吧）

商量　讨论　议论

讲一讲

“商量”是指为拿出解决问题的办法，两人以上面对面地交换意见。后边可带表示事件的宾语，也可带“着、了、过”，还可带结果补语“完、好、定、妥”，趋向补语“下去、出、起来”。另外

可重叠成 ABAB 式。如：

我和他一起商量过那件事。

结婚的事你们一定商量好再说。

还没等我到，他们就已经商量起来了。

你再去跟他商量商量吧。

“讨论”是指为了解决比较大的问题或者围绕某个话题，很多人面对面地交换意见，有时要进行较为激烈的商讨或辩论。后边可带表示事件的宾语，也可带“着、了、过”，还可带结果补语“完、清楚”，趋向补语“下去、出、出来、起来”。另外可重叠成 ABAB 式。如：

这个方案他们已经讨论了三天了。

这个问题我们至今还没讨论清楚。

如果时间允许，我们还会继续讨论下去。

关于这件事你们现在就讨论讨论吧。

“议论”指针对人或事物的好坏、是非等，两人以上非正面或背地里自由发表意见或看法。后边可带表示事件或人的宾语，也带“着、了、过”，还可带结果补语“完”，趋向补语“起来、下去”。另外可重叠成 ABAB 式。议论有时是当面的，但很多时候是背后议论。如：

她从来没有在背后议论过别人。

关于李明考试作弊的事，同学们下课后纷纷议论起来。

下一步该怎么走，我们最好在一起议论议论。

提示

“商量”“讨论”与“议论”的区别

词语	语义特点	使用对象	语体色彩
商量	为拿出解决问题的办法，两人以上面对面地交换意见	可用于大事，更多地用于小事，所带宾语为事	用于口语，相对比较随便自由
讨论	为解决比较大的问题或者围绕某个话题，很多人进行面对面的商讨或辩论	一般是比较重要或复杂的问题；所带宾语为事	用于比较正式的场合，相对比较严肃正规
议论	两人以上对人或事非正面地或背地里发表各自的意见或看法	主要针对人或事物的是非、得失；所带宾语为事或人	非正式、相对自由地发表意见

练一练

一、用“商量”“讨论”“议论”填空。

1. 这么重要的问题我们要等领导来了再进行______。
2. 当我进去的时候，我看到他们______得十分热烈。
3. 比赛的结果好像不公平，许多人都在那儿不停地______。
4. 你去跟校长______一下儿，看能不能晚两天再交学费。
5. 关于我入党的问题，组织上已经______过了。
6. 不要背后______别人。

二、判断对错并改正错句(对的画√,错的画×)。

1. 所有的草案都要经过讨论后才能决定。(　　)

2. 他们在那儿议论着该怎样招待客人。(　　)

3. 当他听到别人在议论自己的时候,他十分愤怒。(　　)

4. 关于两人的不正当关系,到处都在讨论着。(　　)

5. 他们正在讨论明年的生产计划。(　　)

6. 这么一个小问题不值得大家进行商量。(　　)

三、用(　　)中的动词完成下列句子。

1. 李丽和主任大吵了一架,她走进办公室,感觉大家____________________。(议论)

2. 不管怎么样,这件事我也做不了主,____________________。(商量)

3. ____________________,他们终于拟(nǐ)订了一份详细的计划书。(讨论)

4. 关于寒假去哪儿旅行,____________________。(商量)

5. 在课堂上,老师____________________。(讨论)

6. 有什么事最好当面说,____________________。(议论)

四、HSK 仿真题:从下面 ABCD 中选择唯一正确的填入空格中。

1. 听到李华被学校开除的消息,大家都私下开始__(1)__起来,同学们怎么也无法__(2)__,这么老实的一个学生怎么会被学校开除了呢?

(1) A. 讨论　　B. 商量　　C. 谈论　　D. 议论

(2) A. 说明　　B. 解释　　C. 理解　　D. 了解

2. 这个问题需要__(1)__小组__(2)__的形式进行,最后再请每一小组的代表进行总结性发言。

(1) A. 采取　　B. 采用　　C. 采纳　　D. 使用

(2) A. 商量　　B. 议论　　C. 谈论　　D. 讨论

3. 他没有跟老师__(1)__一下儿就自己报考了一所名牌大学,但老师__(2)__他还没有__(3)__报考那所大学的水平,所以有些担心。

(1) A. 商量　　B. 议论　　C. 谈论　　D. 讨论

(2) A. 以为　　B. 感到　　C. 认为　　D. 想到

(3) A. 抵达　　B. 达到　　C. 到达　　D. 实现

五、HSK 仿真题:在下面每一段话中找出错误的部分。

1. 你不用有任何怀疑(A),因为学校的很多规章制度都是经过商量以后决定的(B),并不是哪一个人的意见(C)。因此,对于这件事的处理一定会很公正的(D)。

2. 他们在一起议论着该如何处理这些穿旧的衣服(A),王芳认为应该扔掉(B),李明认为最好是送给贫穷山区的人们(C),而王平则主张把它们都低价处理掉(D)。

3. 上课的时候(A),她们几个不仅不注意听课(B),还常常偷偷讨论老师的穿着(C)。这让老师感觉特别不舒服。

D

参考答案

一、1. 讨论 2. 讨论 3. 议论 4. 商量 5. 讨论 6. 议论

二、1. √ 2. ×,“议论”改成“商量”。 3. √ 4. ×,“讨论”改成“议论”。 5. √ 6. ×,“商量”改成“讨论”。

三、1. 李丽和主任大吵了一架,她走进办公室,感觉大家好像都在议论自己。
或:李丽和主任大吵了一架,她走进办公室,感觉大家都在议论这件事。
2. 不管怎么样,这件事我也做不了主,我跟父母商量一下再说吧。
或:不管怎么样,这件事我也做不了主,我跟大家商量一下再答复你。
3. 经过十几个小时讨论以后,他们终于拟订了一份详细的计划书。
4. 关于寒假去哪儿旅行,同学们到现在还没有商量出一个结果。
5. 在课堂上,老师经常选一个话题让大家讨论。
6. 有什么事最好当面说,背后议论不太好。
或:有什么事最好当面说,不要背后议论(人家)。

四、1. (1)D (2)C 2. (1)B (2)D 3. (1)A (2)C (3)B

五、1. B (应改成:因为学校的很多规章制度都是经过讨论以后决定的)
2. A (应改成:他们在一起商量着该如何处理这些穿旧的衣服)
3. C (应改成:还常常偷偷议论老师的穿着)

第十二课 应用与运用 增加与增长

应用 运用

讲一讲

“应用”多指把技术、理论等研究成果拿到实践中去用。常带的宾语有“技术、方法、理论、成果、方案、原则”等较为成熟的、对实践有指导意义的事物。“应用”后边可带“着、了、过”，也可带结果补语“在、到”，趋向补语“起来、下去”。另外可重叠成 ABAB 式。可以带宾语。如：

他们厂早就已经应用了这项新技术。

我们应该把新成果应用到生产实际中去。

这一方案有的地方有点脱离实际，应用起来还有些困难。

在生产中，这两种方法都可以应用应用。

“运用”是指根据事物的特性灵活地使用理论、方法、材料或头脑等解决问题。常带的宾语有“技术、理论、知识、方法、手段、材料、观点、头脑、智慧”等。“运用”后可带“着、了、过”，也可带结果补语“到、在”，趋向补语“起来、下去”。可以带宾语，一般不重叠。如：

很多机器都是运用这种原理制造出来的。

他运用这一方法解决了很多前人未能解决的难题。

这种新技术我运用起来还不太熟练。

王平运用自己的聪明才智在比赛中战胜了对方。

提示

“应用”与“运用”的区别

词语	语义特点	使用对象
应用	主要是把理论、技术等放到实践中去使用	技术、理论、方案、成果、原则、知识等
运用	根据事物的特性灵活地加以使用，使其发挥效能	技术、理论、方法、手段、材料、观点、知识、头脑、智慧、聪明才智

练一练

一、用“应用”“运用”填空。

1. 小王总是______自己的头脑去处理问题。
2. 这台笔记本电脑______最新的液晶技术。
3. 为了实现目标,每个人都要好好______自己潜在的能力。
4. 这一研究成果可能在实际中还无法______。
5. 现在农民们已学会______法律手段保护自己的利益。

二、判断对错并改正错句(对的画√,错的画×)。

1. 只有到运用知识解决实际问题时,才觉得自己学得太少。(　　)
2. 这一标准可以运用在各种产品上面。(　　)
3. 这里展出的新产品都应用了最先进的技术。(　　)
4. 即使为了好的目的,也不应该应用这种手段。(　　)
5. 在教留学生的过程中,要学会应用各种方法。(　　)

三、用(　　)中的动词完成下列句子。

1. 这种技术已经十分成熟,________________________。(应用)
2. ________________________,会达到预想不到的效果。(运用)
3. 我们不仅要学习书本上的知识,________________________。(应用)
4. 园林管理处________________________,向游客展示园林的独特魅力。(运用)
5. 李华________________________,解决了很多难题。(运用)

四、HSK仿真题:从下面ABCD中选择唯一正确的填入空格中。

1. 李明__(1)__这种新的原理__(2)__了一种新的操作方法,大大提高了工作效率。

(1) A. 利用　　B. 运用　　C. 应用　　D. 使用

(2) A. 改革　　B. 改造　　C. 发明　　D. 创造

2. 他的这些科研成果都没有被__(1)__到生产实践中,从而也不会__(2)__一定的经济效益。

(1) A. 利用　　B. 运用　　C. 应用　　D. 使用

(2) A. 产生　　B. 发生　　C. 生产　　D. 发明

五、HSK仿真题:在下面每一段话中找出错误的部分。

1. 当我们的合法权益受到侵害的时候(A),我们要充分应用法律来保护自己(B),但有很多人并没有意识到这一点(C),往往给自己造成了巨大的损失(D)。

2. 尽管他在学校里学到了很多金融方面的知识(A),但他并没有把它们运用到商业活动中(B),所以他在这一领域奋斗了很多年(C),却一直没有取得成功(D)。

参考答案

一、1. 运用　2. 应用　3. 运用　4. 应用　5. 运用

二、1. √　2. ×,"运用"改成"应用"。　3. √　4. ×,"应用"改成"运用"。　5. ×,"应用"改成"运用"。

三、1. 这种技术已经十分成熟,被广泛地应用于各个领域。

　2. 如果正确地运用这种方法,会达到预想不到的效果。

　3. 我们不仅要学习书本上的知识,而且要把它们应用到具体的生活实践中去。

　4. 园林管理处在休息室运用了多媒体,向游客展示园林的独特魅力。

　5. 李华运用自己的智慧,解决了很多难题。

四、1. (1)B　(2)D　2. (1)C　(2)A

五、1. B　(应改成:我们要充分运用法律来保护自己)

　2. B　(应改成:但他并没有把它们应用到商业活动中)

增加　增长

讲一讲

"增加"表示在原来的基础上数量变多了。当要精确地说明事物具体所增数量时,大多用"增加"(如下面的"距离、速度、收入"等),特别是动作者有意识地使数量变多时,也可用于表示数量的自然变多。因此,"增加"常带数量词作宾语或定语。也常带助词"了"。如:

航船增加了速度。

为了增加收入,我们拼命干活。

时间和空间的距离增加了。

死亡人数增加了十人。

工作时间增加1个小时。

我们班又增加了5位新同学。

"增加"也可以带"营养、知识、经验、麻烦、困难、烦恼"等名词作宾语。如:

孩子正在长身体的阶段,要给他增加营养。

为了不给朋友增加麻烦,他搬出去住了。

一连下了几场大雨,给修路工作增加了很大的困难。

"增长"一般用于客观说明事物的规模、速度的自然变大或程度的提高。"增长"单独作谓语时,所表示的量或程度的变大或提高一般是模糊的、不需要或无法用数量词精确表示的,多用于"经济、产业、见识、学问、阅历、年龄"等方面。如:

中国经济持续快速增长。

亚太IT业销售额将带动全球IT业的增长。

下乡锻炼能让人增长见识。

通过这次活动,学生们的阅历有所增长。

随着年龄的增长，我对社会的认识也发生了变化。

“增长”后有时也可带数量短语，也可带“了”，但比“增加”要少。如：

今年的产量比去年增长了50%。

如果照这种趋势发展下去，这一地区房子的价格将比年初增长两倍。

“增长”前可以受“高、负、高速、低速”等词修饰。如：

最近几年，许多国家的人口都是负增长。

自从改革开放以后，中国的经济总量开始高速增长。

提示

“增加”与“增长”的区别

词语	语义特点	常搭配宾语	使用对象	可否受单音节形容词“高”“负”的修饰
增加	在原来的基础上数量变多了	(1)各种数量词 (2)表示数量、性质、单位、经济财务类的名词	人或物	−
增长	通常指增加、提高，着重程度上有所提高	见识、学问、阅历、年龄、知识、才干	物	+

练一练

一、用“增加”“增长”填空。

1. 不好意思，这几天给你们______了不少麻烦。
2. 最近几年，中国的房地产业快速______。
3. 妈妈脸上的皱纹______了不少。
4. 这个月的加班时间比上个月______了8个小时。
5. 绝大多数非洲国家的经济多年来一直处于低速______甚至负______的状态。
6. 随着年龄的______，一个人会慢慢成熟起来。

二、判断对错并改正错句（对的画√，错的画×）。

1. 今天入学的学生很多，我们得增长一个班。（　）
2. 近几年，居民的住房面积日益增加。（　）
3. 今年全球的电脑销量比去年增长了7.9%。（　）
4. 这次旅行让我增加了不少见识。（　）
5. 最近几年全球经济增加的速度比较慢。（　）
6. 这种新式手机比旧手机增加了三项功能。（　）

三、用（　）中的动词完成下列句子。

1. 你身体不太好，______________________。（增加）
2. 在和他的谈话中，______________________。（增长）
3. 如果不提高管理水平，______________________。（增长）
4. ______________________，很多工人都开始罢工抗议。（增加）

5. 由于今年公司的业绩不错，＿＿＿＿＿＿＿＿＿＿。（增加）

四、HSK 仿真题：从下面 ABCD 中选择唯一正确的填入空格中。

1. 随着国家对三农问题的重视，政府开始加大对农村的投入，农业＿（1）＿了，农民的收入也就＿（2）＿了。

（1）A. 展开　　B. 开展　　C. 发展　　D. 展示

（2）A. 增加　　B. 增添　　C. 增长　　D. 增大

2. 来到中国以后，我经常跟中国的学生进行＿（1）＿，这些经验不仅＿（2）＿了我的见识，而且让我认识到了学习汉语的重要性。

（1）A. 交往　　B. 交流　　C. 交际　　D. 交换

（2）A. 增加　　B. 增添　　C. 增长　　D. 增大

五、HSK 仿真题：在下面每一段话中找出错误的部分。

1. 尽管很多国家的经济发展都很不错（A），但也有一些国家的经济连续几年都是负增加（B），这里既有本国国内的原因（C），也跟整个世界的经济发展有密切的关系（D）。

2. 这款新手机很适合商务人士使用（A），里面不仅可以储存大量的商务信息（B），而且还增长了网上商务交流的功能（C），免去了携带笔记本电脑的烦恼（D）。

参考答案

一、1. 增加　2. 增长　3. 增加　4. 增加　5. 增长；增长　6. 增长

二、1. ×，"增长"改成"增加"。　2. √　3. √　4. ×，"增加"改成"增长"。　5. ×，"增加"改成"增长"。　6. √

三、1. 你身体不太好，需要增加各类营养物质。

2. 在和他的谈话中，我增长了不少知识。

3. 如果不提高管理水平，机器的产量就增长不了。

4. 由于工厂不断地增加工人的工作时间，很多工人都开始罢工抗议。

5. 由于今年公司的业绩不错，员工的工资也增加了不少。

四、1. （1）C　（2）A　2. （1）B　（2）C

五、1. B　（应改成：但也有一些国家的经济连续几年都是负增长）

2. C　（应改成：而且还增加了网上商务交流的功能）

单元练习

一、把动词和后边适当的宾语用线连起来。

爱护	理解	开展	命令
保存	动物	改善	开支
表示	目的	执行	见识
采纳	意见	制订	问题
建立	汽车	节省	运动
发明	国家	讨论	伙食
达到	文件	增长	计划

二、用所给的动词完成句子。

1. 虽然经过了许多年,但________________________。(保留)
2. 正因为我不断地努力和钻研,领导________________________。(创造)
3. 这儿的情况太复杂了,________________________。(开展)
4. ______________________________,人们才能增进了解。(交流)
5. 他不懂事,________________________。(让)
6. 苏州建了高架路以后,________________________。(节省)

三、HSK 仿真题:从下面 ABCD 中选择唯一正确的填入空格中。

1. 他们公司______:迟到 1 分钟,罚款 10 元。
A. 执行　B. 实行　C. 规定　D. 制定
2. 虽然中国经济发展很快,但有些地方的生活条件并没有______多少。
A. 改革　B. 改造　C. 改进　D. 改善
3. 人大代表的提案必须经过______以后,才能决定是否通过。
A. 商量　B. 讨论　C. 议论　D. 解释
4. 学生必须把课堂上学到的理论______到实践中,才能更快地提高自己。
A. 应用　B. 运用　C. 利用　D. 使用
5. 最近她的体重又______了不少,所以她决定加强锻炼。
A. 增加　B. 增长　C. 节省　D. 节约
6. 为了人类自身的生存,我们也要______用水。
A. 保护　B. 保存　C. 保留　D. 节约
7. 楼房的倒塌充分______这种材料不适合建造房屋。
A. 说明　B. 表明　C. 发展　D. 发生
8. 当他们______那儿的时候,会议已经进行了半个小时了。
A. 到达　B. 经过　C. 出发　D. 继续
9. 在他的身上______了所有男人的优秀品质。

A. 改造　B. 具备　C. 爱护　D. 产生

10. 即使是心理学家也不可能______每一个人的心里感受。

A. 理解　B. 了解　C. 懂得　D. 明白

11. 如果不关闭这家工厂,将对这儿的环境______严重的影响。

A. 造成　B. 发生　C. 产生　D. 生产

12. 不用着急,火车要到十点才______。

A. 动身　B. 出发　C. 出去　D. 出来

13. 虽然尽了自己最大的努力,但小张还是没能______老师的要求。

A. 实现　B. 到达　C. 完成　D. 达到

14. 为了营救被绑架的小女孩,警察同歹徒______了搏斗。

A. 展开　B. 开展　C. 发展　D. 展出

15. 经过几年的学习和劳动,这些犯人已经被完全______过来了。

A. 改进　B. 改善　C. 改革　D. 改造

16. 随着科技的发展,这些老设备必须进行______。

A. 改进　B. 改善　C. 改革　D. 改造

17. 听了老英雄的故事,学生们都完全被______了。

A. 感激　B. 感动　C. 激动　D. 感觉

18. 发生了几次矛盾之后,两个人没有再继续______下去。

A. 交流　B. 交往　C. 交际　D. 来往

19. 妻子每次买东西都跟丈夫______,听听他的意见。

A. 讨论　B. 议论　C. 商量　D. 说话

20. 对于不同的难题,我们应该______不同的方法进行解决。

A. 运用　B. 应用　C. 采用　D. 采取

四、HSK 仿真题:在下面每一段话中找出错误的部分。

1. 中国的西部地区虽然经济发展比较落后,但是具备极大的发展潜力。大力开发西部,
A　B　C
对中国整个经济将产生很大的影响。
D

2. 法律是国家立法机关制定的,它反映了最广大人民群众的利益,主要是爱护公民的权
A　B
利不受侵害,从而维护整个社会的稳定团结。
C　D

3. 这件事充分表示,大部分的路人还是具有同情心的,他们在走过那位残疾人的身边时,
A　B　C
都会掏出一些硬币投进那只碗里。
D

4. 飞机在飞行中突然发生了一些机械事故,为了保护乘客的人身安全,机长采纳了紧急措施,
A　B　C

决定在附近机场迫降。
D

5. 当警察把那个人带走以后，后边的人开始商量起来，大家都觉得他肯定是做了违法的事，
A B C
否则警察不可能来找他。
D

6. 学习外语并没有人们想象的那么难，其实有些方法非常有用，比如每天记两个单词，
A B C
一年后你就会发觉你已经记住了好多生词。
D

7. 这些资料你先保留起来，等我需要的时候再到你这边来取，千万记住不能丢失任何一部分，
A B C
否则损失可就大了。
D

8. 有些人天生就很害羞，尤其是在陌生人面前很不善于表示，所以当你面对这样的人的时候，
A B C
千万不要责怪他。
D

9. 他的稿件虽然很不错，但不太符合本栏目的主题，所以我们没有办法采纳，也许别的编
A B C
辑部会需要这方面的题材。
D

10. 这两个国家通过一系列合作，成立起了新型伙伴关系，尤其是在高新技术领域，双方
A B C
都表现出了极大的合作兴趣。
D

11. 虽然两个人很早就认识了，但此后二人都陪父母到了不同的国家，因而关系没有再进
A B
一步展开，这也成了两人最大的遗憾。
C D

12. 这些旧的东西早就过时了，必须进行彻底地改造，这样才更能适应现代社会的发展，满足
A B C
大部分人的需要。
D

13. 经过几十年的努力，老李在这一领域终于获得了突破性进展，在领取国家颁发的科技进步奖证书时，他感动得不知说什么好。

A B C D

14. 为了保护人类的生态环境，国家规定了各种规章制度，有些制度只是为了唤起人们的保护意识，而有些则是惩罚性措施。

A B C D

15. 你不要再跟我绕圈子了，你的话根本说明不通，这些文件都是你亲自处理的，你怎么可能一点都不知道呢？

A B C D

16. 他这人很不喜欢交流，你在公共场所几乎看不到他的身影，他每天不是坐在教室里学习，就是到图书馆看书。

A B C D

17. 尽管我在那儿生活了好几年，但那都是很多年以前的事了，所以那儿现在什么样我也不太理解，你最好去问一下对那儿比较熟悉的人。

A B C D

18. 这一地区经济发展得很快，几乎每年都要增加好几个百分点，这跟整个国家经济的发展有关，整体往往会在很大程度上带动局部。

A B C D

19. 张强从来都不满足于刚取得的成功，每当人们在意想不到的时候，他都会创造出一些新的东西，让人惊叹不已。

A B C D

20. 烤炉里的鸡翅都要烤焦了，但李老师始终都没有发现，她正专心地批改学生的作业，早忘了烤炉里的东西了。

A B C D

参考答案

一、

爱护	理解	开展	命令
保存	动物	改善	开支
表示	目的	执行	见识
采纳	意见	制订	问题
建立	汽车	节省	运动
发明	国家	讨论	伙食
达到	文件	增长	计划

二、1. 虽然经过了许多年,但他仍然保留着那些照片。
2. 正因为我不断地努力和钻研,领导才给我创造这么好的发展机会。
3. 这儿的情况太复杂了,许多工作都无法开展下去。
4. 只有通过不断交流,人们才能增进了解。
5. 他不懂事,你应该多让着他点。
6. 苏州建了高架路以后,开车的人上班节省了不少时间。

三、1. C 2. D 3. B 4. A 5. A 6. D 7. A 8. A 9. B 10. A 11. C 12. B 13. D 14. A 15. D 16. A 17. B 18. B 19. C 20. A

四、1. B (应改成:但是具有极大的发展潜力)
2. C (应改成:主要是保护公民的权利不受侵害)
3. A (应改成:这件事充分表明)
4. C (应改成:机长采取了紧急措施)
5. B (应改成:后边的人开始议论起来)
6. D (应改成:一年后你就会发现你已经记住了好多生词)
7. A (应改成:这些资料你先保存起来)
8. B (应改成:尤其是在陌生人面前很不善于表达)
9. C (应改成:所以我们没有办法采用)
10. B (应改成:建立起了新型伙伴关系)
11. C (应改成:因而关系没有再进一步发展)
12. B (应改成:必须进行彻底地改革)
13. D (应改成:他激动得不知说什么好)
14. B (应改成:国家制定了各种规章制度)
15. B (应改成:你的话根本解释不通)
16. A (应改成:他这人很不喜欢交际)
17. C (应改成:所以那儿现在什么样我也不太了解)
18. B (应改成:几乎每年都要增长好几个百分点)
19. C (应改成:他都会发明出一些新的东西)
20. B (应改成:但李老师始终都没有发觉)

·第三单元·

第一课　把握与掌握　包含与包括

把握　掌握

动词　助动词

讲一讲

“把握”是指握着、拿着的意思。不能单独作谓语。后边常带“着”，也可带结果补语“稳、住、在”。如：

司机全神贯注地把握着方向盘。

钢枪把握在士兵的手中。

“把握”还指抓住特定机会、时机或了解中心、主题、本质等。多用于抽象事物，不能单独作谓语。后边常带“着”，也常带结果补语“住、在”。如：

无论何时他总能把握着前进的方向。

这么好的机会他没能把握住，真是太可惜了。

对一些把握不准的作品就不要乱发评论。

“掌握”是指了解、理解某事物，精通某些知识、技术等，并能充分支配和运用。后边可带“着、了、过”，也可带结果补语“住、牢”，趋向补语“起来”。另外可重叠成ABAB式。如：

作为一名外交官，至少要掌握两门外语。

警察已经掌握了他的犯罪证据。

知识只有掌握牢了才能更好地运用。

你要把这些技术逐步掌握起来。

“掌握”还指决定、主持、控制某些抽象的事物。后边可带“着、了、过”。如：

只有掌握了国家政权，才能行使国家的使命。

我们公司的财政收支都由他掌握着。

提示

“把握”与“掌握”的区别

词语	语义特点	所带宾语	可带补语	带动态助词	能否重叠
把握	握着、拿着	方向盘、船舵等具体事物	结果补语：稳、住、在	着	–
	抓住特定机会、时机，了解中心、主题、实质	机会、时间、要领、意图、内容、本质等抽象事物	结果补语：住、在	着、了	
掌握	了解、理解某事物，精通并能充分运用知识技能	知识、技术、语言、方法、材料、证据等抽象事物	结果补语：住、牢 趋向补语：起来	着、了、过	+ ABAB 式
	决定、主持或控制某事物	权利、时间、分寸、命运、方向、气氛等抽象事物			–

注意：

1．“提示”上面说明部分例句中的“把握”和“掌握”都不能互换。凡是说明学习并能运用的知识技术或通过调查了解完全获得的证据、材料等，都用“掌握”。

2．“把握”常与“机会”一起使用，强调抓住；“掌握”则常与“时机”一起使用，强调控制。

他没能把握好这次机会。（强调特定时间，偏重结果）

你只有掌握好时机，才可能取得更大的成功。（句子说明普遍意义的情况）

当要表示“抓住并控制”义时，一般用“把握”。下面的例子就是：

须吃透自己，吃透形势，吃透国家的精神，以便把握自己，把握机遇，把握方向。

“掌握”在表示比喻时，可以带“方向盘”作宾语。“方向、分寸”等少数抽象名词可以同作这两个动词的宾语，这时的“把握”与“掌握”意义差不多，都只表示控制。如：

作为一个优秀的推销员，他知道真正坐在驾驶座位上掌握方向盘的乃是卖方。

总经理牢牢掌握方向，使公司摆脱了危机。

要办成一件大事，必须善于区别情况，掌握分寸，具有适合的办法和对策。

就是再知心的朋友互相交换看法时也应该把握分寸，把界限保持在对方自尊心能够容忍的程度内。

3．“把握”还可以作名词，表示成功的可能性，多作“有、没有”的宾语。有时后面还可以带动词短语构成连动句。如：

这次 HSK 考试能不能通过八级，我还没有把握。

你有把握说服他吗？

中国足球界有个流行的说法，进球不叫进球，而叫把握机会，一场比赛的胜负，变成了看哪一方善于把握机会。

情感像吹动帆船的风力，理智则是把握方向的舵手。

练一练

一、用"把握""掌握"填空。

1. 迅速__________一门语言是不可能的。
2. 做任何事都要__________好正确的原则。
3. 你__________了这种计算方法以后，就会很快做出这道题来。
4. 虽然风浪很大，但他仍死死地__________着船舵。
5. 新闻工作者总能__________住时代的脉搏。

二、判断对错并改正错句(对的画√，错的画×)。

1. 企业要想成功就应掌握每一次机遇。(　　)
2. 我们学校的人事权完全是他掌握的。(　　)
3. 站岗的士兵手里总是掌握着步枪。(　　)
4. 任何销售都应首先把握群众的需求心理。(　　)
5. 经过实地考察以后，我们很快就掌握了那里的情况。(　　)
6. 我们在使用这台机器前还需要把握相关的知识。(　　)
7. 这次比赛我们完全有把握赢他们。(　　)

三、用(　　)中的词语和"把握"或"掌握"一起完成下列句子。

1. 为了更进一步确定事情的真相，我们需要______________________________。(证据)
2. 如果想成功，就应该______________________________。(机会)
3. 在______________________________以后，警察很快就确定了围捕方案。(规律)
4. 经过一段时间的学习，他______________________________。(生词)
5. 在每一次争论中，他总能______________________________。(主动权)

四、HSK 仿真题：从下面 ABCD 中选择唯一正确的填入空格中。

1. 其实，命运都__(1)__在自己手中，当面对一个机遇时，你就应该向社会__(2)__，你是自己的主人。

(1) A. 安排　　B. 把握　　C. 掌握　　D. 决定

(2) A. 表达　　B. 表明　　C. 表示　　D. 传达

2. 如果你能__(1)__住这次机遇，我想你一定能__(2)__自己的目标。

(1) A. 安排　　B. 把握　　C. 掌握　　D. 决定

(2) A. 到达　　B. 把握　　C. 掌握　　D. 达到

五、HSK 仿真题：在下面每一段话中找出错误的部分。

1. 很多人对新出现的技术都望而却步(A)，其实有些技术并不难把握(B)，只要静下心来仔细研究研究(C)，你就会发现其中的奥妙(D)。

2. 小李在路上碰伤了一个人(A)，他急忙打电话让我过去(B)。但是该如何处理这件事(C)，我也始终没有掌握。

D

参考答案

一、1. 掌握 2. 把握 3. 掌握 4. 把握 5. 把握

二、1. ×,“掌握”改成“把握”。 2. √ 3. ×,“掌握”改成“把握”。 4. √ 5. √ 6. ×,“把握”改成“掌握”。 7. √

三、1. 为了更进一步确定事情的真相,我们需要掌握大量的证据。

2. 如果想成功,就应该把握住每一次机会。

3. 在掌握了他们活动的规律以后,警察很快就确定了围捕方案。

4. 经过一段时间的学习,他掌握了两百多个生词。

5. 在每一次争论中,他总能把握住说话的主动权。

四、1. (1) C (2) B 2. (1) B (2) D

五、1. B (应改成:其实有些技术并不难掌握)

2. D (应改成:我也始终没有把握)

包含 包括

讲一讲

“包含”是指里面含有,存在着。后边可带“着、了”,也可带结果补语“在”,趋向补语“进去、进来”。如:

这幢房子包含着多少人的汗水啊!

他的话里包含了好几层意思。

所有的希望都包含在了这封信里。

这篇文章把我想说的话都包含进去了。

“包括”是指包含,后面列举事物所含有的各部分或着重指出其中的一部分。后边可带“了、过”,也可带结果补语“在”,趋向补语“进来、进去”。如:

我们学院的留学生,包括短期留学生,一共有1000多人。

我列举的这些不文明的行为,只包括了一部分。

你所讲的都包括在这里边了。

我刚才所算的数字,所有的开支都包括进来了。

提示

"包含"与"包括"的区别

词语	语义特点	对象	动态助词
包含	主要是指内里含有，是从事物的内在联系或深度上说明所含有的东西	多用于抽象事物，如感情、意义、内容、道理、心意、知识、哲理、希望、关怀、信任、因素等	着、了，不带过
包括	表示总括、统括，着重从数量、范围或广度上说明，列举容纳的各部分或强调其中的一部分	多用于具体的人或事物	了、过，不带着

练一练

一、用"包含""包括"填空。

1. 今年我省有 5 家企业名列全国前 10 位，__________两家合资企业。
2. 他的话里__________了很多不确定的因素。
3. 这份文件__________了大量有用的信息。
4. 在那次事故中，__________司机一共有 5 个人受伤。
5. 经化验，这个所谓营养液里并不__________广告所说的营养成分。
6. 这些费用不__________住宿费、交通费。

二、判断对错并改正错句(对的画√，错的画×)。

1. 他所说的免费维修，不包含故意损坏。(　　)
2. 今天的演讲把我想了解的东西都包括进去了。(　　)
3. 对这幅画的不同理解包含了两国文化的巨大差异。(　　)
4. 整个整改的范围把附近的村庄都包含了进来。(　　)
5. 她每一次演讲都会包括着深深的感情。(　　)

三、用(　　)中的词语和"包含"或"包括"一起完成下列句子。

1. 我们班一共有 10 个人，____________________。(韩国人)
2. 看着因为自己而累垮的父母，他的眼神里____________________。(悔恨)
3. 参加这次会议的共有 200 个人，除了正式代表外，还____________________。(记者)
4. 鲁迅的文章有对封建社会的深刻批判，____________________。(同情)
5. 虽然她没有说一句话，但脸部的表情____________________。(想法)

四、HSK 仿真题：从下面 ABCD 中选择唯一正确的填入空格中。

1. 这份报纸上__(1)__了很多社会信息，其中有些还对当下__(2)__工人工资的问题__(3)__了深入的__(4)__。

(1) A. 包围　B. 包含　C. 包括　D. 含有
(2) A. 增加　B. 增长　C. 增多　D. 增大
(3) A. 开展　B. 发展　C. 展开　D. 展示
(4) A. 商量　B. 谈话　C. 议论　D. 讨论

2. 为了___(1)___大家不受到伤害，所有的人必须立刻离开这儿，___(2)___你和李老师。

(1) A. 爱护　　B. 看护　　C. 保护　　D. 保险

(2) A. 包含　　B. 包括　　C. 包围　　D. 含有

五、HSK 仿真题：在下面每一段话中找出错误的部分。

1. 他本来打算结婚就花3万元钱(A)，但现在仔细算下来(B)，不包含烟酒钱(C)，就已经花了将近4万元了(D)。

2. 毕业前的一天晚上(A)，王老师把李明叫到自己的家里(B)，跟他语重心长地谈了很长时间的话(C)，每一句话里都包括了老师对学生的深切期望(D)。

参考答案

一、1. 包括　2. 包含　3. 包含　4. 包括　5. 包含　6. 包括

二、1. ×，"包含"改成"包括"。　2. √　3. √　4. ×，"包含"改成"包括"。　5. ×，"包括"改成"包含"。

三、1. 我们班一共有10个人，包括5个韩国人、3个日本人和2个美国人。

2. 看着因为自己而累垮的父母，他的眼神里包含着深深的歉疚和悔恨。

3. 参加这次会议的共有200个人，除了正式代表外，还包括列席代表和记者等。

4. 鲁迅的文章有对封建社会的深刻批判，也包含有对劳动人们的深切同情。

5. 虽然她没有说一句话，但脸部的表情已经包含了一切想法。

四、1. (1) B　(2) A　(3) C　(4) D　2. (1) C　(2) B

五、1. C（应改成：不包括烟酒钱）

2. D（应改成：每一句话里都包含了老师对学生的深切期望）

第二课 保持与维持 保证与保障

保持 维持

讲一讲

“保持”是指让原状继续，使不消失或减弱。后边可带“着、了、过”，也可带结果补语“在、住、到”，趋向补语“下来、下去”。如：

她的这一生活习惯保持了很多年。

由于老师的极力坚持，他班长的位置终于保持住了。

你们这种良好的作风应该保持下去。

“维持”是指使继续存在下去，保持。后边可带“着、了、过”，也可带结果补语“在、住、到”，趋向补语“下来、下去、过来”。常带“勉强”等状语，另外还可重叠成ABAB式。如：

在山林迷路的孩子靠吃野菜、野果维持着生命。

因为考虑到离婚对孩子有影响，他们的婚姻一直勉强维持到现在。

如不发展，企业现状能不能维持下去？

这儿比较乱，得请警察来维持维持这儿的秩序。

“维持”用于法律方面，可指坚持原来的判决不变。如：

高级法院驳回了他的上诉，维持原判。

提示

“保持”与“维持”的区别

词语	语义特点	常带宾语	能否重叠
保持	使某种良好的情况或状态一直不变，保留原样或较高的水平，持续的时间比较长，通常具有积极的意义	水平、传统、习惯、作风、关系、作风、距离、性质、本色、荣誉、联系、安静、警惕、沉默、冷静、清洁	-
维持	使某种情况、状态以较低的水平或要求继续存在下去，或某种活动继续进行下去，持续的时间可以不太长，多带消极意义。常带“勉强”等状语	秩序、生活、生命、现状、治安、局面	+

练一练

一、用“保持”“维持”填空。

1. 他们之间的友谊已经__________了 20 多年了。
2. 我一直与小李__________着密切的联系。
3. 躺在病床上的他靠葡萄糖__________着生命。
4. 在阅览室看书时应该__________安静。
5. 那些食物和水只能__________两天，以后怎么办呢？
6. 因为缺乏资金，我们的工厂还不知道__________到什么时候。

二、判断对错并改正错句（对的画√，错的画×）。

1. 这些钱可以维持他读完大学。（　　）
2. 他在车站维持了一天的公共秩序。（　　）
3. 这项世界纪录他都一直维持着。（　　）
4. 各个国家都对恐怖主义保持着高度警惕。（　　）
5. 无论何时，我们都应该维持清醒的头脑。（　　）

三、用（　　）中的词语和“保持”或“维持”一起完成下列句子。

1. 如果再不控制一下，这种局面____________________。（……下去）
2. 在这紧要的关头，每个人____________________。（冷静）
3. 虽然提起了上诉，但法院____________________。（原判）
4. 尽管时代变化了，____________________。（传统美德）
5. 为了让植物更好地生长，这个房间的____________________。（温度）

四、HSK 仿真题：从下面 ABCD 中选择唯一正确的填入空格中。

1. 这个人常常__（1）__别人为他办事，你最好跟他__（2）__适当的距离。

（1）A. 安排　　B. 使用　　C. 布置　　D. 利用

（2）A. 保持　　B. 坚持　　C. 维持　　D. 保留

2. 他们的婚姻只__（1）__了 10 多年就结束了，谈起那段时光，她的脸上__（2）__了太多的无奈。

（1）A. 保持　　B. 坚持　　C. 维持　　D. 保留

（2）A. 包含　　B. 包括　　C. 包围　　D. 含有

五、HSK 仿真题：在下面每一段话中找出错误的部分。

1. 为了让儿子考出一个好的成绩（A），王芳的妈妈这几天天天强迫儿子锻炼一个小时的身体（B），她觉得只有这样（C），儿子才能在考场上维持一个良好的精神状态（D）。

2. 这是上代人保留下来的传统（A），要想立刻改掉不太可能（B），你们必须要有足够的耐心（C），先保持一段时间的现状再说吧（D）。

参考答案

一、1. 保持　2. 保持　3. 维持　4. 保持　5. 维持　6. 维持

二、1. √　2. √　3. ×,"维持"改成"保持"。　4. √　5. ×,"维持"改成"保持"。

三、1. 如果再不控制一下,这种局面就很难维持下去了。

2. 在这紧要的关头,每个人都应该保持冷静。

3. 虽然提起了上诉,但法院最终还是维持了原判。

4. 尽管时代变化了,但中国优良的传统美德应该继续保持下去。

5. 为了让植物更好地生长,这个房间的温度一直保持在20度左右。

四、1. (1) D　(2) A　2. (1) C　(2) A

五、1. D　(应改成:儿子才能在考场上保持一个良好的精神状态)

2. D　(应改成:先维持一段时间的现状再说吧)

保证　保障

讲一讲

"保证"可以表示担保一定做到。后边可带"了、过"。宾语多是动词性的。如:

这些食品保证适合你的口味。

您放心,我们保证按时完成任务。

"保证"的对象一般要用介词"向"引进。如:

他向父母保证,以后再也不说谎了。

"保证"还可以表示确保既定的要求和标准。宾语一般是名词性的。

你们应该保证产品的质量。

这位专家说,最好少让他外出开会,尽量保证他研究的时间。

"保证"还可以作名词,表示作为担保的事物。

同心协力是搞好我们公司的保证。

"保障"是指通过保护性的措施、行动、法律等使生命、财产、权利等不受侵犯或破坏。后边可带"了"。如:

我们要通过法律来保障妇女儿童的权益。

社会的安定团结保障了经济建设的顺利进行。

任何国家都很难保障所有人的人身安全。

"保障"也可以作名词,表示起保障作用的事物。如:

大家大力的帮助和支持,是我事业成功的保障。

提示

"保证"与"保障"的区别

词语	语义特点	适用对象	宾语
保证	担保做到某事	具体的工作、计划、行动等	动词性词语
	确保既定的要求或标准	质量、标准、时间	名词性词语
保障	通过保护性的措施、行动、法律等,使事物不受侵犯或破坏	生命、财产、权利、科研成果、利益、安全、自由等重大事物	多是名词性词语

注意:

1."保证"所表示的"担保"和"确保"多用于承诺,不需要说明采取的措施。"保障"多用于陈述,即使有时用于承诺,但一般句中还有说明通过采取什么措施来加以保障。如:

你只要和我们警察积极配合,我们会保证你的人身安全的。

经济上的成功并不能保证生活的质量。

我们剧组管理是很严格的,我们一定会保障演员的人身安全。

为了保障乘客的人身安全,火车在发车前5分钟就停止检票了。

他们希望从家庭和人身两方面购买保险,来保障他们的生活质量。

制定最低工资标准,是近年来政府保障工人基本权益的重要措施。

2."保障"多用于与人的切身利益相关的重大的较抽象的事物。"保证"既可以用于大的方面,也可以用于小的、比较具体的事物。因此从语义轻重来看,"保障"比"保证"更重。

3."保证"的对象一般要用介词"向"引进(详见上文)。"保障"不能。

练一练

一、用"保证""保障"填空。

1. 法律__________每个人的选举权和被选举权。
2. 学校应该__________下学期不再乱收费。
3. 为了__________所有投资人的利益,董事会决定改革现有的公司管理机制。
4. 你能__________他明年还在这儿工作?
5. 这件事我没办法向你__________,不过我会尽力去做。
6. 大量的救援物资__________受灾群众的生活。

二、判断对错并改正错句(对的画√,错的画×)。

1. 不能保证人身自由的法律就不是真正的法律。(　　)
2. 这一文件保障了所有纳税人的权益。(　　)
3. 为保障自己的产品不被假冒,公司决定所有产品都贴上防伪标签。(　　)
4. 他保证下次一定不再违反交通规则。(　　)
5. 我保障一个小时内做完所有的练习。(　　)

三、用(　　)中的词语和"保证"或"保障"一起完成下列句子。

1. 警察最重要的一项职责就是____________________。(生命和财产)

2．现在房间虽然很脏，____________________。（干净）

3．由于家里很困难，她爸爸____________________。（供她上大学）

4．工会希望公司领导严格遵守《劳动法》，切实____________________。（切身利益）

5．他虽然没有____________________，但他表示只要有可能就会坚持学下去。（向老师）

四、HSK 仿真题：从下面 ABCD 中选择唯一正确的填入空格中。

1．公司领导曾向全体员工___（1）___过，今年十月份就会给他们___（2）___工资。但年底都快到了，却一点动静都没有。

（1）A．讲话　　B．保证　　C．保障　　D．保险

（2）A．增长　　B．增添　　C．增大　　D．增加

2．由于连年的干旱，当地政府也已经没有办法___（1）___当地人的生活，很多人只好靠出外打工来___（2）___生计。

（1）A．保护　　B．保障　　C．保证　　D．爱护

（2）A．保持　　B．坚持　　C．维持　　D．保留

五、HSK 仿真题：在下面每一段话中找出错误的部分。

1．尽管他向父母保障（A），晚上开车不会有什么问题（B）。但因为他刚学会驾驶不到一年（C），所以父母还是没有让他开车出去（D）。

2．这些法律的制定（A），保证了人们的言论自由（B），同时为了维护国家的稳定（C），法律还特别规定人们应该承担的责任和义务（D）。

参考答案

一、1．保障　2．保证　3．保障　4．保证　5．保证　6．保障

二、1．×，"保证"改成"保障"。　2．√　3．×，"保障"改成"保证"。　4．√　5．×，"保障"改成"保证"。

三、1．警察最重要的一项职责就是要保障人民的生命和财产安全。

2．现在房间虽然很脏，但我保证一会就打扫得干干净净。

3．由于家里很困难，她爸爸很难保证到时会给她足够的钱念大学。

4．工会希望公司领导严格遵守《劳动法》，切实保障员工的切身利益。

5．他虽然没有向老师保证什么，但他表示只要有可能就会坚持学下去。

四、1．（1）B　（2）D　2．（1）B　（2）C

五、1．A　（应改成：尽管他向父母保证）

2．B　（应改成：保障了人们的言论自由）

第三课　辩论与争论　表现与体现

辩论　争论

讲一讲

“辩论”是为了得到正确的认识或共同的意见，不同观点的人通过摆事实、讲道理的方式说明自己的见解，揭露他人的不合理处的过程。后边可带“着、了、过”，也可带结果补语“清楚、完”，趋向补语“下去、起来”，另外也可重叠成ABAB式。如：

他们经常在一起辩论各种问题。

虽然花了好几个小时，但最终还是没有辩论清楚。

他们一见面就辩论了起来。

这个问题你们可以再辩论辩论。

“争论”是指因意见不一致而争执不下。后边可带“着、了、过”，也可带结果补语“清楚、明白、完”，趋向补语“下去、起来”，另外也可重叠成ABAB式。如：

那两个人互不相让，激烈地争论着。

等我吃完饭再到那儿去的时候，他们还没有争论完。

你们都没有错，就不要再争论下去了。

有些事情需要争论争论才能更明白一些。

提示

“辩论”与“争论”的区别

词语	语义特点	适用对象及场合	与“进行、展开”连用	与“有”连用
辩论	为了得到正确的认识或共同的意见，通过摆事实、讲道理的方式证明自己观点的正确，驳斥、说服对方	比较重大的问题，用于比较正式的场合	+	–
争论	针对某一问题各自都认为是对的，各抒己见，互不相让	大小问题都可以，场合可以比较随意	–	+

注意：

1．“辩论”和“争论”的对象都要用“跟”引进。

他连自己人的观点是什么都说不清楚，别跟他争论了。

我跟他辩论了半天，终于说服了他。

2．“辩论”常用于比较正式的场合，常与“进行、展开”一起用。“辩论”的问题常要用介词“关于”或“就”引进。如：

关于修改法律的问题他们已经辩论了好长时间了。

双方就城市改造问题展开了激烈的辩论。

今天我们要围绕“大学生打工是有利还是有弊”进行辩论。

练一练

一、用“辩论”“争论”填空。

1．他动不动就为一点小事跟我__________。

2．他们俩为这点小事已经__________两个多小时了。

3．议会内部将对税收改革的问题进行__________。

4．在要不要赔偿的问题上，双方__________得非常激烈。

5．过了这么多年，我们已经不再有__________。

6．会上代表们就协议的有关问题进行了激烈的__________。

二、判断对错并改正错句（对的画√，错的画×）。

1．双方就文章论点进行了辩论。（　　）

2．结婚前要不要婚检，目前一直有辩论。（　　）

3．通过辩论，双方很快统一了观点。（　　）

4．学校会经常组织学生争论教育方法的问题。（　　）

5．关于取消期房销售的建议引起了广泛辩论。（　　）

6．人们都在商品前争论着价格的高低。（　　）

三、用（　　）中的词语和“辩论”或“争论”一起完成下列句子。

1．在法庭上，双方代表律师________________。（就……问题）

2．________________，他这个人不讲道理。（别跟……）

3．他之所以在竞选演讲中这么镇定，是因为________________。（喜欢）

4．别吵了！________________，问题会变得更加复杂。（再这样……）

5．就联合国改革问题，各国代表________________。（将……进行……）

四、HSK 仿真题：从下面 ABCD 中选择唯一正确的填入空格中。

1．经过十几个小时激烈__(1)__，最后以 205 票赞成、125 票反对的投票结果__(2)__了这项议案。

（1）A．争论　　B．讨论　　C．辩论　　D．商量

（2）A．采取　　B．采用　　C．使用　　D．采纳

2．自从上一次被老师批评了以后，他就__(1)__再也不会为了一点小事跟别的同学__(2)__了。

（1）A．认为　　B．保障　　C．保证　　D．以为

（2）A．争论　　B．讨论　　C．辩论　　D．商量

五、HSK 仿真题：在下面每一段话中找出错误的部分。

1．在上大学的时候，我们宿舍的几个同学经常找一些话题进行争论，其实这样做并没有什

A　　　　　　　　B

么特别的任务或目的,只是想通过这种方式锻炼一下自己的口才。

C　　　　　　　　　D

2. 在废不废除死刑的问题上,目前还有辩论,不过考虑到我国的国情,暂时可能还不会废除。

A　　　　　　　B　　　　　　C　　　　　　D

参考答案

一、1. 争论　2. 争论　3. 辩论　4. 争论　5. 争论　6. 辩论

二、1. √　2. ×,“辩论”改成“争论”。　3. √　4. ×,“争论”改成“辩论”。　5. ×,“辩论”改成“争论”。

6. √

三、1. 在法庭上,双方代表律师就这个问题展开了辩论。

2. 你别跟他争论了,他这个人不讲道理。

3. 他之所以在竞选演讲中这么镇定,是因为他在学校时就很喜欢辩论。

4. 别吵了! 再这样争论下去,问题会变得更加复杂。

5. 就联合国改革问题,各国代表将在下周进行公开辩论。

四、1. (1) C　(2) D　2. (1) C　(2) A

五、1. B　(应改成:我们宿舍的几个同学经常找一些话题进行辩论)

2. B　(应改成:目前还有争论)

表现　体现

讲一讲

“表现”可以指事物或行动客观地表示或显示出(某种精神、特性)等。后边可带“了、过”,也可带结果补语“在”,趋向补语“出、出来”。另外如:

这部作品表现了人们不怕牺牲的大无畏精神。

你说他优秀,表现在哪些方面呢?

他的精明在不经意间就表现出来了。

“表现”还可以用于表示人有意识地通过自己的行动让人感到或看出某种精神或特性。这种用法的“表现”可以ABAB式重叠。如:

你在人物塑造上应该好好表现表现他的个性特征。

咱们今天在比赛中一定要好好表现表现,让校长看看咱们的本事!

“表现”常用于故意显示自己的长处(含贬义)。后边可带“了、过”,也可带趋向补语“出、出来”。另外可重叠成ABAB式。如:

她总是在人们面前处处表现自己的好学。

老王从来没有表现过自己。

你这样做,不仅仅是为了表现表现自己吧?

“体现”主要是人们通过客观存在的事件或某人的行动体会出其中所包含的某种性质、状态、精神、要求、愿望等。后边可带“着、了、过”,也可带结果补语“在”,趋向补语“出、出来”。另外可重叠成 ABAB 式。如:

在这群年轻人身上体现着社会飞速的变化。

这种思想已经体现在她的行动中了。

他的举动完全体现出了他高尚的品格。

为了让人相信你的话,你总应该在行动上体现体现吧。

提示

“表现”与“体现”的区别

词语	语义特点	可否重叠	常带补语
表现	事物或行动客观地表示或显示出(某种精神、特性)等	–	在 出、出来
	表示人有意识地通过自己的行动让人感到或看出某种精神或特性	+	
	故意显示自己的长处(含贬义)		出、出来
体现	通过客观已存在的事件或某人的行动体会出其中所包含的某种性质、状态、精神、要求、愿望等	–	在 出、出来
		+(用于祈使句时)	

练一练

一、用“表现”“体现”填空。

1. 他对这个计划__________出了浓厚的兴趣。
2. 你所说的天赋并没有在他身上__________出来。
3. 这一系列的政策都__________了政府加快发展农村经济的决心。
4. 虽然输了球,但球迷对那位教练__________出了极大的宽容。
5. 中国的飞速变化__________了改革开放的英明决策。
6. 中国城乡差距具体__________在两个方面。

二、判断对错并改正错句(对的画√,错的画×)。

1. 打架、酗酒在他身上都表现出来了。(　　)
2. 这些举措都体现了我们公司对产品质量的重视。(　　)
3. 他总喜欢在领导面前体现自己。(　　)
4. 近来他在工作上表现不佳,领导有些生气。(　　)
5. 整个城市的面貌体现了市政府对基础建设的大量投入。(　　)
6. 近期中国在汇率调整上体现出了一定的灵活性。(　　)

三、用(　　)中的词语和“表现”或“体现”一起完成下列句子。

1. 他____________________,评委们都赞不绝口。(在……比赛中)
2. 国家的法律不是为少数人服务,____________________。(愿望和要求)

3. 他在球场上不仅没有被困难所吓倒，＿＿＿＿＿＿＿＿＿＿。（精神）

4. 大量的捐款捐物被送到灾区，＿＿＿＿＿＿＿＿＿＿。（深情）

5. 无论在什么场合，她都喜欢＿＿＿＿＿＿＿＿＿＿。（自己）

四、HSK 仿真题：从下面 ABCD 中选择唯一正确的填入空格中。

1. 最近国家＿（1）＿了一系列严厉惩处盗版商的政策法律，这些充分＿（2）＿出了国家对打击盗版的决心。

（1）A. 规定　　B. 制定　　C. 成立　　D. 建立

（2）A. 表达　　B. 表现　　C. 体现　　D. 表明

2. 他身上完全＿（1）＿了组织者所要求的各种素质，特别是在文艺表演方面＿（2）＿得尤为突出。

（1）A. 包含　　B. 包括　　C. 具备　　D. 具有

（2）A. 表达　　B. 表现　　C. 体现　　D. 表明

五、HSK 仿真题：在下面每一段话中找出错误的部分。

1. 尽管受了很大的委屈（A），但她脸上一点儿都没有体现出来（B），因为她不想让别人可怜自己（C），她要用实际行动证明她是无辜的（D）。

2. 这项政策符合广大人民群众的要求（A），得到了人民群众的积极拥护（B），这充分说明人民是政策制定的风向标（C），只有表现群众利益的政策才是最根本的政策（D）。

参考答案

一、1. 表现　2. 体现　3. 体现　4. 表现　5. 体现　6. 表现

二、1. ×，“表现”改成“体现”。　2. √　3. ×，“体现”改成“表现”。　4. √　5. √　6. ×，“体现”改成“表现”。

三、1. 他在这次演讲比赛中表现得很好，评委们都赞不绝口。

或：他在这次唱歌比赛中表现得很好，评委们都赞不绝口。

2. 国家的法律不是为少数人服务，而是体现了广大人民群众的愿望和要求。

3. 他在球场上不仅没有被困难所吓倒，反而表现出了顽强的拼搏精神。

或：他在球场上不仅没有被困难所吓倒，反而表现出了敢打敢拼的精神。

4. 大量的捐款捐物被送到灾区，充分体现了人们对灾区人民的拳拳深情。

或：大量的捐款捐物被送到灾区，充分体现了人们对灾区人民的一片深情。

5. 无论在什么场合，她都喜欢把自己的小聪明表现出来。

或：无论在什么场合，她都喜欢表现自己。

四、1.（1）B　（2）C　2.（1）C　（2）B

五、1. B　（应改成：但她脸上一点儿都没有表现出来）

2. D　（应改成：只有体现群众利益的政策才是最根本的政策）

第四课 操纵与控制 承担、担任与负责

操纵 控制

讲一讲

“操纵”是指凭技能、技巧控制或开动机械、仪器等。后边可带“着、了、过”，也可带趋向补语“起来、下去”。如：

他已经学会了操纵这些仪器。

我曾经操纵过升降机。

他反应太慢了，操纵不了高速行驶的飞机。

这台机器操纵起来有些困难。

“操纵”还指用不正当的手段支配、控制（人、机构、价格、市场等），带贬义。后边可带“着、了、过”，也可带趋向补语“起来、下去”。如：

市场价格都被那些投机商人操纵着。

这个组织不能再让那些坏人操纵下去了。

他认为刘大明攻击他完全是受人操纵。

常年以来，自己从来没有做主的权利，都是妈妈操纵了她的一切生活。

“控制”是指掌握住不使任意活动越出范围，是中性词。后边可带“着、了、过”，也可带结果补语“住、在”，趋向补语“起来、下去”。另外可重叠成 ABAB 式。如：

警察完全控制了所有的交通要道。

那个地区以前没有控制住人口的增长，现在出现了很多问题。

因为怕疾病蔓延，整个地区都被控制起来了。

你应该好好控制控制你的感情。

提示

“操纵”与“控制”的区别

词语	操纵		控制
语义特点	专指掌握、运转和管理机器	指用不正当手段支配人和事，使其按照自己的意志活动，而这种活动往往是暗中、幕后进行的	表示节制或驾驭，指用某种力量把人或物置于自己的支配范围之内
施动者	人	人或某些机构、部门	人或物（局面、局势等）

续上表

词语	操纵		控制
施动对象	物	人或物	人(包括感情)或物
语体色彩	中性词	贬义词	中性词
能否重叠	−		+
常带补语	起来、下去		起来、下去、住、在

注意：

“操纵”带“机器”等宾语是中性的。但带人或其他事物的宾语，多带有贬义，被操纵的人或事物完全没有行动的自由，完全得听操纵者的指挥(详见上文)。“控制”是中性词，是将某事物或某人的行动限定在一定范围内，比起“操纵”来，还有一定的活动自由。当出于积极的目的，对某人或事物的活动范围加以限制，一般用“控制”。如“控制人口、控制消费、控制支出、控制价格”等。“控制”的宾语还可以是较抽象的“形势、局势、局面、感情、心情”等，“操纵”没有这样的用法。

练一练

一、用“操纵”“控制”填空。

1. 我们应该把价格__________在合适的范围之内。
2. 他__________起这台新机器来很灵活。
3. 听到这个激动人心的消息，我__________不住内心的激动，流下了眼泪。
4. 现在汽油的价格越来越高，我们应该__________一下开车的时间。
5. 所有人的活动都被__________起来了。
6. 他们一手__________了整个选举。

二、判断对错并改正错句(对的画√，错的画×)。

1. 现在应该想办法控制一下开支了。(　　)
2. 那台拖拉机很复杂，他控制不了。(　　)
3. 整个股市完全被少数人给操纵了。(　　)
4. 为了保持生态平衡，管理员一直操纵着老虎的数量。(　　)
5. 中国队完全操纵了球场上的局面。(　　)

三、用(　　)中的词语和“操纵”或“控制”一起完成下列句子。

1. 尽管已经学会了开车，但他的手____________________。(方向盘)
2. 因为今年销售情况不好，公司____________________。(生产规模)
3. 整件事看起来和他没有什么关系，实际上____________________。(暗地里)
4. 他没能____________________，哭了起来。(情绪)
5. 为了身体健康，室内的温度____________________。(26 摄氏度左右)

四、HSK 仿真题：从下面 ABCD 中选择唯一正确的填入空格中。

1. 据说，那个国家的选举完全被一些有势力的集团所__(1)__，最终__(2)__他们所想要的目的。

(1) A. 掌握　　B. 控制　　C. 把握　　D. 操纵
(2) A. 到达　　B. 达到　　C. 体现　　D. 表明

2. 最近，那一地区的瘟疫已经基本被___(1)___住了，但为了防止进一步蔓延，市政府决定___(2)___一个医疗小组，专门负责那一地区的医疗救治。

(1) A. 掌握　　B. 控制　　C. 把握　　D. 操纵
(2) A. 建设　　B. 建立　　C. 成立　　D. 产生

五、HSK 仿真题：在下面每一段话中找出错误的部分。

1. 有些人认为开汽车并不是件很难的事情（A），他们觉得只要能灵活操纵汽车的速度（B），就算掌握了开车的基本要领（C）。其实开汽车没有他们想象的那样容易（C）。

2. 很多人都对李华的所作所为感到愤怒（A），都认为他违背了基本的商业道德（B），其实他这样做并不是自愿的（B），而是有人在背后控制（D）。

参考答案

一、1. 控制　2. 操纵　3. 控制　4. 控制　5. 控制　6. 操纵

二、1. √　2. ×，“控制”改成“操纵”。　3. √　4. ×，“操纵”改成“控制”。　5. ×，“操纵”改成“控制”。

三、1. 尽管已经学会了开车，但他的手操纵起方向盘来还有些困难。
2. 因为今年销售情况不好，公司只好控制生产规模。
3. 整件事看起来和他没有什么关系，实际上都是由他暗地里操纵着。
4. 他没能控制住自己的情绪，哭了起来。
5. 为了身体健康，室内的温度应该控制在 26 摄氏度左右。

四、1. (1) D　(2) B　2. (1) B　(2) C

五、1. B （应改成：他们觉得只要能灵活控制汽车的速度）
2. D （应改成：而是有人在背后操纵）

承担　担任　负责

讲一讲

“承担”是指担负、担当。“承担”的可以是工作之类的事务，也可以是与事务相关的后果、责任、损失等。后边可带“着、了、过”，也可带趋向补语“下来、下去、起来”。另外也可重叠成 ABAB 式。如：

他的肩上承担着艰巨的任务。

老师把小王的过错全部承担了下来。

如果你不信，这样的任务你也来承担承担吧。

这种后果谁也承担不了。

“担任”是指担当某种职务或工作。后边可带“着、了、过”，也可带结果补语“完、到”，趋向补语“下来、下去、起来”。如：

李老师曾经担任过我们班的班主任。

这一职位你要担任到明年1月。

如果没有人接替，这儿的工作你还必须要继续担任下去。

“负责”是指担负责任。宾语可以是工作或事务的名词及短语，也可以是表示动词及短语。后边可带“了、过”，也可带结果补语“到”，趋向补语“下去、起、起来”。如：

他在这儿负责过很多工作。

这些事务我负责到什么时候？

领导让我负责起公司的安全来了。

这次大合唱，你负责组织和指挥。

提示

“承担”“担任”与“负责”的区别

词语	语义特点	主语	宾语	可否带“着”和“下来”
承担	重在担当、肩负某项工作、任务	人或某种机构、单位	工作、责任、事务、任务、后果、费用、使命、风险、义务	+
担任	主要指接受并且负责某种具体的职务或工作	人	经理、厂长、主席、助理、班长、顾问、工作、事务	+
负责	主要是对某项工作全面的管理或安排	人或某些机构、单位	工作、业务、工程、项目、资金、任务、技术、案件、考试、事务 保管、保护、照顾、处理、安排、建造、指挥、调动	－

练一练

一、用“承担”“担任”“负责”填空。

1. 我不想________这儿的负责人了，很多事情太难办了。
2. 法律规定子女要________赡养父母的责任。
3. 你既然答应了管理好公司，你就应该继续________下去。
4. 问题出现了，就必须有人来________后果。
5. 压力太大了，我几乎没有办法再________了。
6. 你放心，我________照顾好所有的孩子。

二、判断对错并改正错句（对的画√，错的画×）。

1. 他担任市长已经有两年了。（　　）
2. 老王不想担任这一重任，他害怕自己做不了。（　　）

3. 如果你不反对，就让他继续担任下去。(　　)

4. 做任何事都是要担任风险的。(　　)

5. 这项工程很浩大，他们公司负责这一段，我们公司负责另一段。(　　)

6. 他们负责着改变城市面貌的工作。(　　)

三、用(　　)内的词语和“承担”“担任”或“负责”一起完成下列句子。

1. 你不用担心，出差的费用__________。(由公司)

2. 我__________，剩下的由你们来完成。(前期工作)

3. 这项工作虽然很艰巨，但__________。(下来)

4. 因为你对工作认真负责，领导__________。(助理)

5. 由于这些器材非常贵重，公司决定__________。(保管)

四、HSK 仿真题：从下面 ABCD 中选择唯一正确的填入空格中。

1. 球迷一旦引发骚乱，局面将很难＿(1)＿，所以当地警局派了近两百名警察＿(2)＿球场的安全保卫工作。

(1) A. 掌握　　B. 控制　　C. 把握　　D. 操纵

(2) A. 担任　　B. 承担　　C. 负责　　D. 负担

2. 张工程师退休以后，公司决定继续聘任他＿(1)＿技术顾问，＿(2)＿出了公司对人才的重视。

(1) A. 担任　　B. 承担　　C. 负责　　D. 负担

(2) A. 表现　　B. 表明　　C. 表达　　D. 体现

3. 警察不但有＿(1)＿公民人身安全的责任，而且还＿(2)＿着维护社会稳定的重任。

(1) A. 爱护　　B. 爱惜　　C. 保护　　D. 保持

(2) A. 担任　　B. 承担　　C. 负责　　D. 负担

五、HSK 仿真题：在下面每一段话中找出错误的部分。

1. 小王自从进入公司以后 (A)，就承担处理大部分的对外事务 (B)，尽管还很缺乏这方面的经验 (C)，但他相信自己一定能做得很好 (D)。

2. 发生这样的事情是谁也不想看到的 (A)，虽然你不怕面对指责 (B)，但这么严重的后果你担任不了 (C)，所以你还是不要这样莽撞行事 (D)。

3. 这次春节晚会有了很大的突破 (A)，改变了传统的表演模式 (B)，这主要是因为自从他负责了总导演以后 (C)，充分借鉴了各地方晚会的表现形式 (D)。

参考答案

一、1. 担任　2. 承担　3. 负责　4. 承担　5. 承担　6. 负责

二、1. √　2. ×,“担任”改成“承担”。　3. √　4. ×,“担任”改成“承担”。　5. √　6. ×,“负责”改成“承担”。

三、1. 你不用担心,出差的费用一律由公司来承担。

2. 我负责完成前期工作,剩下的由你们来完成。

3. 这项工作虽然很艰巨,但他还是承担下来了。

4. 因为你对工作认真负责,领导想让你担任他的助理。

5. 由于这些器材非常贵重,公司决定让王丽专门负责保管。

四、1. (1) B　(2) C　2. (1) A　(2) D　3. (1) C　(2) B

五、1. B　(应改成:就负责处理大部分的对外事务)

2. C　(应改成:但这么严重的后果你承担不了)

3. C　(应改成:这主要是因为自从他担任了总导演以后)

第五课 传达与转达 答复与回答

传达 转达

讲一讲

“传达”是指把上级的命令、指示、文件、会议精神等告诉下级。后边可带“着、了、过”，也可带结果补语“清楚、准确、完”，趋向补语“下来、下去”，另外可重叠成 ABAB 式。如：

这些文件都已经传达过了。

上级的指示你传达清楚了没有？

你必须把会议精神尽快传达下去。

请你把有关事项向员工传达传达。

另外，“传达”还可以指某种神情、语气、事物等所表现出的一些信息、感情或暗示等。这一意思常跟“出”搭配使用。如：

她忧郁的眼神传达出了她内心的苦闷和彷徨。

两国高层的不断接触传达出一种不同寻常的信息。

“转达”是指把一方的问候、谢意、意向或某些情况转告给另一方，多用于书面语。后边可带“了、过”，也可带结果补语“完、清楚”，另外可重叠成 ABAB 式。如：

他向这位英雄转达了领导的问候。

小王转达完大家的要求就回家了。

请向主人转达一下我们的谢意。

希望你能转达转达我们的意见。

提示

“传达”与“转达”的区别

词语	语义特点	常用对象	常带补语
传达	指把上级的命令、指示、文件、会议精神等告诉下级，一般可进行一些解释或说明	指示、文件、任务、命令、精神	清楚、准确、完下来、下去
	通过某一神情、事件传递某种信息、信号或暗示	信息、信号或暗示	出
转达	把一方的问候、谢意、意向或某些情况转告给另一方，解释说明的意思不是很强	话语、意见、建议、要求、祝愿、谢意	完、清楚

注意：

“传达”和“转达”的对象一般都用介词“向”引进(详见上文)。

练一练

一、用“传达”“转达”填空。

1. 我向爸爸________了姐姐的意思。
2. 王军没有把我的想法________给小李。
3. 大使馆已经________了我方对日方的不满。
4. 乡长________了县里的意思，想想办法，让农民无论如何也要吃上干净水。
5. 他还没有________完上级的命令就被愤怒的人群赶了下去。
6. 各市都________了省长的讲话精神。

二、判断对错并改正错句(对的画√，错的画×)。

1. 我向刘明传达了老李的心里话。(　　)
2. 影视中的对白、图像一样可以传达出人物的情绪、社会的环境。(　　)
3. 老师向办公室传达了学生的各种要求。(　　)
4. 请你转达一下我们对这件事的坚定立场。(　　)
5. 所有的信息都通过书中的文字传达给了读者。(　　)
6. 她的突然出现转达了一个积极的信号。(　　)

三、用(　　)内的词语和“传达”或“转达”一起完成下列句子。

1. 发生车祸以后，肇事司机希望记者__________________。(歉意)
2. 你根本不用去问她，她的语气里__________________。(信息)
3. 老李今天不能来参加你的婚礼了，__________________。(祝贺)
4. 领导的指示非常重要，__________________。(立刻)
5. 这个眼镜广告很不错，__________________。(重要性)

四、HSK 仿真题：从下面 ABCD 中选择唯一正确的填入空格中。

1. 他的举动向外界__(1)__出了一个明确的信号：如果有人敢进入他的领地，他将会__(2)__进一步的行动。

(1) A. 传达　　B. 转达　　C. 传递　　D. 转告

(2) A. 采用　　B. 采纳　　C. 采取　　D. 使用

2. 哥哥在信里不仅__(1)__了对我的思念之情，同时还__(2)__了乡亲们给我的深切问候。

(1) A. 表示　　B. 表达　　C. 表现　　D. 表明

(2) A. 传达　　B. 传递　　C. 传送　　D. 转达

五、HSK 仿真题：在下面每一段话中找出错误的部分。

1. 刘芳在会上转达了党中央对贫困地区的关注(A)，政府将采取一系列的措施(B)，扶持当地中小企业的发展(C)，并加大贫困地区的资金投入(D)。

2. 李老师接过失而复得的提包惊诧不已，连连表示感谢，并让警察传达对那位年轻人的谢意，如果不是他帮忙找到，自己真不知道该怎么办。

A：李老师接过失而复得的提包惊诧不已
B：连连表示感谢
C：并让警察传达对那位年轻人的谢意
D：如果不是他帮忙找到，自己真不知道该怎么办

参考答案

一、1. 转达 2. 转达 3. 转达 4. 传达 5. 传达 6. 传达

二、1. ×，“传达”改成“转达”。 2. √ 3. ×，“传达”改成“转达”。 4. √ 5. √ 6. ×，“转达”改成“传达”。

三、1. 发生车祸以后，肇事司机希望记者能转达他对伤者家属的歉意。

2. 你根本不用去问她，她的语气里已经传达出她不想再担任这一职务的信息。

3. 老李今天不能来参加你的婚礼了，他让我代他转达对你新婚之喜的祝贺。

4. 领导的指示非常重要，你必须立刻传达下去。

5. 这个眼镜广告很不错，准确地传达出了眼镜对人的重要性。

四、1. (1) A (2) C 2. (1) B (2) D

五、1. A （应改成：刘芳在会上传达了党中央对贫困地区的关注）

2. C （应改成：并让警察转达对那位年轻人的谢意）

答复 回答

讲一讲

“答复”是指对所提问题和要求给以回答。多用于正式场合。后边可带“着、了、过”，也可带结果补语“完”，趋向补语“过来”。如：

请你在两天之内答复我。

你提的问题我早就用电子邮件答复过了。

那么多的读者来信，她今天能答复完吗？

“回答”是指对问题给予解答，对要求表示意见。后边可带“着、了、过”，也可带结果补语“对、完、清楚”等，趋向补语“上来、出来、过来、起来”等，另外可重叠成ABAB式。如：

你快点回答我她究竟走了没有。

这个问题只有他回答对了。

虽然问题不是很难，但他想了半天也没回答上来。

我没时间，你去回答回答记者的提问吧。

提示

"答复"与"回答"的区别

词语	语义特点	主体	语体色彩	能否重叠	常带补语
答复	对所提问题和要求给以回答,常常是对问题或要求表示一种态度,很少关系到内容	可以是组织,也可以是个体	可以是书面的,也可以是口头的,相对比较正式	-	完 过来
回答	指对问题给予解答;对要求表示意见,侧重于对问题作出说明和解释,内容可以各不相同,所以可以有对有错	一般为个体	一般为口头的,常用于日常生活或工作中	+	对、完、清楚上来、起来、出来、过来、下去

练一练

一、用"答复""回答"填空。

1. 公司领导现在很难作出决定,要等到研究后才能＿＿＿＿＿你。
2. 你就坐着＿＿＿＿＿吧,不用站起来了。
3. 他给我提了很多问题,我都不知道该先＿＿＿＿＿哪一个。
4. 一旦作出结论,我会明确＿＿＿＿＿大家。
5. 尽管寄去了很多材料,但那家公司至今还没＿＿＿＿＿我。
6. 请在三天之内＿＿＿＿＿对方。

二、判断对错并改正错句(对的画√,错的画×)。

1. 以上要求敬请尽早来函回答。(　　)
2. 老师说这些问题我都答复对了。(　　)
3. 这么难的问题他竟然也回答出来了。(　　)
4. 有关部门答复说"禁止使用",这让我很伤心。(　　)
5. 你先回去吧,明天我就会书面回答你。(　　)
6. 这么简单的问题他都回答错了。(　　)

三、用(　　)内的词语和"答复"或"回答"一起完成下列句子。

1. 上级部门早就收到我的申请了,但＿＿＿＿＿＿＿＿＿＿＿＿＿＿＿。(直到现在)
2. 老师提了一个问题,接着就叫了他的名字,他＿＿＿＿＿＿＿＿＿＿＿＿＿。(一时)
3. 尽管市长忙得不得了,但这些人民来信他还是＿＿＿＿＿＿＿＿＿＿＿＿。(一一)
4. 当警察审问那个犯罪嫌疑人时,他始终紧闭双唇,＿＿＿＿＿＿＿＿＿＿。(愿意)
5. 这件事我们还要研究一下,明天＿＿＿＿＿＿＿＿＿＿＿＿＿。(再)

四、HSK 仿真题:从下面 ABCD 中选择唯一正确的填入空格中。

1. 他看着我＿(1)＿说:"要想＿(2)＿身体健康,就必须多运动,至少每周去健身房锻炼一次。"

(1) A. 表达　　B. 转达　　C. 回答　　D. 答复

(2) A. 保护　　B. 保持　　C. 维持　　D. 保证

2. 既然接到了邀请函,就应该尽快＿(1)＿人家,别＿(2)＿人家觉得你在摆架子,不理别人。

（1）A. 表达　　B. 转达　　C. 回答　　D. 答复

（2）A. 给　　B. 让　　C. 使　　D. 请

五、HSK 仿真题：在下面每一段话中找出错误的部分。

1. 很多学生害怕出丑，常常在没有把握的情况下不敢举手，其实答复错了也没关系，本来有些问题就很难。

A　　B　　C　　D

2. 影迷的来信实在是太多了，这位明星根本就回答不过来，所以他请助理来帮助自己，希望能满足每一位影迷的要求。

A　　B　　C　　D

参考答案

一、1. 答复　2. 回答　3. 回答　4. 答复　5. 答复　6. 答复

二、1. ×，“回答”改成“答复”。　2. ×，“答复”改成“回答”。　3. √　4. √　5. ×，“回答”改成“答复”。6. √

三、1. 上级部门早就收到我的申请了，但直到现在还没有答复我。

2. 老师提了一个问题，接着就叫了他的名字，他一时不知道该回答什么。

3. 尽管市长忙得不得了，但这些人民来信他还是要一一答复。

4. 当警察审问那个犯罪嫌疑人时，他始终紧闭双唇，不愿意回答。

5. 这件事我们还要研究一下，明天再答复你。

四、1.（1）C　（2）B　2.（1）D　（2）B

五、1. C　（应改成：其实回答错了也没关系）

2. B　（应改成：这位明星根本就答复不过来）

第六课 公布与宣布 贯彻、实行与执行

公布 宣布

讲一讲

“公布”是指公开发布,使大家知道。多采用书面的形式。后边可带“了、过”,也可带趋向补语“出来、出去”。如:

你还不知道吗,学习成绩早已经公布过了。

选举名单已经公布了一个多星期了。

为了你自己,你也应该把事情的真相公布出来。

“宣布”是指通过口头形式,把某件事当面告诉大家。后边可带“着、了、过”,也可带结果补语“完、开”,趋向补语“出来、出去、起来”。如:

1949 年 10 月 1 日毛泽东在天安门城楼上宣布了中华人民共和国的成立。

会议讨论的结果还没有向大家宣布过。

等我到教室的时候,考试成绩已经宣布完了。

首长叫他赶快把这个命令宣布出去。

提示

“公布”与“宣布”的区别

词语	语义特点	对象	宾语
公布	多采用书面形式公开发布,使大家知道	一般是作出的决定或得出的结果	一般是名词性的词语如宪法、法律、成绩、名单、结果、罪行、决议
宣布	通过口头形式,把某件事当面告诉大家	既可以是作出的决定或得出的结果,也可以是要求采取的行动或已经出现的情况	可以是名词性的词语,也可以是动词性的词语

练一练

一、用“公布”“宣布”填空。

1. 那个国家在 1954 年__________了独立。
2. 晚上 6:10 发言人__________记者招待会结束。

3. 那部新法律已经＿＿＿＿＿＿好几天了。

4. 老师在课堂上＿＿＿＿＿＿了参加旅游团队的名单。

5. 那件隐瞒了多年的秘密终于被＿＿＿＿＿＿出来了。

6. 报纸上每天都＿＿＿＿＿＿一些获奖名单。

二、判断对错并改正错句(对的画√,错的画×)。

1. 他在电视上大声公布火箭发射非常成功。(　　)

2. 那个明星在昨天宣布,他将在下个月退出影坛。(　　)

3. 政府在网上宣布了今年4月份的产品销售总量。(　　)

4. 很多的案件并没有被宣布出来。(　　)

5. 他在大会上宣布起获奖的影片来。(　　)

三、用(　　)里的词语和"公布"或"宣布"一起完成下列句子。

1. 你快去看一下吧,大学录取名单＿＿＿＿＿＿＿＿＿＿＿＿。(学校的布告栏)

2. 临出发前,领队＿＿＿＿＿＿＿＿＿＿＿＿＿＿。(注意事项)

3. 为了查清案件的真相,警局＿＿＿＿＿＿＿＿＿＿＿＿。(专门调查组)

4. 为了增加透明度,很多国家的领导＿＿＿＿＿＿＿＿＿＿＿＿。(财产收支)

5. 这部新宪法＿＿＿＿＿＿＿＿＿＿＿＿,很多人便提出了质疑。(两年)

四、HSK仿真题:从下面ABCD中选择唯一正确的填入空格中。

1. 经过几十次的会议＿(1)＿,政府决定把这个项目定在上海,并于5月20号正式＿(2)＿启动。

(1) A. 商量　　B. 议论　　C. 讨论　　D. 争论

(2) A. 宣布　　B. 公布　　C. 宣称　　D. 宣传

2. 参加集训的名单＿(1)＿出来以后,李明＿(2)＿不住自己内心的喜悦,赶紧给妈妈打了一个电话。

(1) A. 宣布　　B. 公布　　C. 公开　　D. 宣传

(2) A. 包含　　B. 保持　　C. 操纵　　D. 控制

五、HSK仿真题:从下面每一段话中找出错误的部分。

1. 发生空难的第二天(A),电视上便宣布了遇难者的名单(B),看到没有自己亲人的名字(C),李阿姨悬着的一颗心总算放下来了(D)。

2. 市长走上主席台,公布运动会开幕仪式正式开始(A),台下掌声雷动(B),随着国歌响起(C),五星红旗缓缓升上了旗杆(D)。

参考答案

一、1. 宣布　2. 宣布　3. 公布　4. 宣布　5. 公布　6. 公布

二、1. ×,"公布"改成"宣布"。 2. √ 3. ×,"宣布"改成"公布"。 4. ×,"宣布"改成"公布"。
5. √

三、1. 你快去看一下吧,大学录取名单已经在学校的布告栏上公布了。
2. 临出发前,领队宣布了一些注意事项。
3. 为了查清案件的真相,警局宣布将要成立一个专门调查组。
4. 为了增加透明度,很多国家的领导都会依法向社会公布他们的财产收支情况。
5. 这部新宪法刚刚公布两年,很多人便提出了质疑。

四、1. (1) C (2) A 2. (1) B (2) D

五、1. B (应改成:电视上便公布了遇难者的名单)
2. A (应改成:市长走上主席台,宣布运动会开幕仪式正式开始)

贯彻 实行 执行

讲一讲

"贯彻"是指彻底实现或体现(方针、政策、精神、方法)等。"贯彻"的后边可带"着、了、过",可带趋向补语"下来、下去"。另外可重叠成 ABAB 式。如:

地方政府都应该贯彻执行国家的政策法律。
他们曾经贯彻过那项方针。
会议精神一定要进一步贯彻下去。
你们要好好贯彻贯彻这项决定。

"实行"是指用行动来实现(纲领、政策、计划)等。"实行"的后边可带"着、了、过",也可带趋向补语"下去、起来"。如:

生产责任制已经实行了许多年了。
中国以前的很多农产品都实行自产自销。
你的那个计划实行起来有点困难。

"执行"是指实施、实行(政策、发律、计划、命令、判决中规定的事项)。"执行"的后边可带"着、了、过",也可带结果补语"完、好、到",趋向补语"下去、起来、出来"。如:

这项任务由你来执行。
那项政策目前还在执行着。
本规定必须执行到明年年底。
对外开放的政策要坚决执行下去。

提示

"贯彻""实行"与"执行"的区别

词语	语义特点	常带宾语	所带补语
贯彻	彻底地从上到下地实现	方针、政策、指示、精神、原则、决议	下来、下去
实行	付诸实际行动，用行动来实现	政策、制度、措施、办法、计划、条文	下去、起来
执行	强制性或约束性地加以实现	政策、法律、命令、任务、规定、计划	完、好、到 下去、起来、出来

注意：

"贯彻"与"执行"所隐含的动作方向不同。"贯彻"是从上到下；"执行"是下级执行上级的命令、批示、政策等；"实行"无所谓上下，因而如果不强调动作中所包含的上下关系或方向，只是说明某个动作(无论大小)或以某种形式付诸行动，都可用"实行"。

练一练

一、用"贯彻""实行""执行"填空。

1. 这次旅行我们________AA 制。
2. 各个部门要严格________国家规定的措施。
3. 他们厂认真________了全心全意为厂服务的精神。
4. 每当有任务下来的时候，他都认真地去________。
5. 这种奖罚的办法我们还要继续________下去。
6. 这项政策要________到实际中。

二、判断对错并改正错句(对的画√，错的画×)。

1. 由于地形的关系，那种耕作方法在这儿执行不起来。(　　)
2. 他们没能很好地贯彻上级的命令。(　　)
3. 这样做有利于贯彻保护环境的科学发展战略。(　　)
4. 上级下达的这些文件，我们还是要好好地去执行。(　　)
5. 为了实行"三个代表"的重要思想，许多党员都积极投入到了实际行动中。(　　)
6. 他们工厂早就实行了八小时工作制。(　　)

三、用(　　)中的动词短语完成下列句子。

1. 如果这一政策有利于本地区的发展，________________。(贯彻下去)
2. 你的这一想法是很不错，但________________。(实行起来)
3. 根据国家对产品的质量要求，所有厂商________________。(执行……标准)
4. 商场为了提高销售量，春节期间________________。(实行……措施)
5. 丈夫告别了新婚不久的妻子，________________。(执行任务)

四、HSK 仿真题：从下面 ABCD 中选择唯一正确的填入空格中。

1. 公司在__(1)__了他的建议以后，决定不再__(2)__周末加班制，让职工有一个更好的休息调整时间。

(1) A. 采取　　B. 采用　　C. 运用　　D. 采纳

(2) A. 贯彻　　　B. 实行　　　C. 执行　　　D. 使用

2. 在＿(1)＿下岗职工再就业的问题上，我们必须严格＿(2)＿市政府的有关规定，不得损害劳动者的各项利益。

(1) A. 安排　　　B. 布置　　　C. 改造　　　D. 改进

(2) A. 贯彻　　　B. 实行　　　C. 执行　　　D. 运用

3. 中国在＿(1)＿旧的经济体制的同时，还要认真＿(2)＿国家的各项政策法令，从而维护整个社会的稳定。

(1) A. 改变　　　B. 改革　　　C. 改造　　　D. 改进

(2) A. 贯彻　　　B. 实行　　　C. 执行　　　D. 运用

五、HSK 仿真题：在下面每一段话中找出错误的部分。

1. 怎样把科学发展观实行落实（A），解决社会发展中碰到的问题（B），不是几个人可以去做的（C），而必须动员全社会的力量加以实现（D）。

2. 从去年上半年开始（A），全国各省市已经开始执行九年制免费义务教育（B），中央的这一政策决定解决了农村孩子上学难的问题（C），对整个国家的教育发展起到了极大的推动作用（D）。

参考答案

一、1. 实行　2. 执行　3. 贯彻　4. 执行　5. 实行　6. 贯彻

二、1. ×，"执行"改成"实行"。　2. ×，"贯彻"改成"执行"。　3. √　4. √　5. ×，"实行"改成"贯彻"。　6. √

三、1. 如果这一政策有利于本地区的发展，我们将继续贯彻下去。

2. 你的这一想法是很不错，但实行起来有些困难。

3. 根据国家对产品的质量要求，所有厂商都要严格执行国家标准。

4. 商场为了提高销售量，春节期间实行全场六折的优惠措施。

5. 丈夫告别了新婚不久的妻子，去外地执行任务了。

四、1. (1) D　(2) B　2. (1) A　(2) C　3. (1) B　(2) A

五、1. A　（应改成：怎样把科学发展观贯彻落实）

2. B　（应改成：全国各省市已经开始实行九年制免费义务教育）

第七课 妨碍与阻碍 供给与供应

妨碍 阻碍

讲一讲

“妨碍”是指使事情不能顺利进行。后边可带“了、过”，能带谓词性宾语。如：

不要在教室大声说话，会妨碍别人学习。

他多次妨碍了司法部门的工作。

大雨也妨碍不了施工的进程。

“阻碍”是指使不能顺利通过或发展。后边可带“着、了”，常带抽象事物的宾语。如：

成群的牛羊正阻碍着交通。

教育的落后阻碍了这一地区的经济发展。

偏见阻碍了很多国家之间的正常交往。

提示

“妨碍”与“阻碍”的区别

词语	语义特点	宾语
妨碍	指形成障碍，影响了事物的顺利发展、进行或动作的实行，语义较轻	通常是关于工作、学习、交通、活动、健康等比较具体方面的词语，主语往往是具体的人、事物或动作
阻碍	指造成了大的障碍，使事物不能顺利通过、发展或进行，语义较重	通常是关于社会发展、改革、进步、交往等重大而抽象方面的词语，主语可以是具体的障碍物，也可以是抽象的观念、思想、习俗、制度、关系等

注意：

两个词都有使事情不能顺利进行的意思，有时可以通用。如：

这些东西放在楼梯口会妨碍/阻碍人们通过。

我从来没想到过要妨碍/阻碍你。

练一练

一、用“妨碍”“阻碍”填空。

1. 快走开，别________我做作业。

2. 落后的生产关系________着生产力的发展。

3. 利益的问题________了谈判的顺利进行。

4. 不利的地形大大________了行军的速度。

5. 讨论问题不应该________到别人的学习。

二、判断对错并改正错句（对的画√，错的画×）。

1. 虽然我对他有看法，但从来没有阻碍过他的工作。（　　）

2. 道路两边的摊位严重阻碍了交通。（　　）

3. 虽然今天天气不好，但不会阻碍我们出去旅行。（　　）

4. 他正试图妨碍调查的进展。（　　）

5. 没有电脑就会大大阻碍信息的交流。（　　）

三、用（　　）中的词语和“妨碍”或“阻碍”一起完成下列句子。

1. 由于缺乏必要的锻炼，结果____________________。（身体发育）

2. 有些传统习俗由于过于陈旧，已经____________________。（向前发展）

3. 生活在城市中的人们有时看不到好的风景，高楼____________________。（视线）

4. 不管条件多么恶劣，都不可能____________________。（脚步）

5. 我____________________，继续你们的研究吧。（意思）

四、HSK 仿真题：从下面 ABCD 中选择唯一正确的填入空格中。

1. 交通不便大大__（1）__那个山村的发展，村长向村民们__（2）__：今年无论如何也要把道路修起来，让村民过上幸福的生活。

（1）A. 妨碍　　B. 阻碍　　C. 阻挡　　D. 阻拦

（2）A. 表现　　B. 表达　　C. 保障　　D. 保证

2. 在听到了大家的批评以后，小王有些__（1）__，他大声说：“我不结婚又没有__（2）__到谁，为什么你们要指责我呢？”

（1）A. 感动　　B. 感觉　　C. 激动　　D. 感到

（2）A. 妨碍　　B. 阻碍　　C. 阻挡　　D. 阻拦

五、HSK 仿真题：在下面每一段话中找出错误的部分。

1. 旁边的工地每天晚上都在施工（A），大大阻碍了人们的休息（B），居民决定找负责人反映一下（C），实在不行就找行政部门解决（D）。

2. 当旅行团就要到达目的地时（A），一条大河横在了眼前（B），妨碍了他们继续行进的脚步（C），大家不由都犯起愁来（D）。

参考答案

一、1. 妨碍　2. 阻碍　3. 阻碍　4. 阻碍　5. 妨碍

二、1. ×,“阻碍”改成“妨碍”。 2. √ 3. ×,“阻碍”改成“妨碍”。 4. ×,“妨碍”改成“阻碍”。 5. √

三、1. 由于缺乏必要的锻炼,结果妨碍了小孩的身体发育。

2. 有些传统习俗由于过于陈旧,已经严重阻碍了社会的向前发展。

3. 生活在城市中的人们有时看不到好的风景,高楼总会妨碍人们的视线。

4. 不管条件多么恶劣,都不可能阻碍人类前进的脚步。

5. 我没有阻碍你们的意思,继续你们的研究吧。

四、1. (1) B (2) D 2. (1) C (2) A

五、1. B (应改成:大大妨碍了人们的休息)

2. C (应改成:阻碍了他们继续行进的脚步)

供给 供应

讲一讲

“供给”是指把生活必须的物质、钱财、资料等给需要的人使用。后边可带“了、过”,能带双宾语,宾语多为表示钱、物的词语,这类词也可以作主语。供给者用介词“由”引进。可带补语“得了、不了、得起、不起”。如:

我的学费和生活费都是由爸妈供给的。

为了保障那个图书馆正常开放,过去五年社会免费供给过很多图书资料。

对于贫困地区的人们,政府每年都会供给他们一些食物和衣物。

由于交通不便,一时还供给不了这么多物质。

“供应”是指以物质(有时也指人力)满足需要(常是范围较大的需要)。因此常构成“市场供应、粮食供应”与社会需要有关的词语。后边可带“了、过”,能带双宾语,可带补语“得了、不了、得起、不起”。如:

春节的时候,市场上会大量供应节日用品。

我们一无所有,只能供应一些劳动力。

如果可能,我们会供应他们一些必要的生产物质。

这儿连自来水都供应不上。

提示

“供给”与“供应”的区别

词语	语义特点	直接宾语	间接宾语
供给	侧重在提供那些赖以生活的必需品	一般是人	物质、钱财或资料
供应	侧重于适应对方的需求	可以是人,也可以是市场、工业、农业等	物质、人力

练一练

一、用“供给”“供应”填空。

1. 城市的蔬菜都是农村________的。
2. 政府________他们大量资金作为科研经费。
3. 现在有些产品市场________不足。
4. 虽然你们需要大量的机器,但我们公司实在________不上。
5. 天气虽然越来越冷,但燃料________得很充分。
6. 因为牛场的牛逐渐减少,牛奶已经很难________那些孩子。

二、判断对错并改正错句(对的画√,错的画×)。

1. 高校每年都会向国内外企业供给大量的大学毕业生。(　　)
2. 因为失业,这个家已经很难供应他学校的开支。(　　)
3. 如果灾区需要,我们会及时供应。(　　)
4. 他们工厂的原材料都是由上海那边供给的。(　　)
5. 这些商品都是由国内市场供应的。(　　)

三、用(　　)内的词语和“供给”或“供应”一起完成下列句子。

1. 因为缺乏资金,救助站________________________。(吃和住)
2. 他们的需求太大了,我们公司________________________。(根本)
3. 如果你们________________________,我们将拒交水费。(热水)
4. 他正在写毕业论文,很多资料________________________。(由朋友)
5. 现在化工工业发展十分迅速,但________________________。(原材料)

四、HSK 仿真题:从下面 ABCD 中选择唯一正确的填入空格中。

1. 随着城市家用电器不断__(1)__,很多大城市出现了电力__(2)__不足,这已经引起了电力部门的高度重视。

(1) A. 增长　　B. 增大　　C. 增强　　D. 增加

(2) A. 应用　　B. 运用　　C. 供应　　D. 供给

2. 为了激发学生学习汉语的积极性,学校明文__(1)__,凡是考试成绩在 90 分以上,来中国留学的一切费用都由学校__(2)__。

(1) A. 公布　　B. 规定　　C. 宣布　　D. 制定

(2) A. 供给　　B. 供应　　C. 担任　　D. 担负

五、HSK 仿真题:在下面每一段话中找出错误的部分。

1. 要想使车间机器正常运转(A),就必须保证机器所需要的燃油充足(B),一旦燃油供给不上(C),整个工厂都会陷入瘫痪(D)。

2. 孩子结婚以后一般都有了自己的收入(A),父母便会停止供应(B),尽管也有一些人可能会仍然靠父母生活，但这种状况毕竟越来越少。

C　　　　　　D

参考答案

一、1. 供应　2. 供给　3. 供应　4. 供应　5. 供应　6. 供给

二、1. ×，“供给”改成“供应”。　2. ×，“供应”改成“供给”。　3. √　4. ×，“供给”改成“供应”。
5. √

三、1. 因为缺乏资金，救助站已经很难再供给那些流浪人群的吃和住了。
2. 他们的需求太大了，我们公司根本供应不上。
3. 如果你们不能按时供应热水，我们将拒交水费。
4. 他正在写毕业论文，很多资料都是由朋友供给的。
5. 现在化工工业发展十分迅速，但很多原材料都供应不足。

四、1. (1) D　(2) C　2. (1) B　(2) A

五、1. C　(应改成：一旦燃油供应不上)
2. B　(应改成：父母便会停止供给)

动词 助动词

第八课　加强与增强　建设与建造

加强　增强

讲一讲

"加强"是指使更坚强或更有效。后边可带"了",宾语可以是动词也可以是名词。如:

自从进行了必要的改革,我们的力量大大加强了。

要想有好的体质,就必须加强锻炼。

青少年都必须加强爱国主义教育。

"增强"是指使更强健、更坚定、更有力。后可带"了",宾语多为抽象名词。如:

几次成功以后,大大增强了他们的自信心。

为了更好的工作,就必须增强体质。

通过注射疫苗可以增强人们的免疫力。

提示

"加强"与"增强"的区别

词语	语义特点	常带宾语
加强	在原来的基础上增加某种力量,使更加坚强。这种力量可以是具体的,也可以是抽象的	动词宾语:领导、宣传、建设、团结、学习、研究、锻炼、管理、了解 抽象名词宾语:集体观念、纪律性、战斗力、营养、自觉性
增强	在原基础上提高的意思,后边通常是抽象的事物	抽象名词宾语:信心、实力、记忆力、责任感、上进心、凝聚力、能见度、抵抗力。

练一练

一、用"加强""增强"填空。

1. 记者应当__________自己的社会责任感。
2. 通过不断训练,他们的表达能力不断有所__________。
3. 为了__________学生之间的团结,班长多次组织大家交流谈心。
4. 法国希望通过这次访问,__________同中国各方面的合作。
5. 警察的 24 小时巡逻__________了市民的安全感。

6. 这个基金会想通过各种方式__________和改进未成年人的思想道德建设。

二、判断对错并改正错句(对的画√,错的画×)。

1. 为了让刚参加工作的人迅速熟悉工作,还要加强他们的岗前培训。(   )
2. 当看到有人帮助自己,他突然加强了勇气。(   )
3. 通过普及法律知识来加强群众的法制观念。(   )
4. 现在随着各方面的改革,选举的透明度也明显加强了。(   )
5. 相互的交流可以增强了解。(   )

三、用(   )内的词语和"加强"或"增强"一起完成下列句子。

1. 为了让更多的人了解艾滋病,我们____________________。(宣传)
2. 这家公司引进了几个高级技术人才,____________________。(实力)
3. 如果想提高自己的能力,____________________。(学习)
4. 每天坚持锻炼一个小时,可以____________________。(抵抗力)
5. 他刚做完手术,____________________。(营养)

四、HSK 仿真题:从下面 ABCD 中选择唯一正确的填入空格中。

1. 很多国家之间之所以 (1) 误会,很大程度上是因为缺乏必要的交流,因此矛盾双方有时需要 (2) 沟通,增进彼此的了解。

(1) A. 发生　　B. 产生　　C. 出现　　D. 出生

(2) A. 加强　　B. 增强　　C. 增大　　D. 增长

2. 自从这支篮球队更换了教练,并相应 (1) 了训练方法以后,极大 (2) 了团队的凝聚力。

(1) A. 改革　　B. 改造　　C. 改进　　D. 改善

(2) A. 加强　　B. 增强　　C. 增大　　D. 增长

五、HSK 仿真题:在下面每一段话中找出错误的部分。

1. 想到那么多的英雄为国家流血牺牲(A),更加强了他报效祖国的信念(B),于是他毫不犹豫报考了军事院校(C),希望将来有一天也要像英雄们一样保家卫国(D)。

2. 任何企业要想获得最高的利润(A),就必须提高自身的生产能力(B),而要想提高生产能力(C),增强企业管理是一种最为有效的手段(D)。

参考答案

一、1. 增强　2. 增强　3. 加强　4. 加强　5. 增强　6. 加强

二、1. √　2. ×,"加强"改成"增强"。　3. √　4. ×,"加强"改成"增强"。　5. ×,"增强"改成"加强"。

三、1. 为了让更多的人了解艾滋病,我们还必须加强宣传。

2. 这家公司引进了几个高级技术人才,进一步增强了公司的实力。

3. 如果想提高自己的能力，你们还需要加强学习。

4. 每天坚持锻炼一个小时，可以大大增强人对疾病的抵抗力。

5. 他刚做完手术，必须要加强营养。

四、1. (1) B (2) A 2. (1) C (2) B

五、1. B （应改成：更增强了他报效祖国的信念）

2. D （应改成：加强企业管理是一种最为有效的手段）

建设 建造

讲一讲

"建设"是指国家或集体创立新事业或增加新设施。后边可带"着、了、过"，也可带结果补语"完、好、成"等，趋向补语"起来"，宾语一般为抽象的事物。如：

我们要把祖国建设成最美丽富强的国家。

物质文明和精神文明要同时建设。

那儿的粮食基地很快就建设起来了。

"建造"是指修建、构筑（建筑物等）。后边可带"了"，也可带结果补语"完、好"等，趋向补语"起来"，宾语常是表示具体的事物。如：

为了扩大生产，还需要建造一些新的厂房。

所有的桥梁都已经建造好了。

城市南边建造起来一个新的农贸市场。

那些高楼大厦都是20世纪90年代建造的。

提示

"建设"与"建造"的区别

词语	语义特点	常带宾语
建设	指创立新事业或增加新设施，侧重于设置和创立	国家、城市、农村、家园、家乡、思想、组织、文化、文明、政治、经济、生活
建造	修建和构筑，侧重于制造具体事物或构筑土木工程	厂房、桥梁、飞机、油轮、水库、楼房、花园、宾馆、高架

练一练

一、用"建设""建造"填空。

1. 很多城市都在重要位置__________了一些组合雕像。

2. 他在自己的家乡投资__________了一所希望小学。

3. 他们正为__________一个和谐社会努力奋斗。

4. 由于供过于求，政府决定停止__________豪华住宅。

5. 市领导已经同意在那儿__________一个新的开发区。

6. 那个发电站还没有__________好。

二、判断对错并改正错句（对的画√，错的画×）。

1. 要想建设一个真正的市场经济体制，我们就必须解放思想。（　　）

2. 为了抵抗外来入侵者，政府已经同意建设几艘新型潜艇。（　　）

3. 国家明令禁止重复建设，主张好钢应该用在刀刃上。（　　）

4. 许多新的福利设施正在建造中。（　　）

5. 没有科学文化知识，就建造不了新农村。（　　）

三、用（　　）中的词语和“建设”或“建造”一起完成下列句子。

1. 这项大工程虽然完成了一部分，__________________________。（很长时间）

2. 很多从农村出来的大学生，毕业以后__________________________。（家园）

3. 那些宫殿__________________________，但看起来仍然十分辉煌和牢固。（明朝）

4. 我们在发展物质文明的同时，也要__________________________。（精神文明）

5. 我们之所以努力工作，正是为了__________________________。（生活）

四、HSK 仿真题：从下面 ABCD 中选择唯一正确的填入空格中。

1. 为了防止风沙，___（1）___当地的耕地和广阔的草原，政府决定在其北部 50 公里处___（2）___一条防护林。

（1）A. 爱护　　B. 保留　　C. 保护　　D. 保存

（2）A. 建设　　B. 建立　　C. 创造　　D. 建造

2. 虽然条件已经成熟，但基层社区还没有___（1）___起来，为了___（2）___当地人们的生活不受影响，我们需要一个临时管理委员会。

（1）A. 建设　　B. 建造　　C. 创造　　D. 发明

（2）A. 维持　　B. 保障　　C. 保持　　D. 保证

五、HSK 仿真题：在下面每一段话中找出错误的部分。

1. 那家工厂正在建设一艘大型客轮（A），不仅外观大气豪华（B），而且内部设施也极为完善和考究（C），可以让游客在海上尽情享受旅途的愉悦（D）。

2. 学校除了要抓好学生的学习（A），还要抓好学生的思想建造（B），没有好的精神世界，就很难说（C）培养了一个符合社会需要的大学生（D）。

参考答案

一、1. 建造　2. 建造　3. 建设　4. 建造　5. 建设　6. 建造

二、1. √　2. ×，“建设”改成“建造”。　3. √　4. ×，“建造”改成“建设”。　5. ×，“建造”改成“建设”。

三、1. 这项大工程虽然完成了一部分,但要建造完可能还需要很长时间。

2. 很多从农村出来的大学生,毕业以后都很想回去建设自己的家园。

3. 那些宫殿都是明朝的时候建造的,但看起来仍然十分辉煌和牢固。

4. 我们在发展物质文明的同时,也要建设好精神文明。

5. 我们之所以努力工作,正是为了建设我们美好的生活。

四、1. (1) C (2) D 2. (1) A (2) B

五、1. A (应改成:那家工厂正在建造一艘大型客轮)

2. B (应改成:还要抓好学生的思想建设)

第九课 建议与提议 接待、招待与款待

建议 提议

讲一讲

“建议”是指向集体、领导或有关人员提出自己的主张。后边可带“了、过”，也可重叠为ABAB式，后边通常带谓词性结构宾语或小句宾语。如：

关于留学生的管理问题，我向系里建议过好多次。

医生建议我在家里多休息几天。

你能不能向老师建议建议，讲课的时候用一点儿英文？

他建议多去空气新鲜的地方走走。

“提议”是指商讨问题时提出主张来请大家讨论或征得同意。后边可带“了、过”，宾语可以是名词性的，也可以是谓词性的，或者是小句。如：

那个候选人很多人都提议过。

当大家争论不休时，老王提议去北京旅游。

他提议所有的问题等到会议结束后再讨论。

我提议请李老师帮我们解决问题，大家看有什么意见。

提示

“建议”与“提议”的区别

词语	语义特点	宾语对象	使用主体关系或场合	语体色彩	可否重叠
建议	指提出有建议性的、可供参考的主张，侧重提出解决问题的办法	一般是事	平等的主体之间或上下级之间	可用于口语，也可用于书面语	+
提议	表示提出供人讨论或征求同意的主张，侧重提出问题以供讨论、商量	可以是事，也可以是人选	多用于正式的会议或讲话等	多用于书面语	-

练一练

一、用“建议”“提议”填空。

1. 老张__________买一台电脑回来,可是妻子不同意。
2. 老师__________我们多听听录音,这样对听力会有很大的帮助。
3. 我已经向学校__________过多次,但都没有得到回应。
4. 就在不知该怎么办时,有人__________让小王试试,大家都表示赞成。
5. 看到他脸色蜡黄,我__________他赶快去看医生。
6. 如果没有人反对,我__________让王刚做我们的导游。

二、判断对错并改正错句(对的画√,错的画×)。

1. 在选举大会上,他建议王明做他的副手。(　　)
2. 他向委员会建议应该增加一些必要的防范措施。(　　)
3. 他提议我明天就可以来这儿。(　　)
4. 美方向中方建议能不能三月份再次举行一次会谈。(　　)
5. 他曾提议不要使用这个名字,但没有人反对。(　　)

三、用(　　)中的词语和“建议”或“提议”一起完成下列句子。

1. 他________________________,以便于人们能随时通知警察。(报警站)
2. 在老李的生日晚宴上,他最好的朋友________________________。(敬……酒)
3. 我____________________________,这样可以提高写作的表达能力。(看……书)
4. 在即将结束会议时,他__________________________,没有人表示反对。(举行)
5. 为了提高身体免疫力,专家__________________________。(锻炼)

四、HSK 仿真题:从下面 ABCD 中选择唯一正确的填入空格中。

1. 在众多的候选人中,王力是我__(1)__的,我认为他__(2)__做一名合格管理员的实力。

(1) A. 表明　　B. 提议　　C. 建议　　D. 表达

(2) A. 包含　　B. 包括　　C. 具备　　D. 具有

2. 老师__(1)__我们多跟中国学生__(2)__,把想说的话大胆说出来,不要害怕出错。

(1) A. 表明　　B. 提议　　C. 建议　　D. 表达

(2) A. 交往　　B. 交流　　C. 交际　　D. 谈判

五、HSK 仿真题:在下面每一段话中找出错误的部分。

1. 我向公司领导提议多买一些先进机器(A),替代现有的落后设备(B),只有这样才能让生产效率提高上去(C),从而产生更好的经济效益(D)。

2. 现在已经是晚上 12 点多了(A),老师问有没有人跟小明同路,顺便送送他(B),当大家都还在议论时(C),我建议自己送小明回家(D)。

参考答案

一、1. 提议 2. 建议 3. 提议 4. 提议 5. 建议 6. 提议

二、1. ×,“建议”改成“提议”。 2. √ 3. ×,“提议”改成“建议”。 4. ×,“建议”改成“提议”。 5. √

三、1. 他建议乡里多设立几个报警站,以便于人们能随时通知警察。

2. 在老李的生日晚宴上,他最好的朋友提议大家敬老李一杯酒。

3. 我建议他多看一些文学方面的书,这样可以提高写作的表达能力。

4. 在即将结束会议时,他提议下次会议在他们学校举行,没有人表示反对。

5. 为了提高身体免疫力,专家建议他加强锻炼。

四、1. (1) B (2) C 2. (1) C (2) B

五、1. A (应改成:我向公司领导建议多买一些先进机器)

2. D (应改成:我提议自己送小明回家)

接待 招待 款待

讲一讲

“接待”是指迎接并做出安排。后边可带“了、过”,也可带结果补语“完、好”,可能补语“得/不了、得/不过来”等,另外还可重叠成 ABAB 式,只能带表示人的宾语。如:

他们公司接待了来参观访问的各级领导。

老师让我们二年级的同学去接待新生。

客人这么多,现在总算接待完了。

我有些累了,你去接待接待来宾吧。

人太多了,我们实在接待不过来。

“招待”是指对宾客或顾客表示欢迎并给以应有的照顾。后边可带“着、了、过”,也可带结果补语“完、好”,趋向补语“起来、下去”,可能补语“得/不了、得/不起”等,另外可重叠成 ABAB 式。如:

这次招待得不好,请多多原谅。

他昨天招待过一位知名的记者。

这样招待下去,恐怕 10 万元也不够。

一下子来这么多客人,我们家一时还真招待不了。

“招待”常用于对客人讲的客套话。“接待”“款待”不这样用。如:

招待不周,请多原谅。

“款待”是指亲切优厚的招待。后边可带“了、过”,也可重叠成 ABAB 式,后边通常也是带表示人的宾语,也可带双宾语。如:

说句实话,我实在拿不出什么好东西款待你们。

每次去他家，他总是热情地款待我们。

王经理款待了他们一顿丰盛的午餐。

他们都是贵客，你应该好好款待款待。

“款待”“接待”常用于对主人讲的客套话。如：

非常感谢您的盛情款待！

提示

“接待”“招待”与“款待”的区别

词语	语义特点	对象	可否带双宾语	可否带可能补语
接待	指迎接并作出相应安排，有时包括招待，比较正式	可以是客人，也可以是其他人，适用范围较宽	-	+
招待	热情地欢迎并安排好食宿生活及其他活动等	一般是客人，适用范围较窄	+	+
款待	侧重对客人盛情地招待，比“招待”更热情隆重	一般是比较重要的客人	+	-

练一练

一、用“接待”“招待”“款待”填空。

1. 看到他们拿出这么多好东西__________我们，我们有些受宠若惊。
2. 她们主要负责在门口__________来宾。
3. __________得不好，还请你们多多原谅。
4. 当我到达那儿的时候，并没有人__________我。
5. 参观的人太多，我们__________不过来。
6. 那些客人太重要了，王经理决定__________他们一顿丰盛的晚餐。

二、判断对错并改正错句（对的画√，错的画×）。

1. 他主要是款待来访的各地企业家和记者。（　　）
2. 你别太介意，我实在拿不出什么东西接待你。（　　）
3. 市长每天都要接待许多上访的群众。（　　）
4. 他特地在五星级酒店设宴接待了那几个领导。（　　）
5. 专家门诊一天就招待了20多名看病的病人。（　　）
6. 我有些累了，你出去招待招待客人吧。（　　）

三、用（　　）中的词语和“接待”“招待”或“款待”一起完成下列句子。

1. 他非常好客，每次家里有客人来，____________________。（热情）
2. 我是做外事工作的，每天____________________。（外宾）
3. 如果你去新疆旅游，住在当地人家里，____________________。（拿出）
4. 美国总统一行访问中国，____________________。（受到）
5. 一下子来那么多客人，我们家____________________。（一时）

四、HSK 仿真题:从下面 ABCD 中选择唯一正确的填入空格中。

1. 据统计,今年上半年,上海__(1)__的国内外旅游人数达到5 000多万,比去年同期__(2)__了20%。

(1) A. 招待　B. 款待　C. 接待　D. 对待

(2) A. 加强　B. 增强　C. 增长　D. 生长

2. 她忙了一上午,做了一桌子的菜,准备好好__(1)__这位好多年没见的老朋友。这位老朋友曾经在她最困难的时候__(2)__过她。

(1) A. 接待　B. 款待　C. 见面　D. 访问

(2) A. 爱护　B. 保卫　C. 帮忙　D. 帮助

五、HSK 仿真题:在下面每一段话中找出错误的部分。

1. 中餐做起来比较麻烦(A),如果你想亲自下厨接待亲朋好友(B),来表达你最真诚的心意(C),最好不要选择复杂的菜(D)。

2. 我这个人天性喜欢交朋友(A),只要有认识的人到我家里来(B),我一般都会好好款待他们(C),让他们感觉到我对他们友好的态度(D)。

3. 明天上级领导要到我们公司视察工作(A),我因为有重要的事抽不开身(B),你就替我招待一下他们吧(C),如果有重要的问题再跟我联系(D)。

参考答案

一、1. 款待/招待　2. 接待　3. 招待　4. 接待　5. 接待　6. 款待

二、1. ×,"款待"改成"接待"。　2. ×,"接待"改成"招待"。　3. √　4. ×,"接待"改成"款待"。
5. ×,"招待"改成"接待"。　6. √

三、1. 他非常好客,每次家里有客人来,他都非常热情地款待/招待他们。
2. 我是做外事工作的,每天都要接待很多的外宾。
3. 如果你去新疆旅游,住在当地人家里,他们都会拿出最好的东西招待/款待你。
4. 美国总统一行访问中国,受到了非常友好的接待。
5. 一下子来那么多客人,我们家一时还真招待不过来。

四、1. (1) C　(2) C　2. (1) B　(2) D

五、1. B　(应改成:如果你想亲自下厨款待/招待亲朋好友)
2. C　(应改成:我一般都会好好招待他们)
3. C　(应改成:你就替我接待一下他们吧)

第十课 举行与举办 竞赛与竞争

举行 举办

讲一讲

“举行”是指进行集会、比赛等，强调实行的过程。后边可带“着、了、过”，也可带结果补语“完”、趋向补语“起来”。不用于“把”字句和“被”字句，宾语只能是表示具体事物的词语。如：

双方领导人在大会厅举行了会谈。

请问，结婚典礼举行完了吗？

没有老师的参与，学生们也举行起各种比赛来了。

那个仪式举行得非常隆重。

“举办”是指组织并办理某项活动。后边可带“了、过”，也不用于“把”字句和“被”字句，宾语也是表示具体事物的词语。如：

那场音乐会是由中央电视台和苏州电视台联合举办的。

他们曾经举办过各种培训班。

他的个人画展在图书馆成功举办过两次。

提示

“举行”与“举办”的区别

词语	语义特点	宾语性质	常带宾语
举行	指进行集会、比赛等，侧重在实行、进行某项活动	名词性或动词性	会议、典礼、舞会、运动会、比赛、音乐会、会谈、会晤、葬礼
举办	指组织并办理某项活动，侧重在主办某项活动或事业	名词性	培训班、文艺演出、福利事业、展览会、画展、交易会、学术交流活动、讲座、晚会

练一练

一、用“举行”“举办”填空。

1. 新闻发布会将在6:30 __________。
2. 北京已__________了2008年夏季奥运会。

3. 那个国家没有__________选举就确定了新的领导人。
4. 那次晚会__________得非常成功。
5. 像那样的论坛每两年就会__________一次。
6. 这个城市还没有__________过这样的展览会。

二、判断对错并改正错句（对的画√，错的画×）。

1. 他们打算在操场举行一个大型演唱会。（ ）
2. 我们学校举办过各种汉语培训班。（ ）
3. 为了推销产品，商场举行了各种促销活动。（ ）
4. 有些仪式一般都是在教堂举办。（ ）
5. 那个交易会举办得非常成功。（ ）

三、用（ ）内的词语和"举行"或"举办"一起完成下列句子。

1. 文学院每学期的活动都很多，这学期______________________________。（讲座）
2. 那两位花样滑冰运动员决定在他们退役前______________________________。（表演赛）
3. 由于天气原因，本届运动会______________________________。（推迟）
4. ______________________________，对人民群众非常有利。（福利事业）
5. 这两个国家领土争议很大，______________________________。（谈判）

四、HSK 仿真题：从下面 ABCD 中选择唯一正确的填入空格中。

1. 那位军官的葬礼当日在他曾经就读的军事学校里 (1) ，数万人 (2) 了这一庄严的仪式。

(1) A. 安排　　B. 布置　　C. 举行　　D. 举办
(2) A. 参与　　B. 参加　　C. 参观　　D. 游览

2. 6 月 25 日至 26 日，国际跳水大奖赛将在墨西哥首都墨西哥城 (1) ，而国际足联全年最高级别的赛事将于 6 月 15 日至 29 日在明年世界杯的 (2) 国德国进行。

(1) A. 比赛　　B. 举办　　C. 竞赛　　D. 举行
(2) A. 比赛　　B. 举办　　C. 竞赛　　D. 举行

五、HSK 仿真题：在下面每一段话中找出错误的部分。

1. 北京植物园今年将举行梅花周(A)，园内 3 000 多株梅花将会陆续开放(B)。植物园管理处表示(C)，姓名中含有"梅"字的游客可凭有效证件免费参观植物园(D)。

2. 金球奖是美国的一个电影与电视奖项(A)，以正式晚宴的方式进行(B)，举办方是好莱坞外国记者协会(C)。颁奖仪式从 1944 年起，每年举办一次(D)。

参考答案

一、1. 举行　2. 举办　3. 举行　4. 举办　5. 举行　6. 举办

二、1. ×,“举行”改成“举办”。 2. √ 3. ×,“举行”改成“举办”。 4. ×,“举办”改成“举行”。
5. √

三、1. 文学院每学期的活动都很多,这学期将举办名教授系列讲座。
2. 那两位花样滑冰运动员决定在他们退役前举行一次表演赛。
3. 由于天气原因,本届运动会将会推迟到5月底举行。
4. 举办这样的福利事业,对人民群众非常有利。
5. 这两个国家领土争议很大,他们举行了不止一次的谈判。

四、1. (1) C (2) B 2. (1) D (2) B

五、1. A (应改成:北京植物园今年将举办梅花周)
2. D (应改成:颁奖仪式从1944年起,每年举行一次)

竞赛 竞争

讲一讲

“竞赛”是指相互比赛,争取优胜。后边可带“着、了、过”,也可带趋向补语“起来、下去”,另外可重叠成ABAB式。后边不带宾语。如:

当我赶到那儿的时候,他们正热火朝天地竞赛着。
因为发生了一些意外,那个项目没有再竞赛下去。
如果有兴趣,你们可以竞赛竞赛。
体育场上,大家都竞赛得十分激烈。

“竞争”是指为了自己方面的利益而跟别人争胜。后边可带“着、了、过”,趋向补语“下去、起来、过来”,还有可能补语“不过、得过”。另外可重叠成ABAB式。后边可带宾语。如:

为了夺取那个位置,他们竞争了很多年。
知道那个岗位不错,大家都开始竞争起来。
你完全有能力跟他竞争竞争,为什么最后放弃了呢?
企业的竞争,往往是人才的竞争。

提示

“竞赛”与“竞争”的区别

词语	语义特点	使用范围	能否带宾语	能否用于“把”字句或“被”字句
竞赛	侧重于通过选拔以评优劣,看看谁更好、更强,语义较轻	多用于知识、体育、文艺、操作、技术等方面	−	−
竞争	侧重于通过争夺以定胜负,看看谁获得最终的胜利,语义较重	多用于政治、经济、军事、科学、技术、教育、人才等方面	+	+

练一练

一、用“竞赛”“竞争”填空。

1. 学校经常组织学生进行各种__________。
2. 你别逼我了，我实在__________不过他们。
3. 进入10月份，车市便展开了激烈的__________。
4. 为了获得好的成绩，大家都在紧张地__________着。
5. 在市场经济的条件下，我们必须要公平__________。
6. 如果想有更大的提高，你们要经常__________一下。

二、判断对错并改正错句（对的画√，错的画×）。

1. 你们可以竞争一下，看哪个足球队更强。（　　）
2. 两个人都使出浑身解数竞争那个“歌王”的称号。（　　）
3. 一些高端产品在市场上竞赛得十分厉害。（　　）
4. 在课堂上，老师为了了解学生的水平可以让他们竞争一下。（　　）
5. 在古代，一般只有皇帝的儿子们才可能去竞争高高在上的皇位。（　　）

三、用（　　）中的词语和“竞赛”或“竞争”一起完成下列句子。

1. 为了检验学生们的舞蹈水平，学校____________________。（几次）
2. 为了获取更多的石油，很多国家都____________________。（国外资源）
3. 虽然我实力有限，____________________。（职位）
4. ____________________，根本就分不出谁强谁弱。（下去）
5. 为了得到那份合同，____________________。（整整两年）

四、HSK 仿真题：从下面 ABCD 中选择唯一正确的填入空格中。

1. 你放心，那个职位从来就没有人__（1）__过，没有什么会__（2）__你成为这家公司的副总经理。

（1）A. 竞争　　B. 竞赛　　C. 比赛　　D. 竞选

（2）A. 障碍　　B. 妨害　　C. 阻碍　　D. 妨碍

2. 你们在各自的领域都__（1）__得相当出色，为了__（2）__谁更有实力，你们俩能不能当场__（3）__一下？

（1）A. 表明　　B. 表现　　C. 体现　　D. 表示

（2）A. 表明　　B. 表现　　C. 体现　　D. 表示

（3）A. 竞争　　B. 举办　　C. 竞赛　　D. 举行

五、HSK 仿真题：在下面每一段话中找出错误的部分。

1. 由于拥有有利的地理环境和便捷的交通条件（A），他们市把这次运动会的举办地竞赛了过来（B），但也不可否认（C），市领导的高度重视也在其中起了很大的作用（D）。

2. 虽然每个人都非常优秀（A），但如果没有一个统一的选拔标准（B），即使再这样竞争五场（C），也不会分出一个孰优孰劣。

D

参考答案

一、1. 竞赛 2. 竞争 3. 竞争 4. 竞赛 5. 竞争 6. 竞赛

二、1. ×,"竞争"改成"竞赛"。 2. √ 3. ×,"竞赛"改成"竞争"。 4. ×,"竞争"改成"竞赛"。 5. √

三、1. 为了检验学生们的舞蹈水平,学校每年都要竞赛几次。

2. 为了获取更多的石油,很多国家都竞争起国外资源来了。

3. 虽然我实力有限,不过我还是要跟他竞争一下那个职位。

4. 如果这样竞赛下去,根本就分不出谁强谁弱。

5. 为了得到那份合同,两家公司竞争了整整两年。

四、1. (1) A (2) B 2. (1) B (2) A (3) C

五、1. B (应改成:他们市把这次运动会的举办地竞争了过来)

2. C (应改成:即使再这样竞赛五场)

第十一课 考虑与思考 破坏与损坏

考虑 思考

讲一讲

“考虑”是指思索问题，以便作出决定。后边可带“着、了、过”，也可带结果补语“好、完”，趋向补语“下去、起来”，另外也可重叠成 ABAB 式，可以带谓词性的宾语。如：

他正在考虑你所提出的问题。

关于毕业后做什么工作，他早已经考虑过了。

你要是考虑好了，就给我打一个电话。

你应该考虑考虑自己的未来。

他正在考虑明天是不是该去上海。

“思考”是指进行比较深入、周密的思维活动。后边可带“着、了、过”，也可带结果补语“好、完、清楚”，趋向补语“下去、出来、起来”，另外可重叠成 ABAB 式，也可以带谓词性宾语。如：

他正思考着明年的教学计划。

再思考下去也不会有什么结果，不如出去走走。

关于结婚的事你应该好好思考思考。

看到这么多人给自己来信，他思考着该如何答复。

提示

“考虑”与“思考”的区别

词语	语义特点	使用范围	特殊用法
考虑	强调为了作出决定而全面地想该怎么办比较好	多用于生产、生活中的一般问题或具体的事务，也可以用于较重要的事情，如计划、办法、制度、工作等	经常与“到”一起使用，组成“考虑到”，表示“想到”的意思
思考	强调为了找到答案而进行深入、周密的思维活动	多用于比较复杂、深奥或重大的问题或事理	–

练一练

一、用“考虑”“思考”填空。

1. 周总理去世前一天还在__________国家的前途和命运。
2. __________到这么多人来出席晚会，主办方决定另外增加一些座位。
3. 为了让画面更完美，他对每一个细节都进行了缜密的__________和推敲。
4. 无论是在学习上还是生活上，妈妈都为他__________得很周到。
5. 这个工作虽然工资没有别处高，但很有挑战性，你还是__________一下。
6. 大家应该认真__________一下，为何我们今年的销售量如此之差呢？

二、判断对错并改正错句（对的画√，错的画×）。

1. 他正在考虑该如何解出那道困扰了人们多年的数学难题。（　　）
2. 小李连半分钟都没考虑就把工作辞掉了。（　　）
3. 他正在思考明年的人事变动问题。（　　）
4. 在科学研究的过程中，必须随时进行观察和考虑。（　　）
5. 你考虑清楚了没有？我下一次不会再给你机会。（　　）

三、用（　　）中的词语和“考虑”或“思考”一起完成下列句子。

1. ____________________，我决定明天就报名参加招聘考试。（经过）
2. 为什么人类有时会相互残杀，____________________。（值得）
3. 碰到任何事情____________________，不应该太多依赖别人。（独立）
4. ____________________，你就晚些时候还钱吧。（经济状况）
5. 虽然家里老是催我结婚，可我____________________。（根本）

四、HSK 仿真题：从下面 ABCD 中选择唯一正确的填入空格中。

1. 这件事对我们每个人都非常重要，我想请你再仔细__(1)__一下，明天我等你__(2)__。

（1）A. 讨论　　B. 商量　　C. 考虑　　D. 思考

（2）A. 回答　　B. 答复　　C. 表达　　D. 表明

2. 尽管现在还没有__(1)__地球以外有生命的存在，但科学家总是在__(2)__并研究着这个问题。

（1）A. 发明　　B. 表现　　C. 发觉　　D. 发现

（2）A. 讨论　　B. 商量　　C. 考虑　　D. 思考

五、HSK 仿真题：在下面每一段话中找出错误的部分。

1. <u>思考到张为的家庭情况</u>(A)，<u>领导决定派别人出差办事</u>(B)，<u>但他坚持自己没有什么困难</u>(C)，<u>可以去完成这项任务</u>(D)。

2. <u>除非没有了生命</u>(A)，<u>否则人就不会停止考虑</u>(B)，<u>因为人类是有思想的高级动物</u>(C)，<u>是其他动物所不具备的</u>(D)。

参考答案

一、1. 思考　2. 考虑　3. 思考　4. 考虑　5. 考虑　6. 思考

二、1. ×,"考虑"改成"思考"。　2. √　3. √　4. ×,"考虑"改成"思考"。　5. √

三、1. 经过再三考虑,我决定明天就报名参加招聘考试。

2. 为什么人类有时会相互残杀,这很值得我们思考。

3. 碰到任何事情都应该独立思考,不应该太多依赖别人。

4. 考虑到你目前的经济状况,你就晚些时候还钱吧。

5. 虽然家里老是催我结婚,可我根本没有时间考虑。

四、1. (1) C　(2) B　2. (1) D　(2) D

五、1. A　(应改成:考虑到张为的家庭情况)

2. B　(应改成:否则人就不会停止思考)

破坏　损坏

"破坏"是指使事物损坏或受到损害。后边可带"了、过",也可带结果补语"完、成、掉",趋向补语"下去、起来"。如:

敌人破坏了通往城内的铁路。

那儿被战争破坏成一片废墟。

地球的环境再这样被破坏下去,人类将无法生存。

另外,"破坏"还指违反(规律、规章、条约等),使其丧失效用或约束力。如:

凡是在这儿学习的人都不能破坏学校的规章制度。

条约一旦被破坏,可能会引发一系列的问题。

"损坏"是指使失去原有的使用效能。后边可带"了、过",也可带结果补语"完、成"。如:

强烈的阳光完全损坏了她的眼睛。

我实在没有想到木料会损坏成这个样子。

他们班没有一个人损坏过公物。

那辆汽车在事故中被损坏得很厉害。

提示

"破坏"与"损坏"的区别

词语	语义特点	常带宾语	能否带趋向补语"起来、下去"
破坏	使事物损坏或受到损害,指有意识的行为,语义较重	设施、文物、建筑、桥梁、公路、环境 兴致、和谐、团结、关系	+
	指违反(规律、规章、条约等),使其丧失效用或约束力	规定、规章、制度、条款、纪律、规律、条约、和约、协定	
损坏	使失去原有的使用效能,包括有意识或无意识的行为,语义较轻	零件、键盘、磁盘、门窗、桌椅、身体、大脑、牙齿、听力	–

练一练

一、用"破坏""损坏"填空。

1. 任何任意__________公共设施的行为都将会受到法律的严惩。
2. 长时间高强度的工作，大大__________了她的身体。
3. 那些人用不正当的手段__________市长的声誉。
4. 没有人保护，这些古城墙遭到了严重的__________。
5. 你的行为已经严重__________了公司的规章制度。
6. 他的话把我们的兴致完全__________掉了。

二、判断对错并改正错句（对的画√，错的画×）。

1. 小孩糖吃多了会破坏牙齿。（　）
2. 那些仪器在地震中都被破坏了。（　）
3. 第三者的出现破坏了他们夫妻之间的感情。（　）
4. 经常使用一些违禁药物，会损坏人的大脑。（　）
5. 雕塑被损坏成这样，真让人心痛。（　）

三、用（　）中的词语和"破坏"或"损坏"一起完成下列句子。

1. 如果使用不当，电脑的硬盘______________________。（容易）
2. 因为有一部电影在这儿拍摄，庄稼地______________________。（厉害）
3. 他认为他们之间的友谊是坚不可摧的，______________________。（得了）
4. 那些机器已经使用很多年了，好多零件______________________。（不同程度）
5. 虽然发生了一起爆炸事件，但那儿的秩序______________________。（并）

四、HSK 仿真题：从下面 ABCD 中选择唯一正确的填入空格中。

1. 那次山体滑坡严重__(1)__了通往县城的铁路设施，为了尽早恢复交通，铁路工人正加紧__(2)__一条新铁路。

（1）A. 妨碍　　B. 阻碍　　C. 破坏　　D. 损坏

（2）A. 建造　　B. 建立　　C. 成立　　D. 创造

2. 如果长期服用这种药物，不仅对恢复体力没有__(1)__，甚至会在一定程度上__(2)__人的身体健康。

（1）A. 帮忙　　B. 帮助　　C. 加强　　D. 增强

（2）A. 妨碍　　B. 阻碍　　C. 破坏　　D. 损坏

五、HSK 仿真题：在下面每一段话中找出错误的部分。

1. 那一地区的偷猎行为十分猖獗(A)，如果再不加以制止(B)，可能会严重损坏了那儿的生态平衡(C)，从而造成更为严重的后果(D)。

2. 当这批机器运抵目的地以后(A)，有些还可以继续使用(B)，但大部分已经在运输途中破坏了(C)，所造成的损失已经无法用金钱来衡量。

D

参考答案

一、1. 破坏　2. 损坏　3. 破坏　4. 破坏　5. 破坏　6. 破坏

二、1. ×,“破坏”改成“损坏”。　2. ×,“破坏”改成“损坏”。　3. √　4. √　5. ×,“损坏”改成“破坏”。

三、1. 如果使用不当,电脑的硬盘很容易被损坏。

2. 因为有一部电影在这儿拍摄,庄稼地被破坏得很厉害。

3. 他认为他们之间的友谊是坚不可摧的,没有人能破坏得了。

4. 那些机器已经使用很多年了,好多零件都不同程度有了一些损坏。

5. 虽然发生了一起爆炸事件,但那儿的秩序并没有被破坏。

四、1. (1) C　(2) A　2. (1) B　(2) D

五、1. C　(应改成:可能会严重破坏那儿的生态平衡)

2. C　(应改成:但大部分已经在运输途中损坏了)

动词

助动词

第十二课 推动与推进 制造与制作

推动 推进

讲一讲

“推动”是指使事物前进，使事业、工作展开。后边可带“着、了、过”，也可带趋向补语“起来”。另外可重叠成 ABAB 式。如：

那个大力士推动了停在路边的大卡车。

新政策的出台大大推动了农村的经济发展。

你们应该把这儿的工作扎扎实实地推动起来。

教育局派你去山区小学工作两年，希望你能推动推动那里的教育工作。

“推进”是指部队或具体事物向前移动，也指使事物更快地发展、进步。后边可带“着、了、过”，也可带结果补语“到”。另外可重叠成 ABAB 式。如：

部队已经向前推进了 20 多公里。

社会主义事业正不停地向前推进着。

对外开放推进了中国社会经济的迅速发展。

提示

“推动”与“推进”的区别

词语	语义特点	对象	能否构成兼语句	所带补语
推动	本义是推使之动，并且动的幅度比较小	对象可以是事物，也可以是人	+	起来
	引申义是使事情进一步开展和进步			
推进	本义是使事物动并且向前走，幅度比较大	对象只能是事物，不能是人	−	到
	引申义是使进行中的事情更快地向前发展			

练一练

一、用“推动”“推进”填空。

1. 人民__________社会不停向前发展。

2. 他的力气太小了,没能__________那块大石头。

3. 分工明确以后,又使我们的工作向前__________了一步。

4. 虽然采取了各种措施,但他们公司的事业还是没有被__________起来。

5. 谈判重新开始以后,__________了两国关系的发展。

6. 命令下来以后,部队迅速向前__________。

二、判断对错并改正错句(对的画√,错的画×)。

1. 他们的队伍已经推动到了黄河沿岸。(　　)

2. 科技的发展将直接推进社会的进步。(　　)

3. 乡领导推进他们走上了富裕之路。(　　)

4. 一系列政策的调整,推进了那儿旅游事业的发展。(　　)

5. 小王试了试,没能推动那张桌子。(　　)

三、用(　　)内的词语和“推动”或“推进”一起完成下列句子。

1. 昨天天气预报说,台风已经____________。(……到了……)

2. 由于传统观念的束缚,____________。(工作)

3. ____________,中国已经改变了过去贫穷的面貌。(随着)

4. 为了调整农村产业结构,政府____________。(水产种植业)

5. 两国元首的互访,____________。(交流与合作)

四、HSK 仿真题:从下面 ABCD 中选择唯一正确的填入空格中。

1. 一定的物质奖励在很大程度上__(1)__了工人的积极性,从而有力地__(2)__了工程的进展。

(1) A. 增加　　B. 增长　　C. 加强　　D. 增强

(2) A. 加强　　B. 增加　　C. 推动　　D. 推进

2. 中国经济的发展不仅__(1)__了中国人民的生活状况,而且也__(2)__世界经济迈上了一个新的台阶。

(1) A. 改变　　B. 改革　　C. 改善　　D. 改进

(2) A. 加强　　B. 增加　　C. 推动　　D. 推进

五、HSK 仿真题:在下面每一段话中找出错误的部分。

1. 国家对教育的资金投入(A),推进了中国教育事业的发展(B),特别是中国农村的教育现状得到了极大的改观(C),很多孩子都有了受教育的机会(D)。

2. 由于主力部队还没有到达(A),为了避免被敌人合围偷袭(B),前锋部队没有再继续推动(C),而是找了一个非常隐蔽的地方隐藏了起来(D)。

参考答案

一、1. 推动 2. 推动 3. 推进 4. 推动 5. 推进 6. 推进

二、1. ×,"推动"改成"推进"。 2. ×,"推进"改成"推动"。 3. ×,"推进"改成"推动"。 4. √ 5. √

三、1. 昨天天气预报说,台风已经推进到了台湾沿海一带。
2. 由于传统观念的束缚,谁也推动不了这儿的工作。
3. 随着经济改革逐步推进,中国已经改变了过去贫穷的面貌。
4. 为了调整农村产业结构,政府推动广大群众发展水产种植业。
5. 两国元首的互访,推动了双方经济的交流与合作。

四、1. (1) D (2) C 2. (1) C (2) C

五、1. B (应改成:推动了中国教育事业的发展)
2. C (应改成:前锋部队没有再继续推进)

制造 制作

讲一讲

"制造"是指用人工使材料制成可以使用的物品。大多是用机器或机械做出的。后边可带"着、了、过",也可带结果补语"完、好、成",趋向补语"出、出来、起来"。如:

他们厂制造大型拖拉机。

我们以前从没制造过这种机器。

那些毒品被他们制造好以后偷运到了别的国家。

你们设计的这种产品我们制造不出来。

另外,"制造"还指人为地造成某种气氛或局面等,常用作贬义。如:

恐怖分子又制造了一起惨案。

你不要在这儿制造紧张气氛。

为了迷惑警察,犯罪分子制造出了各种假相。

"制作"是指使用原料或材料做出东西,也指用文字、图形做出广告、表格等。大多是靠手工做出的(包括最初是手工做,现在改用机器的,如制作面包),后边可带"着、了、过",也可带结果补语"好、成、完",趋向补语"出、出来、起来"。如:

他们可以用木头制作各种工艺品。

他用捡来的纸板制作成了一个可以住人的大房子。

那些饰品制作得相当精美。

你要的表格我还没有制作出来。

提示

“制造”与“制作”的区别

词语	语义特点	使用工具	常带宾语
制造	指用人工使材料制成可以使用的物品	强调用机器或机械做出	多用于较大较复杂的成品，如汽车、飞机、轮船、武器、火箭、卫星、火药、化肥、金刚石
	指人为地造成某种气氛或局面		麻烦、假相、气氛、惨案、问题、局面、氛围、混乱、事件
制作	指使用原料或材料做出东西，也指用文字、图形做出广告、表格	强调用手工或借助手工工具来做出，有时也指用机器或机械做出	多用于较小较简单的物品，如服装、家具、首饰、食品、面包、盆景、玩具、饮料、工艺品、表格、广告、示意图、版面

练一练

一、用“制造”“制作”填空。

1. 这起恐怖袭击事件就是那几个人________的。
2. 这种模型我________不出来。
3. 他们工厂主要________飞机配件。
4. 北京的一些工艺品店专门________景泰蓝。
5. 我国已经________出了世界一流的运载火箭。
6. 这些图表不太清楚，麻烦你再________一下。

二、判断对错并改正错句（对的画√，错的画×）。

1. 那家伙到处制造混乱，搞得鸡犬不宁、人心惶惶。（　　）
2. 这么复杂的机器我们厂实在无法制作出来。（　　）
3. 他故意在会议上制作紧张气氛。（　　）
4. 只几分钟，他就用手中的面团制作出了形态各异的历史人物。（　　）
5. 这部电视剧是他们公司制作的。（　　）

三、用（　　）内的词语和“制造”或“制作”一起完成下列句子。

1. ____________________，很多人都不喜欢他。（麻烦）
2. 这种广告不太好设计，____________________。（花……时间）
3. ____________________，不制造武器。（飞机）
4. 烟雾弹经常适用于表演舞台，____________________。（艺术效果）
5. 那些玩具之所以很贵，____________________。（手工）

四、HSK 仿真题：从下面 ABCD 中选择唯一正确的填入空格中。

1. 他对__（1）__一些新玩意儿非常感兴趣，而且常常把它们__（2）__成各种模型，孩子们看了以后都特别喜欢。

（1）A. 创造　　B. 创作　　C. 发明　　D. 发现

（2）A. 制造　　B. 制作　　C. 创作　　D. 制定

2. 为了获得__（1）__这种大型飞机的的订单，两家公司在许多方面都__（2）__了__（3）__。

（1）A. 制造　　B. 制作　　C. 创作　　D. 制定

（2）A. 展示　　B. 开展　　C. 展出　　D. 展开

（3）A. 比赛　　B. 竞争　　C. 竞赛　　D. 争斗

五、HSK 仿真题：在下面每一段话中找出错误的部分。

1. 这些表格看起来很简单（A），其实要想制造好非常不容易（B），除非你去找专门的人员帮忙（C），否则很难在规定的时间内完成（D）。

2. 导演为了让剧情显得更为符合历史（A），同时让演员有身临其境的感觉（B），常常制作一种20世纪二三十年代社会动荡的氛围（C），真实再现当时的社会境况（D）。

参考答案

一、1. 制造　2. 制作　3. 制造　4. 制作　5. 制造　6. 制作

二、1. √　2. ×，"制作"改成"制造"。　3. ×，"制作"改成"制造"。　4. √　5. √

三、1. 他这个人经常制造一些麻烦，很多人都不喜欢他。

2. 这种广告不太好设计，他们花了两个月的时间才制作出来。

3. 他们厂只制造飞机，不制造武器。

4. 烟雾弹经常适用于表演舞台，能够制造出虚幻缥缈的艺术效果。

5. 那些玩具之所以很贵，是因为它们都是手工制作的。

四、1.（1）C　（2）B　2.（1）A　（2）D　（3）B

五、1. B　（应改成：其实要想制作好非常不容易）

2. C　（应改成：常常制造一种20世纪二三十年代社会动荡的氛围）

单元练习

一、把动词和后边适当的宾语用线连起来。

掌握	联系	招待	花园
保持	责任	建造	客人
承担	距离	举办	问题
传达	发展	思考	晚会
阻碍	命令	损坏	模型
加强	技术	制作	公物

二、用所给的动词完成句子。

1. 虽然小王收入不高，但______________________。(维持)
2. 他做的事尽管普普通通，但______________________。(体现)
3. 那一地区交通很不方便，严重______________________。(妨碍)
4. 通过听取领导的意见，______________________。(加强)
5. 北京奥运会结束后，______________________。(举办)

三、HSK 仿真题：从下面 ABCD 中选择唯一正确的填入空格中。

1. 经过几天的努力，警察终于______住了这儿的局势。
A. 保持　　B. 维持　　C. 操纵　　D. 控制
2. 这封信已经来了一个多月了，你是不是应该______一下？
A. 答复　　B. 传达　　C. 转达　　D. 回答
3. 他们那儿很需要______这么一个大型的水库。
A. 破坏　　B. 建造　　C. 建设　　D. 损坏
4. 在面对失败的时候，我们最好______一种平常的心态。
A. 争论　　B. 竞争　　C. 保证　　D. 保持
5. 如果每天记两个单词，一年后你就会______你已经记住了好多生词。
A. 发现　　B. 表现　　C. 体现　　D. 发觉
6. 老师让我们收集充足的材料跟他们班进行______。
A. 讨论　　B. 争论　　C. 商量　　D. 辩论
7. 这一次的胜利又进一步______了我的自信心。
A. 增加　　B. 增强　　C. 加强　　D. 增进
8. 公司领导层应该分工明确，每个领导______不同的部门或项目。
A. 担任　　B. 承担　　C. 负责　　D. 保障
9. 对于那块土地，开发商们______得非常厉害。
A. 比赛　　B. 竞赛　　C. 竞争　　D. 争论
10. 人生最重要的只有几步，关键是自己如何______。

A. 把握　　B. 掌握　　C. 操纵　　D. 控制

11. 尽管表面上没有表现出什么，但他知道自己的成功______了父母的一番心血。

A. 保存　　B. 保留　　C. 包含　　D. 包括

12. 他们夫妻之间的关系只______了五年，最终还是分手了。

A. 保持　　B. 维持　　C. 保存　　D. 保留

13. 我向你______，任何人都不会从这儿进来。

A. 表达　　B. 表明　　C. 保障　　D. 保证

14. 为了练习汉语口语水平，老师经常在课堂上组织他们进行______。

A. 辩论　　B. 争论　　C. 表现　　D. 体现

15. 他的话虽然不多，但充分______了他为人处事的原则。

A. 表现　　B. 体现　　C. 表明　　D. 传达

16. 在那个人的______下，王军做了很多违反法律的事情。

A. 建议　　B. 提议　　C. 操纵　　D. 控制

17. 如果没有担保就借款给你们公司，我们将______很重的风险。

A. 担任　　B. 负责　　C. 承认　　D. 承担

18. 我现在实在没有时间了，他来了以后就把我的意思______给他。

A. 交流　　B. 交往　　C. 转达　　D. 传达

19. 当我们正在吃饭时，他突然______他后天就结婚了。

A. 宣布　　B. 公布　　C. 说明　　D. 解释

20. 由于连续几个月的干旱，这一地区已经很难______充足的饮用水。

A. 供给　　B. 供应　　C. 保护　　D. 爱护

四、HSK 仿真题：在下面每一段话中找出错误的部分。

1. 在这次人民代表大会上(A)，总理建议了一些候选人名单(B)，最后通过讨论(C)，大家一致通过(D)。

2. 如果现在没有什么事情(A)，你能不能过来帮我一下(B)？这么多客人我实在款待不过来(C)，毕竟就我一个人在做(D)。

3. 这个职位肯定非他莫属(A)，他在这方面有先天的优势(B)，没有人能够竞赛过他(C)，除非你各个方面都能够超过他(D)。

4. 没有人能够相信(A)，在缺少经验和资金的情况下(B)，经过大家的不懈努力(C)，这项研究工作已经推动到了一个新的阶段(D)。

5. 中国的经济发展如此顺利，任何人都不应该存在非分之想，一旦有人企图损坏现在安
A　B
定团结的局面，我们都将尽全力阻止他。
C　D

6. 今年我们班评选出了两个优秀生，其中就包含你，希望你接下来继续努力，下学期争取
A　B　C
取得更优异的成绩。
D

7. 经过十几天的跟踪调查，警察把握了大量的证据，一旦时机成熟，就可以立刻逮捕犯罪嫌疑人。
A　B　C　D

8. 这个项目我想你还是再思考一下吧，虽然头几年可能不会有大的收益，但毕竟会给
A　B
当地人带来很多就业机会，而且从某种程度上也会促进当地经济的发展。
C　D

9. 上面下达的精神好是好，但关键是看能不能很好地执行下去，万一下面的人不能很好
A　B
地理解，将会在人民群众中产生很坏的影响。
C　D

10. 李军从监狱出来以后，并没有被完全改造过来，还是经常四处制作事端，搞得很多地
A　B　C
方都不能安宁。
D

11. 任何机器在过了一定期限之后都要进行检查，因为长时间的运作使用，某些部件在
A　B
一定程度上都会有一些破坏，定期检查将会大大提高机器的使用寿命。
C　D

12. 由于无锡具有特殊的地理环境，吸引了大量影视厂家到那儿拍摄电影电视，这不仅促
A　B
进了当地经济的发展，而且极大地推进了当地旅游业的发展。
C　D

13. 招聘人员的名单怎么还没有宣布出来？我在这儿都等了好几个小时了，如果实在没什
A　B
么希望，我就去别的公司试一试。
C　D

14. 救济金虽然没有多少钱，但就目前来说至少可以保证你的生活，如果想使自己的处境

A　　　　　　　　　B

更好一点，就应该想办法找到一份适合你的工作。

C　　　　　　　　　D

15. 那两个人在那儿辩论起来没完，你过去劝说一下他们吧，别让他们再吵下去了，这边还

A　　　　　　　　　B　　　　　　　　　C

有很多顾客在等着卖东西呢。

D

16. 尽管十分讨厌那个人，但王芳并没有体现出来，她知道这种人得罪不起，自己必须尽

A　　　　　　　　　B　　　　　　　　　C

可能克制一下。

D

17. 工程没有按规定的时间完工，负责人讨论研究后决定，为了不给人们留下什么遗憾，

A　　　　　　　　　B　　　　　　　　　C

剪彩仪式将延期举办。

D

18. 国家正严格控制某些地方搞重复建造，因为有些官员为了捞取政绩，总是在不停地建

A　　　　　　　　　B

造一些高楼大厦，弄得当地百姓叫苦连天。

C　　　　　　　　　D

19. 虽然拆迁的通知早就下达了，但由于一些居民不太愿意离开，所以贯彻起来还真有些困难，

A　　　　　　　　　B　　　　　　　　　C

不过大部分居民还是比较通情达理，主动搬离了那些危房。

D

20. 烤炉里的鸡翅都要烤焦了，但李老师始终都没有发现，她正专心地批改学生的作业，

A　　　　　　　　　B　　　　　　　　　C

早忘了烤炉里的东西。

D

参考答案

一、

掌握	联系	招待	花园
保持	责任	建造	客人
承担	距离	举办	问题
传达	发展	思考	晚会
阻碍	命令	损坏	模型
加强	技术	制作	公物

二、1. 虽然小王收入不高,但一家人的生活还能维持下去。
2. 他做的事尽管普普通通,但充分体现了他无私高尚的品格。
3. 那一地区交通很不方便,严重妨碍了当地经济的发展。
4. 通过听取领导的意见,他们公司加强了对外技术交流。
5. 北京奥运会结束后,英国将举办下一届奥运会。

三、1. D 2. A 3. B 4. D 5. A 6. D 7. B 8. C 9. C 10. A 11. C 12. B 13. D 14. A 15. B 16. C 17. D 18. C 19. A 20. B

四、1. B (应改成:总理提议了一些候选人名单)
2. C (应改成:这么多客人我实在招待不过来)
3. C (应改成:没有人能够竞争过他)
4. D (应改成:这项研究工作已经推进到了一个新的阶段)
5. C (应改成:一旦有人企图破坏现在安定团结的局面)
6. B (应改成:其中就包括你)
7. B (应改成:警察掌握了大量的证据)
8. A (应改成:这个项目我想你还是再考虑一下吧)
9. B (应改成:但关键是看能不能很好地贯彻下去)
10. C (应改成:还是经常四处制造事端)
11. C (应改成:某些部件在一定程度上都会有一些损坏)
12. D (应改成:而且极大推动了当地旅游业的发展)
13. A (应改成:招聘人员的名单怎么还没有公布出来)
14. B (应改成:但就目前来说至少可以保障你的生活)
15. A (应改成:那两个人在那儿争论起来没完)
16. B (应改成:但王芳并没有表现出来)
17. D (应改成:剪彩仪式将延期举行)
18. A (应改成:国家正严格控制某些地方搞重复建设)
19. C (应改成:所以执行起来还真有些困难)
20. B (应改成:但李老师始终都没有发觉)

·第四单元·

第一课　跟随与伴随　参加与参与

跟随　伴随

讲一讲

“跟随”表示某(些)人或物跟着另一(些)人或物向同一方向移动位置,或进行某种活动。主语多为人。如:

孩子们在节日期间都跟随父母外出玩耍。

只有正确认识和妥善解决这些课题,文艺才能跟随时代不断前进。

“跟随”前常有“一直”“从小”“自动”“紧紧(地)”“始终”“整天”等状语。如:

这些年他一直跟随我的父亲走南闯北。

他从小跟随父亲学习钢琴和小提琴。

她的心一直紧紧跟随着他,如影随形。

“跟随”后可以跟表示处所的结果补语“在＋处所”“到＋处所”。如:

我整天跟随在他身边,他的一举一动我都知道。

1952年,邓小平调到中央工作,一家人跟随到了北京。

“伴随”表示人或事物“陪伴并随同”某人或某事物一起度过一段时间或共存。主语多为事物。如:

这张和毛主席合影的照片一直挂在我书房里,它伴随我度过了30个春秋。

烟花是伴随中国古代四大发明之一的火药产生的,在中国有着悠久的历史。

“伴随”后可以跟结果补语“在＋处所”。如:

那条狗一直伴随在那个老人身边,从早到晚,几乎形影不离。

西施的名字将同我们美丽的山水永远伴随在一起。

另外,“伴随(着)”还可以表示在某种情况下出现另一种情况,“伴随”前一般不出现主语。“伴随”后常是表示时间推移或情况变化的短语。如:

伴随着人口出生率的降低,教育,特别是妇女受教育的状况出现了较大的改善。

提示

"跟随"与"伴随"的区别

词语	语义特点	后边可否跟位移动词词语	所带结果补语
跟随	多表示某人随同别的人进行某种活动，通常是前者跟着后者。主语多为人，也可以是事物。	可以跟"外出、前进、离开"等动词	在＋处所 到＋处所
伴随	表示人或事物"陪伴并随同"某人或某事物一起度过一段时间或共存。主语多为事物，也可以是人。	不可	在＋处所
	表示在某种情况下出现另外一种情况		

练一练

一、用"跟随""伴随"填空。

1. 他的妻子因失去对他的信任，__________别人离他而去。
2. 冷湿的天气将__________我们度过这个春节假期。
3. 经济过热、发展过快，往往__________着物价上涨，通货膨胀率高升。
4. __________着新年的临近，国内的数码影音市场也是惊喜不断。
5. 刚刚破壳而出的小鹅，会本能地__________在它第一眼见到的自己的母亲后面。
6. 他到哪儿，我就__________他到哪儿。

二、判断对错并改正错句（对的画√，错的画×）。

1. 10 年前，我被派到农场做工，我爱人也伴随到了农场。（　　）
2. 在我遭受挫折的时候，他总是伴随在我身旁，给我指导，给我鼓励。（　　）
3. 书法跟随汉字的产生已有 3000 多年的历史了。（　　）
4. 她的泪水跟随着汗水一起流了下来。（　　）
5. 高利润往往伴随着高风险，一旦市场走势与预期的相反，投机者的损失也将是惨重的。（　　）

三、用（　　）中的词语和"跟随"或"伴随"一起完成下列句子。

1. 她出生不久，父母就相继去世，____________________。（爷爷奶奶）
2. ____________________，人们的生产和生活方式都会发生很大的变化。（技术革命）
3. 母亲生病的时候，我____________________，直到她完全康复。（她）
4. 下雨前，天空一片黑暗，____________________。（雷声）
5. 如果不想被时代洪流淘汰，____________________。（时代的脚步）

四、HSK 仿真题：在下面 ABCD 中选择最接近画线词意义的词语。

1. 由于害怕孤独，很多老人实际上都希望儿女们能<u>伴随</u>在他们身边。

A. 随着　　B. 跟随　　C. 陪伴　　D. 陪着

2. 他向我使了一下眼色，我便<u>跟随</u>他离开了会议室。

A. 跟着　　B. 伴随　　C. 陪伴　　D. 陪着

3. <u>伴随着</u>事业的蒸蒸日上，他也开始考虑起自己的婚姻大事来。

A. 跟随　　B. 陪伴　　C. 随同　　D. 随着

五、HSK 仿真题：在下面每一段话中找出错误的部分。

1. 跟随着时间的流逝(A)，他渐渐淡忘了过去的伤痛(B)，并不是什么事都会让人铭记一辈子(C)，或许忘记也是一种幸福(D)。

2. 当一些人有了自己的想法以后(A)，就不再想伴随前人的脚步前进(B)。这些人很多都能够凭着超人的智慧创造了很多奇迹(C)，尽管中间也曾经碰到过一次又一次的挫折(D)。

参考答案

一、1. 跟随　2. 伴随　3. 伴随　4. 伴随　5. 跟随　6. 跟随

二、1. ×，"伴随"改成"跟随"。　2. √　3. ×，"跟随"改成"伴随"。　4. ×，"跟随"改成"伴随"。　5. √

三、1. 她出生不久，父母就相继去世，她一直跟随爷爷奶奶一起生活。

2. 伴随着新技术革命的到来，人们的生产和生活方式都会发生很大的变化。

3. 母亲生病的时候，我一直伴随在她的旁边，直到她完全康复。

4. 下雨前，天空一片黑暗，另外还伴随着轰隆隆的雷声。

5. 如果不想被时代洪流淘汰，你就必须跟随着时代的脚步前进。

四、1. C　2. A　3. D

五、1. A　（应改成：伴随着时间的流逝）

2. B　（应改成：就不再想跟随前人的脚步前进）

参加　参与

讲一讲

"参加"可以表示"成为某组织的成员"。如：

有 70 名学生参加了合唱团。

她参加了本市的作家协会。

"参加"还可以表示"从事某项活动"。如：

有数千人参加了元旦长跑比赛。

我打算参加今年 12 月份的 HSK 考试。

这些大学毕业生即将参加工作。

另外，"参加"有时还可以表示"提出（意见）"。如：

对于我们学院的各项政策，你也应该参加参加意见。

"参与"主要表示"跟别人一起从事某项活动",宾语一般是某种行为活动,可以是具体的,也可以是抽象的。如:

我参与了这部电影的制作。

我们要安排民族地区的艺术团体到国外演出,参与国际文化交流。

贵公司是如何参与市场竞争的呢?

提示

"参加"与"参与"的区别

词语	语义特点	常带宾语	语体色彩
参加	成为某组织的成员	协会、旅行团、军队、代表团	口语、书面语都可以
	从事某项活动	工作、活动、会议、选举、劳动、讨论	
	对某事提出自己的意见	意见	
参与	跟别人一起从事某项活动	工作、活动、讨论、制定、规划、处理	多用于书面语

注意:

"参加"和"参与"都可以表示"从事某项活动",但"参与"的活动一般是靠很多人的力量和努力一起完成的,而"参加"的活动一般需要自己独立完成的。如:

许多离婚的妇女不得不参加工作,自己养活自己。

(靠自己找工作,从事某一个工作)

北京有关部门也派出人员飞抵现场,参与抢救工作。

(抢救工作需要很多人共同完成)

练一练

一、用"参加""参与"填空。

1. 目前,该市_________各类学习班的农民已达1.2万人。
2. 摩根公司愿意积极_________中国的经济建设,希望美中经贸合作能取得成功。
3. 对于这个问题,我不想_________什么意见。
4. 她今天身体不舒服,去医院看病了,不能_________下午的会议了。
5. 9月9日,_________绑架杀害母子案的4名警察被拘捕,招供了此案的内情。
6. 她19岁就_________工作了。

二、判断对错并改正错句(对的画√,错的画×)。

1. 德国将参加韩国国内机场、磁悬浮列车等工程建设。(　　)
2. 老师鼓励学生们积极参与学校里组织的各种活动。(　　)
3. 她的女儿已大学毕业参与工作,儿子正在北京公安大学读书。(　　)
4. 她咬牙坚持参加决赛,并夺得第3名。(　　)
5. 广告业是参与现代化建设,为改革开放的市场经济服务的行业。(　　)
6. 他被指定参与这个经贸代表团。(　　)

三、用(　　)中的词语和"参加"或"参与"一起完成下列句子。

1. 为了提高留学生的汉语口语能力,______________________。(演讲比赛)

2. 你们之间的矛盾你们自己处理,______________________。(进来)

3. 对于这份详细的计划,不少代表______________________。(意见)

4. 要想使公司运作得更好,还需要大家__________________。(一切工作)

5. 由于学校急需他这样的人才,______________________。(招聘考试)

四、HSK 仿真题:从下面 ABCD 中选择唯一正确的填入空格中。

1. 那年秋天,我__(1)__王教授出国访问,同时还__(2)__了跟我们研究领域有关的两个会议。

(1) A. 随着　　B. 跟随　　C. 伴随　　D. 陪伴

(2) A. 参加　　B. 参观　　C. 参与　　D. 进入

2. 当下,许多人已经认识到自然界对人类生存的重要性,有人呼吁希望全社会都能__(1)__到__(2)__野生动物的活动中来。

(1) A. 参加　　B. 参观　　C. 参与　　D. 进入

(2) A. 帮助　　B. 爱护　　C. 帮忙　　D. 保护

五、HSK 仿真题:在下面每一段话中找出错误的部分。

1. 王明本来打算这个周末和我去郊游(A),但我突然想到到时还要去参与一个朋友的婚礼(B),我只好打电话向他表示抱歉(C),但他却说下次有机会再出去好了(D)。

2. 尽管他已经到了退役的年龄(A),但他始终认为自己还是一个消防战士(B),每次发生重大险情的时候(C),他都会亲自参加处理因为火灾而引起的各种纠纷(D)。

参考答案

一、1. 参加　2. 参与　3. 参加　4. 参加　5. 参与　6. 参加

二、1. ×,"参加"改成"参与"。　2. √　3. ×,"参与"改成"参加"。　4. √　5. √　6. ×,"参与"改成"参加"。

三、1. 为了提高留学生的汉语口语能力,老师鼓励学生们多参加演讲比赛。

2. 你们之间的矛盾你们自己处理,我不想参与进来。

3. 对于这份详细的计划,不少代表都参加了不少意见。

4. 要想使公司运作得更好,还需要大家积极参与这儿的一切工作。

5. 由于学校急需他这样的人才,所以他没有参加招聘考试便进入了这所大学。

四、1. (1) B　(2) A　2. (1) C　(2) D

五、1. B　(应改成:但我突然想到到时还要去参加一个朋友的婚礼)

2. D　(应改成:他都会亲自参与处理因为火灾而引起的各种纠纷)

第二课 偿还与赔偿　对待与看待

偿还　赔偿

讲一讲

"偿还"表示"归还欠别人的财物或感情债"。如：

他用卖木材赚的钱偿还了银行贷款。

她借了那么多钱，怎么偿还得了？

公司今年打算偿还50万元的债务。

一份爱，应十倍地报答；一份恩，应百倍地偿还。

"赔偿"表示"因自己的行动使他人或集体受到损失而给予补偿"，可以是物质上的损失，也可以是精神上的损失。如：

法院判决被告赔偿原告精神损失费1万元。

购房者以不履行合同为借口，要求开发商按约赔偿自己3万多元违约金。

你造成的这些损失能赔偿得起吗？

提示

"偿还"与"赔偿"的区别

词语	语义特点	常带宾语	可否带双宾语
偿还	归还欠别人的债	债务、贷款、借款、书、钱、恩情	-
赔偿	主要是因自己的责任给他人或集体造成的损失给予补偿	损失、违约金、东西、伤害	+

练一练

一、用"偿还""赔偿"填空。

1. 飞机晚点是由大雾造成的，按规定航空公司将＿＿＿＿＿＿每位乘客损失最高不超过200元。

2. 这位男子因看病欠下债务无力＿＿＿＿＿＿，志愿者们正在为他募捐。

3. 战争中，这个村的村民有300多人被敌人杀害了，家家都有一本要求侵略者＿＿＿＿

________的血债。

4. 1 月 25 日他搭乘张某的三轮车时被摔伤，故他要求张某__________。

5. 这笔欠款到底该由谁__________？

二、判断对错并改正错句（对的画√，错的画×）。

1. 损坏别人的名誉也要给予适当的偿还。（　　）

2. 自从把女儿送给别人以后，他就知道这辈子自己便有了偿还不完的感情债。（　　）

3. 多年来，他一直分期赔偿这笔购房贷款。（　　）

4. 他们俩不仅要扶养年迈多病的老母和两个孩子，还要赔偿为父亲治病所欠的债务，日子过得十分清苦。（　　）

5. 法院于 2008 年 7 月依法判处被告赔偿受害者 16 万元。（　　）

三、用（　　）中的词语和"偿还"或"赔偿"一起完成下列句子。

1. 你不要逼他，这么多的钱__________________________。（……不起）

2. 黄某用刀刺伤了陈某，法院以故意伤害罪判处黄某有期徒刑 8 个月，__________________________。（医疗费）

3. 该公司__________________________，只能宣布破产。（债务）

4. 这次火灾造成了巨大的财产损失，不过__________________________。（保险公司）

5. 你这份恩情太重了，__________________________？（拿什么）

四、HSK 仿真题：从下面 ABCD 中选择唯一正确的填入空格中。

1. 自从上次王经理__(1)__他儿子解决工作问题以后，他就感觉到将来他将很难__(2)__这份人情了。

（1）A. 安排　　B. 帮助　　C. 帮忙　　D. 布置

（2）A. 归还　　B. 赔偿　　C. 偿还　　D. 补偿

2. 去年冬天，张为在一次外出时__(1)__了交通事故，自己的腿被汽车撞断，但直到今天肇（zhào）事者还没有__(2)__他的医疗费。

（1）A. 出现　　B. 产生　　C. 发生　　D. 发现

（2）A. 赔偿　　B. 归还　　C. 偿还　　D. 补偿

五、HSK 仿真题：在下面每一段话中找出错误的部分。

1. 公司的规章中明确规定(A)，凡是因为自己不小心给公司造成的损失(B)，一律由自己偿还(C)，除非你能够证明不是因为自己的过错造成的(D)。

2. 去年 5 月他从我这儿借了 1000 元(A)，说两个月后一定还我(B)，可是直到今天他还没有赔偿(C)，我真的不知道该怎么办了(D)。

参考答案

一、1. 赔偿 2. 偿还 3. 偿还 4. 赔偿 5. 偿还

二、1. ×,"偿还"改成"赔偿"。 2. √ 3. ×,"赔偿"改成"偿还"。 4. ×,"赔偿"改成"偿还"。
5. √

三、1. 你不要逼他,这么多的钱他在短时间内是偿还不起的。
2. 黄某用刀刺伤了陈某,法院以故意伤害罪判处黄某有期徒刑8个月,并赔偿陈某医疗费1万元。
3. 该公司因无力偿还所欠债务,只能宣布破产。
4. 这次火灾造成了巨大的财产损失,不过保险公司都会按规定予以赔偿。
5. 你这份恩情太重了,我以后拿什么偿还给你呢?

四、1. (1) B (2) C 2. (1) C (2) A

五、1. C (应改成:一律由自己赔偿)
2. C (应改成:可是直到今天他还没有偿还)

对待 看待

讲一讲

"对待"是表示以某种态度或行为对某人或某事物。后可带助动词"过",趋向补语"起来"。如:

我保证会像对待亲生父母一样,对待干爸干妈,履行当儿子的义务和责任。

梅先生在对待京剧艺术推陈出新的问题上,是持严肃、审慎态度的。

我们应该以平和之心来对待身边的人和事。

"看待"是表示对某人或某事的看法、意见和感觉。如:

我把她当成自己的亲姐姐一样看待。

中国队必须作好心理准备,正确看待自己,正确看待对手。

应当如何看待这些问题?

提示

"对待"与"看待"的区别

词语	语义特点	比喻用法结构	特殊用法
对待	着重强调人的"态度、方式、行为",常要求有具体的行动	常出现于"像……一样"结构中	动词前都可以用"以……的态度"表示人的主观性
看待	着重强调人的"看法、意见、感觉",一般不需要有具体的行动	常出现于"把……当作……一样"结构中	

注意：

有时“对待”和“看待”可以出现在同样结构的句中，但意义有所不同。如：

你如何对待这个问题？（即“你准备如何处理、解决这个问题”）

你如何看待这个问题？（即“你对这个问题有什么看法、意见”）

练一练

一、用“对待”“看待”填空。

1. 请问，您是怎么______名和利的？

2. 用户是我们的衣食父母，我们只有像孝敬父母那样______每个用户，才能立于不败之地。

3. 他笔下那些生活性的题材，常常传达深刻的启发，许多读者都把他当成一位生活导师来______。

4. 他学车的驾校中，绝大多数教练都是脏话不离口，______学员态度粗暴。

5. “如何______中国的发展问题”，成了国际上普遍关注的热点问题。

6. 在她从艺40多年的生涯中，她都要求自己以真情______艺术。

二、判断对错并改正错句（对的画√，错的画×）。

1. 他看待学生就像看待自己的儿女一样。（　　）

2. 我们不能用异样的眼光看待犯过错误的人，那样，他们心里会很难受。（　　）

3. 你不能这样看待他，他是一位纳税人，你们的图书馆就是靠纳税人支持的。（　　）

4. 他在面对困难时决不妥协，并以乐观和无比自信的态度去对待的精神，值得我们每一个人学习。（　　）

5. 下级应该正确看待上级，勇于讲实情，讲真话，把主要精力放在扎扎实实干工作上。（　　）

三、用（　　）中的词语和“对待”或“看待”一起完成下列句子。

1. 我们应该像医院的医护人员那样，______________。（孩子）

2. 我们应______________，我们发誓决不能让战争重演。（战争）

3. 今年英语卷的难度不会增大，______________。（平静的心态）

4. 任何看法都不应该过于偏颇，______________。（这些问题）

5. ______________，不应该一棍子打死。（一分为二）

四、HSK仿真题：从下面ABCD中选择唯一正确的填入空格中。

1. 在还没有具体__（1）__详细的情况之前，我们应以积极乐观的态度__（2）__这件事，而不应该过于悲观。

（1）A. 考虑　　B. 思考　　C. 掌握　　D. 把握

（2）A. 对待　　B. 看待　　C. 接待　　D. 款待

2. __（1）__有争议的问题，我们应该__（2）__清醒的头脑，具体情况具体分析，决不能随意地下结论。

（1）A. 考虑　　B. 思考　　C. 看待　　D. 对待

（2）A. 表明　　B. 表示　　C. 保持　　D. 维持

五、HSK 仿真题：在下面每一段话中找出错误的部分。

1. 如果想得到大家的尊重和拥戴，你就必须以平等的态度看待每一个人，只有大家真正感受到了你的真诚，他们才会义无反顾地支持你。

A：如果想得到大家的尊重和拥戴　B：你就必须以平等的态度看待每一个人　C：只有大家真正感受到了你的真诚　D：他们才会义无反顾地支持你

2. 该如何对待涉外婚姻？每一个人都会有不同答案。有的人觉得涉外婚姻很难找到幸福，而有的人认为涉外婚姻是国际化下的一种趋势，人们不应该过于敏感。

A：该如何对待涉外婚姻？每一个人都会有不同答案　B：有的人觉得涉外婚姻很难找到幸福　C：而有的人认为涉外婚姻是国际化下的一种趋势　D：人们不应该过于敏感

参考答案

一、1. 看待　2. 对待　3. 看待　4. 对待　5. 看待　6. 对待

二、1. ×，“看待”改成“对待”。　2. √　3. ×，“看待”改成“对待”。　4. √　5. ×，“看待”改成“对待”。

三、1. 我们应该像医院的医护人员那样，用一颗善良的心来对待这些无家可归的孩子。

2. 我们应以正视历史的态度看待过去的战争，我们发誓决不能让战争重演。

3. 今年英语卷的难度不会增大，考生以平静的心态对待即可。

4. 任何看法都不应该过于偏颇，我们都要以客观的眼光看待这些问题。

5. 凡事都要一分为二地看待，不应该一棍子打死。

四、1. (1) C　(2) B　2. (1) D　(2) C

五、1. B　(应改成：你就必须以平等的态度对待每一个人)

2. A　(应改成：该如何看待涉外婚姻？每一个人都会有不同答案)

第三课 躲避与躲藏 符合与相符

躲避 躲藏

讲一讲

“躲避”是表示故意避开某人、某物、某事或应该承担的责任。后边可带趋向补语“下去、起来”。如：

他乘坐的汽车为躲避迎面而来的卡车，一下子撞在了公路旁的水泥台上。

自从我的丈夫被抓走以后，人们像躲避瘟疫一样，躲避着我。

你不应该再这样躲避下去，该承担的责任就应该承担。

没有爱便没有生命，谁怕爱，谁躲避爱，他就不是自由人。

“躲藏”是表示把身体隐藏起来，使人看不见。后边可带趋向补语“下去、起来”，结果补语“在、到”。如：

每当遇到危险时，这种动物从不进行抵抗，而是爬到树上躲藏起来。

昨天晚上，警方将躲藏在上海市的犯罪嫌疑人周云一举抓获。

在衣柜里常常躲藏着一种小虫，专爱吃羊毛衣物。

“躲藏”大多用于具体的人或动物，但有时也可以用于较为抽象的事物。如：

散文家的灵魂，就躲藏在他的散文作品里。

提示

“躲避”与“躲藏”的区别

词语	语义特点	可否直接接宾语	补语
躲避	故意躲开人、物、事或应该承担的责任	及物动词，后常跟受事宾语	下去、起来
躲藏	把身体隐藏起来，使人看不见	不及物动词，后常不跟宾语，即使有宾语，也只能跟施事宾语	起来、下去 在＋处所

练一练

一、用“躲避”“躲藏”填空。

1. 城里的许多人在忙碌一周之后，为__________大城市的喧闹，喜欢到清静悦目的乡间度周末。

2. 你不应该找借口________困难。

3. 为了________敌人的追击，他________在郊区的一个地下室里。

4. 在亭亭玉立、婀娜多姿的翠竹丛中，________着零零落落的畸形小竹：矮小、干瘪、弯曲。

5. 这些大大小小的榕树成了农民和过路人休息、乘凉和________风雨的好场所。

6. 这几天他好像总是故意________着我。

二、判断对错并改正错句（对的画√，错的画×）。

1. 这辆客车是在躲避迎面而来的一辆汽车时掉入水中的。（　　）

2. 看到有人过来，他立即躲避了起来。（　　）

3. 他不回家过春节的另一个原因，是想躲避亲戚为他介绍女朋友的那份热情。（　　）

4. 有些人为了躲藏债务，背井离乡，逃亡谋生。（　　）

5. 只要我们准确、认真、严格执法，不法分子就无处躲避。（　　）

三、用（　　）内的词语和"躲避"或"躲藏"一起完成下列句子。

1. 有些小动物特别胆小，________________。（见到人……）

2. 战争爆发后，________________，纷纷向东南亚和南亚地区迁移。（战乱）

3. 下雨了，________________。（旁边的商店）

4. 警察询问了很多犯罪嫌疑人的邻居，________________。（什么地方）

5. ________________，而应该想办法克服它。（遇到困难）

四、HSK 仿真题：从下面 ABCD 中选择唯一正确的填入空格中。

1. 很多年轻人为了__(1)__自己的皮肤不被晒伤，常常跑到树荫下__(2)__炽热的阳光。

(1) A. 保护　B. 爱护　C. 保持　D. 维持

(2) A. 逃避　B. 隐藏　C. 躲避　D. 躲藏

2. 当犯了错误的时候，你不应该__(1)__在别人的后边，让别人帮你解决，自己却不敢__(2)__责任。

(1) A. 逃避　B. 隐藏　C. 躲避　D. 躲藏

(2) A. 担任　B. 承担　C. 负责　D. 担负

五、HSK 仿真题：在下面每一段话中找出错误的部分。

1. 为了躲藏战火(A)，他不得不随父母辗转到了美国(B)，新中国成立以后(C)，他又义无反顾地回到了祖国(D)。

2. 当天空突然暗下来的时候(A)，我发现太阳躲避到了乌云的后边(B)，大约过了十几分钟(C)，它才慢慢露出了半边脸(D)。

参考答案

一、1. 躲避 2. 躲避 3. 躲避;躲藏 4. 躲藏 5. 躲避 6. 躲避

二、1. √ 2. ×,“躲避”改成“躲藏。 3. √ 4. ×,“躲藏”改成“躲避”。 6. ×,“躲避”改成“躲藏”。

三、1. 有些小动物特别胆小,见到人时就立刻躲藏起来。

2. 战争爆发后,有些地区的人们为躲避战乱,纷纷向东南亚和南亚地区迁移。

3. 下雨了,我们快到旁边的商店躲避一下吧。

4. 警察询问了很多犯罪嫌疑人的邻居,想了解一下他最有可能躲藏在什么地方。

5. 遇到困难我们不应该躲避,而应该想办法克服它。

四、1. (1) A (2) C 2. (1) D (2) B

五、1. A (应改成:为了躲避战火)

2. B (应改成:我发现太阳躲藏到了乌云的后边)

符合 相符

讲一讲

“符合”是表示一方跟另一方的实际情况、标准、要求等相合、一致。所符合的另一方一般以宾语的形式出现在“符合”的后面。如:

这个政策是正确的,是符合实际情况的。

我校对符合入学条件但家庭经济困难的学生将提供多种形式的资助。

发展中美友好合作关系符合两国和两国人民的根本利益。

“相符”是表示双方彼此一致、完全相同。常用介词“跟、和、与”引出“相符”的另一方。如:

他所说的话跟实际的情况完全相符。

这些美名是否和形象的实质相符,很值得大家研究。

一个20岁的年轻人,承受着与年龄不相符的压力,希望有人理解与关怀。

提示

“符合”与“相符”的区别

词语	语义特点	是否为及物动词	常见结构
符合	表示一方跟另一方的实际情况、标准、要求等相合、一致	+	
相符	表示双方彼此一致、完全相同	-	A与/跟/同B相符

练一练

一、用"符合""相符"填空。

1. 人民警察佩带的警衔标志必须与所授予的警衔＿＿＿＿＿＿。
2. 这条裤子刚好＿＿＿＿＿＿我的尺寸。
3. 复试将于4月中下旬开始进行，＿＿＿＿＿＿复试条件的考生我校将寄发书面复试通知。
4. 他从事了与其身份不＿＿＿＿＿＿的活动。
5. 这些产品不＿＿＿＿＿＿质量标准。
6. 保卫部丢失的两支59式手枪，与凶手所用的枪型＿＿＿＿＿＿。

二、判断对错并改正错句（对的画√，错的画×）。

1. 凡是性质或者来源不相符药品上的标签和说明的药都叫假药。（　　）
2. 我听了他的叙述，认定他所说的事和案发的时间、地点相符。（　　）
3. 他说的数字跟这个钱包里的钱不符合。（　　）
4. 新的时髦若要它能成功必须与当时流行的理想符合才行。（　　）
5. 如果在一些重要岗位上没有女性，那与新南非的形象不相符。（　　）

三、用（　　）内的词语与"符合"或"相符"一起完成下列句子。

1. 他们的供词没有任何问题，＿＿＿＿＿＿＿＿＿＿＿＿＿＿。（事实）
2. 王丽见了朋友给自己介绍的对象以后特别高兴，＿＿＿＿＿＿＿＿。（自己的要求）
3. 《消费者权益保护法》规定，＿＿＿＿＿＿＿＿＿，可以退换或者退货。（质量和规格）
4. 这个孩子太成熟了，他的想法和做法＿＿＿＿＿＿＿＿＿＿＿＿。（跟他的年龄）
5. 上班的时间最好不要穿拖鞋，＿＿＿＿＿＿＿＿＿＿＿＿＿＿。（公司的规定）

四、HSK 仿真题：从下面 ABCD 中选择唯一正确的填入空格中。

1. 每个国家在__（1）__国际事务的时候，如果发现不__（2）__本国的自身利益，便会很快退出。

（1）A. 实行　　B. 参加　　C. 贯彻　　D. 参与

（2）A. 到达　　B. 达到　　C. 符合　　D. 相符

2. 经过一段时间的调查研究，李经理__（1）__市场的产品需求跟自己早先的推断完全__（2）__。

（1）A. 表现　　B. 表明　　C. 发现　　D. 发觉

（2）A. 到达　　B. 达到　　C. 符合　　D. 相符

五、HSK 仿真题：在下面每一段话中找出错误的部分。

1. 王明昨天在商场订购了一台电脑（A），可是今天货到以后他才发现（B），这台电脑的标号跟自己订购的标号不符合（C），于是他便打电话询问原因（D）。

2. 留学生如果想在这家公司工作（A），就必须要相符该公司的招聘要求（B），其中有一条很重要

动词 助动词

的规定就是，留学生的汉语水平必须要达到 HSK 六级的要求。

C　　　　　　　　　　D

参考答案

一、1. 相符　2. 符合　3. 符合　4. 相符　5. 符合　6. 相符

二、1. ×，"相符"改成"符合"。　2. √　3. ×，"符合"改成"相符"。　4. ×，"符合"改成"相符"。

5. √

三、1. 他们的供词没有任何问题，完全与事实相符。

2. 王丽见了朋友给自己介绍的对象以后特别高兴，认为他完全符合自己的要求。

3.《消费者权益保护法》规定，伪劣商品、不符合质量和规格的商品，可以退换或者退货。

4. 这个孩子太成熟了，他的想法和做法跟他的年龄根本不相符。

5. 上班的时间最好不要穿拖鞋，因为这不符合公司的规定。

四、1. (1) D　(2) C　2. (1) C　(2) D

五、1. C　(应改成：这台电脑的标号跟自己订购的标号不相符)

2. B　(应改成：就必须要符合该公司的招聘要求)

第四课

嘱咐与叮咛
辨别、辨认与分辨

嘱咐 叮咛

讲一讲

“嘱咐”表示“告诉别人应该做什么或怎么做”。常用于长辈对晚辈、医生对病人，也可以用于平辈之间。如：

他刚做完白内障手术，医生嘱咐他要休息一周。

奶奶嘱咐我，这种药一定要去同仁堂药店买。

她临走时嘱咐我，别忘了关好门窗。

临终前妈一再嘱咐我不要写信让你们回来，所以我只好听了妈的话。

“叮咛”表示“反复多次地嘱咐”，所以前面常有“反复、再三、一再、一遍又一遍地”等表示反复多次的副词修饰。常用于长辈对晚辈。如：

那天上街购物，母亲再三叮咛：千万别去超市！

一路上，这位母亲一遍又一遍地叮咛着儿子：“你到了杭州，一定要给家里写信。”

他每挥一次手，似乎都在重复着他的叮咛和约定。

我们常用“千叮咛万嘱咐”这个结构。如：

她在给丈夫收拾行装时千叮咛万嘱咐，仿佛有一万个不放心。

他娘千叮咛万嘱咐，叫他一路上多加小心。

提示

“嘱咐”与“叮咛”的区别

词语	语义特点	使用范围	常带副词	特殊用法	特殊结构
嘱咐	表示告诉别人应该做什么或怎么做	除了表示对对方关心让对方注意做某事外，还可以是动作者要求对方一定要为自己做某事。	可用“再三、一再、反复”，但“嘱咐”本身没有“反复多次”的意思	常用于“按/遵照/遵循……的嘱咐”的结构	“千叮咛万嘱咐”表示多次强调应该怎么做
叮咛	表示反复多次地嘱咐	大多用于出于对对方的关心而让他注意做什么和怎么做。	“再三、一再、反复”表示反复多次	–	

练一练

一、用"嘱咐""叮咛"填空。

1. 行李收拾好了，母亲仍在＿＿＿＿＿，她的话语依旧像从前一样舒缓而温润。

2. 父亲写信＿＿＿＿＿我一定要在春节前赶回家。

3. 现在的父母爱对孩子过度保护，爱对孩子千＿＿＿万＿＿＿，爱对孩子说要防这防那。

4. 每次我出远门，妻子总是一遍又一遍地＿＿＿＿＿东＿＿＿＿＿西，啰嗦半天。

5. 他遵照母亲的＿＿＿＿＿，来到了藏北一个小县城任中学教师，为西藏教育贡献力量。

6. 每次他走都是这样，出门时一定要把＿＿＿＿＿过的话再反复＿＿＿＿＿一番，似乎不这样他就不能放心。

二、判断对错并改正错句（对的画√，错的画×）。

1. 寂寞中，我用手机一次又一次地往家里打电话，家人的嘱咐和安慰成为这个漆黑雨夜中唯一的力量源泉。（　　）

2. 液体滴入的速度应该遵照医生的嘱咐，不要随便变动，一般成人每分钟滴液约为20—40滴。（　　）

3. 主席桌上的小报，有些是地方上送来的，有些是他叮咛工作人员买来的。（　　）

4. 面对医生的时候，你还可以头脑清醒地陈述病情，并记住医生的嘱咐吗？（　　）

5. 他很尊重和服从医生的诊断和治疗，叮咛他吃什么药，就吃什么药。（　　）

三、用（　　）内的词语与"嘱咐"或"叮咛"一起完成下列句子。

1. 知道这一情况后，书记连夜赶到医院看望慰问受伤群众，并＿＿＿＿＿。（精心治疗）

2. 在我离开家去外地上学的时候，母亲＿＿＿＿＿＿＿＿＿＿＿＿。（打电话）

3. 老李要去外地旅游，他＿＿＿＿＿＿＿＿＿＿＿＿＿＿。（照看）

4. 这10000元的存款，＿＿＿＿＿＿＿＿＿＿＿＿＿＿：拿出7000元给残疾儿童，剩下的留给他的女儿。（按照）

5. 看到那么多的孩子因上网耽误了学习，妈妈＿＿＿＿＿＿＿＿＿＿＿。（再三）

四、HSK仿真题：从下面ABCD中选择唯一正确的填入空格中。

1. 领导在去参加会议的路上就＿（1）＿我，会上要注意他的表情和举动，如果他没什么＿（2）＿的话，就不要急着发言。

（1）A. 建议　　B. 提议　　C. 嘱咐　　D. 叮咛

（2）A. 表示　　B. 表明　　C. 表达　　D. 表现

2. 奶奶在去世前的晚上，拉着我的手反复＿（1）＿：好好照顾自己，＿（2）＿后妈一定要像自己的亲妈一样。

（1）A. 建议　　B. 提议　　C. 嘱咐　　D. 叮咛

（2）A. 看待　　B. 对待　　C. 接待　　D. 款待

五、HSK仿真题：在下面每一段话中找出错误的部分。

1. 儿子就要去当兵了（A），妈妈一边收拾行囊，一边千嘱咐万叮咛（B），在部队一定要好好干（C），不要给他们全家人丢脸（D）。

2. 在参加比赛的头一天(A)，老师把李丽叫到办公室(B)，叮咛她说(C)，比赛时不要紧张，一定要以一颗平常心来对待，这样才能赛出好成绩(D)。

参考答案

一、1. 叮咛　2. 嘱咐　3. 叮咛；嘱咐　4. 叮咛；叮咛　5. 嘱咐　6. 嘱咐；叮咛

二、1. ×，“嘱咐”改成“叮咛”。　2. √　3. ×，“叮咛”改成“嘱咐”。　4. √　5. ×，“叮咛”改成“嘱咐”。

三、1. 知道这一情况后，书记连夜赶到医院看望慰问受伤群众，并嘱咐医生精心治疗。

2. 在我离开家去外地上学的时候，母亲一再叮咛我有时间就往家里打个电话。

3. 老李要去外地旅游，他临走前嘱咐我帮照看一下他的家。

4. 这10000元的存款，按照他的嘱咐，是这样处理的：拿出7000元给残疾儿童，剩下的留给他的女儿。

5. 看到那么多的孩子因上网耽误了学习，妈妈再三叮咛儿子一定不要去网吧上网。

四、1. (1) C　(2) A　2. (1) D　(2) B

五、1. B　（应改成：妈妈一边收拾行囊，一边千叮咛万嘱咐）

2. C　（应改成：嘱咐她说）

辨别　辨认　分辨

讲一讲

“辨别”表示“通过比较分析不同事物的特点，认识到事物之间的区别”，常用于对好坏、美丑、真假、正误等方面加以区别。如：

人民币有7种基本特征，了解这些特征，有助于你辨别人民币的真伪。

由于儿童的年龄小，辨别善恶、美丑的能力都不是太强。

如果你没有提取样品进行化验，你就没有办法辨别哪些水是好的，哪些是不好的。

“辨认”表示“根据特点比较分析，认出某人或某物”，所辨认的人或事物往往因某种原因不容易看清楚。如：

那些复印稿有些字迹模糊不清，无人能辨认，出书有极大困难。

十天之后，当他的妻子前去认尸时，尸体已经腐烂得辨认不清了。

虽然有面具遮着，老杨还是能辨认出那是他以前众多女朋友中的一个。

“分辨”表示“通过比较分析，把容易相混的人或事物分清楚”。如：

她们姐妹俩长得太像了，我总是分辨不出谁是姐姐谁是妹妹。

精华与糟粕决不是像一般人想象的那样，泾渭分明，有的是难以分辨的。

孩子分辨是非的能力较低，而模仿性却很强。

“分辨”可与“率”组成“分辨率”，表示图像的清晰度，一般用于下面的例中：

数字式家用电器分辨率高，显示直观。

提示

“辨别”“辨认”与“分辨”的区别

词语	语义特点		使用对象	可否与“力”构成名词	可否与“率”构成名词
辨别	通过比较分析事物的特点，认识到事物之间的区别	表示区分事物时常可以混用	一般不用于人	+（表示区分事物或人的能力）	−
分辨	通过比较分析，把容易相混的人或事物分清楚		既可以用于人，也可以用于物		+
辨认	根据特点比较分析，认出某人或某物			−	−

练一练

一、用“辨别”“辨认”“分辨”填空。

1. 由于一些遇难者的身份一时无法__________，目前尚难发表中国留学生及有关人员所有遇难者的最后名单。

2. 大雨像鞭子一样抽打着自己的身体，究竟哪是雨水哪是汗水已不能__________。

3. 鲨鱼能借助地球磁场在浩瀚无边的海洋中__________方向。

4. 仅仅根据衣着就可以__________出藏族人还是汉族人的日子，在古城拉萨已经不复存在。

5. 仔细听钞票纸发出的声音就可以__________人民币的真伪。

6. 近几年来该公司开发的高__________率显示器、音响等已打入国际市场。

7. 天文学家可以依靠星图来__________星星。

二、判断对错并改正错句（对的画√，错的画×）。

1. 由于写信人的文化层次不同，有的字迹七扭八歪，需要认真分辨才行。（　　）

2. 母亲辨认儿子的目光，特别敏锐。（　　）

3. 因为对称，北京的道路也就很好分辨。（　　）

4. 人们通过辨别声音和辨认物品来向联邦调查局提供调查线索。（　　）

5. 当那个杀人犯从被监控的住宅里闪出时，他一眼就分辨出了。（　　）

6. 猴子、猩猩分辨颜色的能力特别强，敏感程度与人相似。（　　）

三、用（　　）内的词语和“辨别”“分辨”或“辨认”一起完成下列句子。

1. 他常喝酒，____________________________。（真假）

2. 尽管分别了20多年了，在这5个孩子中，谁是她的亲生儿子，____________。（出来）

3. ________________________，查获的所有黑色钢管都是被盗物资。（失窃单位）

4. 现在的农民也都穿戴时髦的服饰，________________________。（农民、城里人）

5. 相对于味觉来讲，我们的嗅觉__________________________。（……力）

四、HSK 仿真题：从下面 ABCD 中选择唯一正确的填入空格中。

1. 孩子太小，还没有办法 ___（1）___ 什么样的人是好人，什么样的人是坏人。随着年龄不断 ___（2）___，他们的 ___（3）___ 能力会不断 ___（4）___。

（1）A. 辨认　　B. 辨别　　C. 分辨　　D. 发现
（2）A. 增添　　B. 增长　　C. 增加　　D. 增强
（3）A. 辨认　　B. 辨别　　C. 分辨　　D. 发现
（4）A. 加强　　B. 增长　　C. 增加　　D. 增强

2. 由于长期雨水的侵蚀，那些崖壁上的图画已经很难 ___（1）___，但是考古人员还是通过那些模糊的印记 ___（2）___ 了很多有价值的东西。

（1）A. 辨认　　B. 辨别　　C. 分辨　　D. 发现
（2）A. 发觉　　B. 发展　　C. 发现　　D. 感到

五、HSK 仿真题：在下面每一段话中找出错误的部分。

1. 这张照片已经保存好多年了（A），虽然没有什么残缺（B），但由于曾经被雨水侵蚀过（C），上面的人已经无法辨别了（D）。

2. 这个孩子虽然很聪明（A），但毕竟年龄太小了（B），还没有办法辨认好坏（C），所以有时候还需要家长的帮助和指导（D）。

3. 现在很多人在选择电视机的时候（A），都开始比较看重图像的辨别率（B），只有那些图像比较清楚的电视机（C），才更得到大家的喜爱（D）。

参考答案

一、1. 辨认　2. 分辨　3. 辨别　4. 分辨　5. 辨别　6. 分辨　7. 辨认

二、1. ×，"分辨"改成"辨认"。　2. √　3. ×，"分辨"改成"辨认"。　4. √　5. ×，"分辨"改成"辨认"。　6. √

三、1. 他常喝酒，一下子就分辨出这两杯酒的真假了。
　2. 尽管分别了 20 多年了，在这 5 个孩子中，谁是她的亲生儿子，她很快就辨认出来了。
　3. 经过失窃单位技术人员的辨认，查获的所有黑色钢管都是被盗物资。
　4. 现在的农民也都穿戴时髦的服饰，你很难分辨出哪一个是农民，哪一个是城里人。
　5. 相对于味觉来讲，我们的嗅觉具有较强的辨别力。

四、1. (1) C　(2) B　(3) C　(4) D　2. (1) A　(2) C

五、1. D　（应改成：上面的人已经无法辨认了）
　2. C　（应改成：还没有办法辨别/分辨好坏）
　3. B　（应改成：都开始比较看重图像的分辨率）

第五课 处理与处置 干涉与干预

处理 处置

讲一讲

"处理"是指安排(事物),解决(问题)。"处理"的后边可带"着、了、过",也可带结果补语"完、好",趋向补语"下去、起来"。另外"处理"也可重叠成 ABAB 式。如:

他每天都要处理非常多的事务。

那件事小王正处理着呢。

东西太多了,今天可能处理不完。

小李,你把桌上的信件处理处理。

另外,"处理"还指减价或变价出售,它的后边也可带"了、过",可带结果补语"干净、掉、完"。如:

商店正在处理一批过时的商品。

这些东西已经变质,恐怕处理不掉了。

"处理"也可以表示该如何对待犯罪或犯有错误的人。如:

他还是想先把他们捆起来,再把他们的嘴堵上,怎么样处理他,那就可以随便了。

人们气愤起来,下决心处理他了。

这需要公安机关来处理他,因为对打击匪徒地下的秘密组织他还有用处。

姐夫还多事,如果谁为他们开了绿灯,我不但不领情,还要狠狠地处理他。

您放心,我一定严肃处理他们几个。

不处理处理他们,他们要反了天呢?

"处置"是指处理、解决。后边可带"了、过",也可带结果补语"好、完"。另外还可重叠成 ABAB 式。如:

这些重要文件必须及时处置。

她从没有处置过这种事。

他父亲留下的遗产已经全部处置完了。

这里的事情还需要你来帮我处置一下。

另外,"处置"还指发落、惩治。如:

抓住的这些人应该怎么处置呢?

公安机关已经处置了一批罪大恶极的犯罪分子。

提示

"处理"与"处置"的区别

<table>
<tr><th>词语</th><th colspan="2">语义特点</th><th>使用对象</th></tr>
<tr><td rowspan="3">处理</td><td colspan="2">表示如何对待犯有错误的人</td><td>一般是人</td></tr>
<tr><td>减价或变价出售</td><td rowspan="4">常通用</td><td>一般是具体的事物</td></tr>
<tr><td>安排、解决</td><td>人或物(抽象的或具体的)</td></tr>
<tr><td rowspan="2">处置</td><td>处理、解决或安置、安排</td><td>一般是具体的事物或人</td></tr>
<tr><td>发落、惩治</td><td>一般是人</td></tr>
</table>

练一练

一、用"处理""处置"填空。

1. 应该好好________那些投机分子。
2. 那件案子你________完了吗?
3. 学校________了一批违反校规校纪的学生。
4. 堆积的这些废品该如何________呢?
5. 警察有效________了这起重大交通事故。
6. 上辈留存下来的文化遗产我们无权任意________。

二、判断对错并改正错句(对的画√,错的画×)。

1. 那些衣服都在减价处置,你不去买一件?( )
2. 手头的事情太多了,还真没时间处理你那件事。( )
3. 处置好邻里关系才能有一个舒适的生活环境。( )
4. 这个问题如果处置不当,会产生严重的后果。( )
5. 擅自处理法院查封的财产是严重的违法行为。( )

三、用(　　)内的词语与"处理"或"处置"一起完成下列句子。

1. ________________,否则会全部烂掉的。(水果)
2. 江河里的水太脏了,________________。(饮用)
3. ________________,要求演员去真实体验一下山区人们的生活。(剧情)
4. 这个叛徒背叛了自己的祖国,你说________________。(他)
5. 工业污染造成了严重的后果,环保部门________________。(有关单位)

四、HSK 仿真题:从下面 ABCD 中选择唯一正确的填入空格中。

1. 公司的事务大都由副经理__(1)__,他只管对外__(2)__业务,使公司最终能够冲出亚洲,走向世界。

(1) A. 操纵　　B. 控制　　C. 处理　　D. 处置

(2) A. 扩大　　B. 扩展　　C. 展开　　D. 增强

2. 警察在充分__(1)__了那些犯罪分子的犯罪证据以后,拘捕了他们,并将他们移交到了法院,法院最终依法严厉__(2)__了他们。

(1) A. 把握　　B. 掌握　　C. 应用　　D. 运用

(2) A. 操纵　　B. 控制　　C. 处理　　D. 处置

五、HSK 仿真题:在下面每一段话中找出错误的部分。

1. 为了给新货腾出地方(A),老板决定赶快处置掉这些积压的商品(B),但由于这些商品储存的时间过长(C),好多都已经发霉变质(D)。

2. 邻里关系看似很简单(A),但在人们的生活中却占有相当重要的地位(B),如果处置不当(C),便会引发一连串的矛盾冲突(D)。

参考答案

一、1. 处置　2. 处理　3. 处理　4. 处置　5. 处理/处置　6. 处置

二、1. ×,"处置"改成"处理"。　2. √　3. ×,"处置"改成"处理"。　4. √　5. ×,"处理"改成"处置"。

三、1. 这些水果最好今天就处理掉,否则会全部烂掉的。

2. 江河里的水太脏了,只有经过处理后才能饮用。

3. 导演为了更好地处理剧情,要求演员去真实体验一下山区人们的生活。

4. 这个叛徒背叛了自己的祖国,你说该怎样处置他。

5. 工业污染造成了严重的后果,环保部门决定对有关单位进行严肃处理。

四、1. (1) C　(2) B　2. (1) B　(2) D

五、1. B (应改成:老板决定赶快处理掉这些积压的商品)

2. C (应改成:如果处理不当)

干涉　干预

讲一讲

"干涉"是指过问或制止,多指不应该管的事硬要管,有时也指对不合理的行为加以制止。后边可带"了、过",也可带趋向补语"起来、下去",也可带否定词"不得"。如:

我国在外交上主张不干涉别国内政。

他从来没有干涉过儿女们的婚姻。

爸爸竟干涉起我的私生活来了。

这是他们自己的事,你干涉不得。

"干预"是指过问别人的事。后边可带"了、过",也可带趋向补语"起来、下去"。如:

这件事我自己来处理，你别再干预了。

这是他们两个人的事，你不应该再干预下去。

政府不应该对商品市场过分干预。

提示

"干涉"与"干预"的区别

词语	语义特点	使用对象	语体色彩
干涉	过问或制止，强行参预，侧重迫使别人按自己的意图办事	人或事	贬义词
干预	过问别人的事，侧重给对方施加一定的影响	一般为事	中性词

注意：

"干涉"和"干预"都可表示过问别人的事，有时可以通用。如：

我不太喜欢干涉/干预别人的事。

老师不应该干涉/干预他们的自由活动。

练一练

一、用"干涉""干预"填空。

1. 他们对别国的内政事务横加__________，引起了对方的强烈不满。
2. 我只是提出一点建议，并不想__________你们的事。
3. 他总是对我们的事妄加__________。
4. 我们主张主权平等，互不__________内政。
5. 足球比赛以后，有些球迷开始闹事，为了平息事端，警察上前加以__________。
6. 孩子上什么大学由他自己选择，我不会__________他。

二、判断对错并改正错句（对的画√，错的画×）。

1. 他老是干预总经理的事务，以致总经理无法按照自己的意愿做事。（　　）
2. 如果没有你干预，这件事或许更好解决。（　　）
3. 有时政府会对一些企业管理进行直接干涉。（　　）
4. 这里的工作不需要你来干涉，我们自己也能处理。（　　）
5. 在外国势力干涉下，新总统不得不做了让步。（　　）
6. 别去干预他们，他们也有自我选择的权利。（　　）

三、用（　　）内的词语与"干涉"或"干预"一起完成下列句子。

1. 既然儿子自己愿意出国，你就____________________________。（不应该）
2. ____________________________，市场价格又恢复到原来的水平。（政府）
3. 两个国家约定，____________________________。（内政）
4. 尽管我心里很不赞同他的决定，____________________________。（进行）
5. 你不应该把他关起来，____________________________。（人身自由）

四、HSK仿真题：从下面ABCD中选择唯一正确的填入空格中。

1. 这件事如果你能__(1)__得好，父母当然是不会过分__(2)__的，但就怕你考虑不周，结果会铸成大错。

（1）A. 承担　　B. 处理　　C. 处置　　D. 担任

（2）A. 干预　　B. 干涉　　C. 控制　　D. 操纵

2. 学校的规章中明文＿（1）＿：校领导在＿（2）＿各自管辖的校内事务时，互不＿（3）＿对方，各负其职。

（1）A. 解释　　B. 说明　　C. 制定　　D. 规定

（2）A. 处分　　B. 处理　　C. 处置　　D. 执行

（3）A. 干预　　B. 干涉　　C. 控制　　D. 操纵

五、HSK 仿真题：在下面每一段话中找出错误的部分。

1. 由于别国经常进行干预（A），这个国家内部的冲突不断（B），为了避免局势的进一步升级（C），政府公开主张自己国内的事务应该由自己来解决（D）。

2. 你讲到的这些问题我们当然可以马上解决（A），但有些东西属于个人隐私（B），我们不便干涉（C），还希望你能谅解（D）。

参考答案

一、1. 干涉　2. 干预　3. 干涉　4. 干涉　5. 干预　6. 干涉

二、1. ×，“干预”改成“干涉”。　2. √　3. ×，“干涉”改成“干预”。　4. ×，“干涉”改成“干预”。

5. √　6. ×，“干预”改成“干涉”。

三、1. 既然儿子自己愿意出国，你就不应该干涉他。

2. 在政府的干预下，市场价格又恢复到原来的水平。

3. 两个国家约定，互不干涉对方的内政。

4. 尽管我心里很不赞同他的决定，但我并没有进行干预/干涉。

5. 你不应该把他关起来，那样做严重干涉了别人的人身自由。

四、1. (1) B　(2) A　2. (1) D　(2) B　(3) B

五、1. A　（应改成：由于别国经常进行干涉）

2. C　（应改成：我们不便干预）

第六课 忽略、忽视与疏忽 激发与激励

忽略 忽视 疏忽

讲一讲

“忽略”是指没有注意到。后边可接带“了、过”，也可带结果补语“掉”，趋向补语“过去”。如：

在经济发展的同时，很多人都忽略了环境污染的问题。

他们很注重产量，却忽略了质量。

计划中的细节不应该被忽略掉。

有些事也许在无意间就忽略过去了。

你提到的那些数字因为影响不大，我们可以忽略不计。

“忽视”是指不注意，不重视。后边可带“了、过”，也可带结果补语“掉”，趋向补语“下去”。如：

我们不应该忽视别人的意见。

公司完全忽视了对职员的思想教育。

不要一天到晚只注意工作上出成绩，而忽视对身体的锻炼。

学生的心理教育不能再忽视下去了。

“疏忽”是指因粗心大意而不曾注意到。后边可接“了、过”，也可接趋向补语“过去、下去”。如：

是我疏忽了，否则就不会发生这样的事了。

既然明天要出外旅游，就不要疏忽了天气因素。

他一时疏忽，竟把酒当水喝下去了。

这么重要的事我竟疏忽过去了。

提示

“忽略”“忽视”与“疏忽”的区别

词语	语义特点	常带宾语	常带趋向补语	特殊用法
忽略	多用于对事物未全面照顾到而遗漏掉了,常是无意的。也可用于因为某物不重要有意地不加考虑	工作、生产、安全、质量、情况、观点	过去	忽略不计(有意的)
忽视	主要强调不够重视或掉以轻心,可以是有意的,也可以是无意的	父母、孩子、丈夫、妻子、感情、感受、锻炼	下去	不容忽视
疏忽	主要强调做事不细心而出了差错,是无意的	问题、安全、大人、孩子、生产、教学、防守	过去、下去	常与“一时”连用

注意:

上面三个动词中,“忽视”的语义较重,说话人认为某事重要不应轻视时,用“忽视”,讲道理或批评时多用。如强调因为客观原因未加注意而疏漏时,则用“忽略”或“疏忽”,尽管也不对,但有把问题往小里说的语气。

练一练

一、用“忽略”“忽视”“疏忽”填空。

1. 环境污染问题被__________很多年了。
2. 培养学生能力的问题不应该再__________下去。
3. 我真奇怪,当时检查了几遍,这么重要的细节怎么会被__________掉了呢?
4. 10 万字的论文,一两个错别字是很容易被__________过去的。
5. 人才流失的问题不容__________。

二、判断对错并改正错句(对的画√,错的画×)。

1. 如果稍一忽视,就会把这个字写错。(　　)
2. 他只强调这个问题,却疏忽了另一个问题,这是不对的。(　　)
3. 他因为贪玩忽略了排练,遭到了指导老师的严厉惩罚。(　　)
4. 你不能只重视友谊而忽略了公司的利益。(　　)
5. 宣传教育不容忽视。(　　)

三、用(　　)内的词语与“忽略”“忽视”或者“疏忽”一起完成下列句子。

1. ____________________________,小偷逃之夭夭。(警察)
2. 如果计算要求不是太严格,____________________________。(小数点)
3. 由于工作太忙,小王的父母__________________,结果导致了孩子的犯罪。(教育)
4. 我们____________________,晚年他们可能更渴望获得一份温情。(感受)
5. 你____________________________,这么重要的事你怎么可以忘记呢?(大意)
6. 我们在提到改革问题时,____________________________。(国情)

四、HSK 仿真题:从下面 ABCD 中选择唯一正确的填入空格中。

1. 中国在__(1)__经济的同时,绝不能__(2)__环境保护的问题,尤其是在中国经济近几十年的高速__(3)__的关键时期,稍一__(4)__,可能会__(5)__严重的后果。

（1）A. 展开　　B. 发展　　C. 展示　　D. 展出
（2）A. 忽略　　B. 疏忽　　C. 忽视　　D. 重视
（3）A. 增长　　B. 增加　　C. 增强　　D. 加强
（4）A. 忽略　　B. 疏忽　　C. 忽视　　D. 重视
（5）A. 发生　　B. 出生　　C. 表现　　D. 产生

2. 在做快速阅读练习时，为了___（1）___有足够的时间做完题目，阅读中一些不太重要的地方可以___（2）___过去。

（1）A. 保持　　B. 保险　　C. 保证　　D. 保障
（2）A. 疏忽　　B. 忽略　　C. 忽视　　D. 侵略

五、HSK 仿真题：在下面每一段话中找出错误的部分。

1. 警察在办案的过程中，对一些极小的细节也不会忽视过去，因为恰恰是这些微不足道的地方，极容易留下犯罪嫌疑人的蛛丝马迹。

A 警察在办案的过程中　B 对一些极小的细节也不会忽视过去　C 因为恰恰是这些微不足道的地方　D 极容易留下犯罪嫌疑人的蛛丝马迹

2. 一些人整天忙于工作，把大部分的时间都用在电脑桌前或交通工具上，完全疏忽了对身体的锻炼，结果不仅影响了工作，也损害了身体。

A 一些人整天忙于工作　B 把大部分的时间都用在电脑桌前或交通工具上　C 完全疏忽了对身体的锻炼　D 结果不仅影响了工作，也损害了身体

3. 孩子在 2 到 6 岁期间是特别关键的时期，做父母的绝不能有半点忽略，否则孩子会在大人不注意的时候吞下一些物体，从而对身体造成伤害。

A 孩子在 2 到 6 岁期间是特别关键的时期　B 做父母的绝不能有半点忽略　C 否则孩子会在大人不注意的时候吞下一些物体　D 从而对身体造成伤害

参考答案

一、1. 忽略　2. 忽视　3. 忽略　4. 忽略　5. 忽视

二、1. ×，“忽视”改成“疏忽”。　2. √　3. ×，“忽略”改成“疏忽”。　4. ×，“忽略”改成“忽视”。　5. √

三、1. 由于那名警察一时疏忽，小偷逃之夭夭。
2. 如果计算要求不是太严格，小数点后边的数字可以忽略不计。
3. 由于工作太忙，小王的父母忽视了对小王的教育，结果导致了孩子的犯罪。
4. 我们不应该忽略老人的感受，晚年他们可能更渴望获得一份温情。
5. 你真是太疏忽大意了，这么重要的事你怎么可以忘记呢？
6. 我们在提到改革问题时，不应该忽略掉本国的国情。

四、1.（1）B　（2）C　（3）A　（4）B　（5）D　2.（1）C　（2）B

五、1. B　（应改成：对一些极小的细节也不会忽略过去）
2. C　（应改成：完全忽视了对身体的锻炼）
3. B　（应改成：做父母的绝不能有半点疏忽）

激发 激励

讲一讲

“激发”是指因受刺激或鼓舞而使情绪振作奋发起来。后边可带“着、了、过”，也可带趋向补语“起、起来、出来”。如：

战友的伤亡激发了他们的斗志。

剧本的成功更激发了他的创作激情。

看到那么多人站到了讲台上，他们的信心也被激发了出来。

“激励”是指激发鼓励。后边可带“着、了、过”，后边也常带兼语，即激励某人做某事。如：

听了老师的话，同学们相互激励，决心这次考试一定考出一个好的成绩。

英雄奋不顾身的事迹激励着每一个在场的人。

他常用先辈的创业精神激励自己克服困难。

提示

“激发”与“激励”的区别

词语	语义特点	使用对象	语法特点	前边可否用“相互、互相”修饰
激发	侧重指使情绪振作奋发的意思，强调对精神活动的调动	斗志、热情、干劲、情趣、勇气、积极性、欲望、想象力、信心	可带趋向补语，起、起来、出来，可用于被动句	-
激励	侧重指进行激发鼓励，强调对行为主体或行为的促动	往往是人或连带人的行为	可带表示人的宾语或兼语	+

练一练

一、用“激发”“激励”填空。

1. 市长__________干部应该去为民众办实事。
2. 几天的阴雨过后，工人的干劲都被__________了出来。
3. 那句格言一直__________着我。
4. 你们两个要互相__________，共同进步。
5. 美满的婚姻极大地__________了他的灵感。
6. 那个故事曾经__________了几代人。

二、判断对错并改正错句（对的画√，错的画×）。

1. 司令官的话极大地激励了演习官兵们的战斗精神。（　　）
2. 父母用亲身的体验激发他刻苦学习。（　　）
3. 在朋友的一再激发下，他决定去报考军校。（　　）
4. 政府用机制激励人才，获得了极好的效果。（　　）

5. 没有什么比一场婚礼更能激发女人们追求完美身材的想法了。(　　)

三、用(　　)内的词语和“激发”或“激励”一起完成下列句子。

1. 最近国家免除了农业税,这________________。(积极性)

2. 当失败的时候,我常常用别人的成功________________。(工作)

3. 他的演讲充满了令人奋进的精神,________________。(听众)

4. 看到老师那么认真地教学,学生们________________。(热情)

5. 他跟队友________________,决心一定把这次比赛的冠军拿到手。(相互)

四、HSK 仿真题:从下面 ABCD 中选择唯一正确的填入空格中。

1. 领导近乎苛刻的挑剔不仅没有__(1)__他对工作的热情,反而更__(2)__出了他高昂的斗志。

(1) A. 妨碍　　B. 阻碍　　C. 拦阻　　D. 阻挡

(2) A. 发展　　B. 展开　　C. 激励　　D. 激发

2. 我们在竞赛过程中互相__(1)__,不仅__(2)__了自信,更让我们在这一过程中__(3)__起了深厚的友谊。

(1) A. 激发　　B. 激励　　C. 激动　　D. 感动

(2) A. 增加　　B. 加强　　C. 增强　　D. 增大

(3) A. 树立　　B. 成立　　C. 确立　　D. 建立

五、HSK 仿真题:在下面每一段话中找出错误的部分。

1. 这次成功不仅仅属于我们(A),更包含着老师的诸多心血(B),没有他们在旁边时刻激发我们(C),我们根本就不可能取得这么好的成绩(D)。

2. 这次失败不仅没有让我丧失信心(A),反而更激励起了我的好奇心(B),我不相信一个年龄这么小的一个孩子(C),竟然比我懂得的知识还要多(D)。

参考答案

一、1. 激励　2. 激发　3. 激励　4. 激励　5. 激发　6. 激励

二、1. ×,“激励”改成“激发”。　2. ×,“激发”改成“激励”。　3. ×,“激发”改成“激励”。　4. √　5. √

三、1. 最近国家免除了农业税,这极大激发了农民的生产积极性。

2. 当失败的时候,我常常用别人的成功激励自己更努力地去工作。

3. 他的演讲充满了令人奋进的精神,激励了在座的每一位听众。

4. 看到老师那么认真地教学,学生们学习的热情也被激发了出来。

5. 他跟队友相互激励,决心一定把这次比赛的冠军拿到手。

四、1. (1) A　(2) D　2. (1) B　(2) C　(3) D

五、1. C　(应改成:没有他们在旁边时刻激励我们)

2. B　(应改成:反而更激发起了我的好奇心)

第七课 拘束与约束 扩充、扩张与扩展

拘束 约束

讲一讲

“拘束”是指对人的言行加以不必要的限制,过分约束。这种约束是外加的。带有贬义。后边可带“着、了、过”,后边通常带宾语或补语。如:

旧的传统观念处处拘束着我,没有半点自由。

父母不应该过分拘束孩子。

老师对学生们拘束得太多了。

很多人都怕被拘束着过日子。

“约束”是指限制使不越出范围。说话人往往认为这种限制是必要的。很多是由动作者自己发出的自觉行动。这一意义的“约束”带褒义。如:

大家都自觉以规章制度约束自己。

他希望职工们加强自我约束。

“约束”后边可带“着、了、过”,也可带结果补语“住”,另外可重叠成ABAB式。“约束”的动作有时也可以是外加的。这一意义的“约束”是中性的。如:

这种教育方式约束了孩子们的创造性。

不要被这种思想约束住自己的头脑。

政府应该下大力气约束约束当官的权利。

提示

“拘束”与“约束”的区别

词语	语义特点	使用范围	重叠	语体色彩	带补语“住”
拘束	对人的言行加以不必要的限制。这种约束是外加的。可使失去行动自由	针对人的言行举止	-	贬义	-
约束	使人或事物限制在一定的范围之内。可用于自我约束或外加的约束	多用于规章制度对人的行为限制	+	褒义或中性	+

练一练

一、用“拘束”“约束”填空。

1. 习惯和规范__________着我们的行为和表现。
2. 政府通过税收来__________一些开发商对土地的开发。
3. 那件旗袍处处__________着她，使她无法自由地行走。
4. 国家法律是用来__________人的行为的。
5. 最终他还是没能__________住自己，偷偷地跑去上网了。
6. 旧的教条__________了他的言行。

二、判断对错并改正错句（对的画√，错的画×）。

1. 他被牢牢地约束在床上，一动也不能动。（　　）
2. 教练严厉的态度约束了他们散漫的个性。（　　）
3. 村里通过罚款拘束了那些不孝的行为。（　　）
4. 他很想约束约束孩子不良的习性，但妻子有点不同意。（　　）
5. 学校决不拘束学生正当的活动。（　　）
6. 厂里的任何制度都拘束不了他，真让人担心。（　　）

三、用（　　）内的词语和“拘束”或“约束”一起完成下列句子。

1. ________________________，根本没有办法出去。（小房间）
2. 这儿不是家里，________________________。（需要）
3. 由于西部地区交通不便利，________________________。（经济的增长）
4. ________________________，他们便会产生一些逆反心理。（孩子）
5. 法律________________________，而不是专门用来惩罚人们的。（行为）

四、HSK 仿真题：从下面 ABCD 中选择唯一正确的填入空格中。

1. 自从敌方军队__(1)__了这一地区，很多人都被__(2)__在了家里，一旦出门，就有可能被杀害。

(1) A. 掌握　　B. 把握　　C. 控制　　D. 操纵

(2) A. 约束　　B. 拘束　　C. 妨碍　　D. 阻碍

2. 任何东西都无法__(1)__孩子们的创造性，他们身上__(2)__出了人类固有的本性，那种对新事物的热切向往。

(1) A. 约束　　B. 拘束　　C. 妨碍　　D. 阻碍

(2) A. 表现　　B. 表示　　C. 表达　　D. 体现

五、HSK 仿真题：在下面每一段话中找出错误的部分。

1. 每家公司都会制定一些规章制度（A），用来拘束员工的一些行为（B），这看起来有些严酷（C），实际上对公司的正常运作非常有作用（D）。

2. 自由和纪律是相辅相成的（A），不能认为纪律约束了人们的手脚（B），如果没有纪律（C），也就不能保证绝大多数人的自由。

D

参考答案

一、1. 约束 2. 约束 3. 拘束 4. 约束 5. 约束 6. 拘束

二、1. ×,“约束”改成“拘束”。 2. √ 3. ×,“拘束”改成“约束”。 4. √ 5. √ 6. ×,“拘束”改成“约束”。

三、1. 他被拘束在一个小房间里,根本没有办法出去。

2. 这儿不是家里,你需要约束一下自己。

3. 由于西部地区交通不便利,严重约束了那里经济的增长。

4. 如果过分拘束孩子,他们便会产生一些逆反心理。

5. 法律是用来约束人们的行为的,而不是专门用来惩罚人们的。

四、1. (1) C (2) B 2. (1) A (2) D

五、1. B (应改成:用来约束员工的一些行为)

2. B (应改成:不能认为纪律拘束了人们的手脚)

扩充 扩张 扩展

讲一讲

“扩充”是指扩大充实。后边可带“着、了、过”,也可带趋向补语“起来、下去”,另外可重叠成 ABAB 式。如:

通过引进一些高科技人才,他们公司进一步扩充了实力。

他们的规模扩充得相当快。

你应该把自己的词汇量一点一点扩充起来。

这篇文章还要扩充扩充内容。

“扩张”是指扩大势力,扩大领土等。后边可带“着、了、过”,也可带趋向补语“起来、下去”,另外可重叠成 ABAB 式。如:

那个组织正在扩张自己的势力范围。

那个国家曾经多次扩张过自己的版图。

他的野心在这几年迅速扩张起来。

由于资金的限制,他的饭馆已经扩张不了了。

“扩展”是指扩大,使之向外伸展。后边可带“着、了、过”,也可带结果补语“开、到”,趋向补语“起来、下去”,另外可重叠成 ABAB 式。如:

他们还想进一步扩展一下生产厂区。

近两年城区的绿地面积扩展了许多。

经过一些改革公司业务很快就扩展开了。

他希望两岸的经济、文化交流继续扩展下去。

提示

"扩充""扩张"与"扩展"的区别

词语	语义特点	常带宾语	常带补语
扩充	指数量由少到多,内容由虚到实,力量由小到大,结果常是使组织内部得到加强	机构、编制、人员、势力、实力、规模、队伍、内容、装备、面积	起来、下去
扩张	指领土、范围等加大,从外部加强,有强行向外伸张的意思,有时带贬义	范围、疆土、领地、版图、势力、野心、力量、血管、胸围	
扩展	指向外拓展,没有强行向外的含义,是中性词	范围、地盘、马路、业务、面积、势力、领域、空间、眼界、视野	开、到

练一练

一、用"扩充""扩张""扩展"填空。

1. 很多西方国家都在非洲__________过自己的殖民地。
2. 第九军司令决定大规模__________军队的实力。
3. 张教授不断__________自己的学术研究领域。
4. 随着干旱时间的加长,我们还需要__________水库的容量。
5. 这一政策已经__________到了中西部地区。
6. 用了药以后,医生已经检测到他的血管正在迅速__________。

二、判断对错并改正错句(对的画√,错的画×)。

1. 这种交流最好能扩展到经济、文化等领域。(　　)
2. 由于新厂房都已经建好,厂长决定扩展一些机器的数量。(　　)
3. 通过学习新的东西,可以更新知识、扩展视野。(　　)
4. 这家商店的连锁店已经扩张到了100多家。(　　)
5. 政府决定以老城区为中心向外扩充。(　　)
6. 住房消费过度扩张会带来许多问题。(　　)

三、用(　　)内的词语与"扩充""扩张"或"扩展"一起完成下列句子。

1. 我们公司的人员不太够,____________________。(需要)
2. 为了防止风沙,北方的很多省市____________________。(面积)
3. 有些国家为了显示自己的实力,____________________。(军队)
4. 你的这一发言主题思想很好,____________________。(内容)
5. 随着古代的帝王领土的扩大,____________________。(野心)

四、HSK仿真题:从下面ABCD中选择唯一正确的填入空格中。

1. 随着城市里的汽车不断__(1)__,很多道路都需要__(2)__。

(1) A. 增大　　B. 增加　　C. 增强　　D. 增添

(2) A. 扩大　　B. 扩充　　C. 扩展　　D. 扩张

动词 助动词

2. 每天一杯葡萄酒不仅可以美容，而且可以帮助 （1） 血管，从而 （2） 身体的血液更顺畅地循环流通。

（1）A. 扩大　　B. 扩充　　C. 扩展　　D. 扩张

（2）A. 保护　　B. 爱护　　C. 保证　　D. 保障

3. 随着局势朝着不利的方向 （1） ，政府决定 （2） 军队，以备将来可能发生的战争。

（1）A. 发展　　B. 展开　　C. 扩展　　D. 扩大

（2）A. 扩大　　B. 扩充　　C. 扩展　　D. 扩张

五、HSK 仿真题：在下面每一段话中找出错误的部分。

1. 这家公司已经成立很多年了(A)，随着中国改革开放的不断深入(B)，其业务也已经扩张到了国外(C)，成为了影响国际的知名企业(D)。

2. 尽管你书本上的东西掌握得不错(A)，但还需要扩展大量的课外知识(B)，这样不仅有助于提高你的综合能力(C)，而且可以增强你处理问题的信心(D)。

3. 学生离开祖国到国外去留学(A)，不仅仅是为了获取更多的知识和技能(B)，更主要的是通过了解所到国家的文化和生活方式(C)，从而可以扩充眼界，丰富自己的思想(D)。

参考答案

一、1. 扩张　2. 扩充　3. 扩展　4. 扩充　5. 扩展　6. 扩张

二、1. √　2. ×，“扩展”改成“扩充”。　3. √　4. ×，“扩张”改成“扩充”。　5. ×，“扩充”改成“扩展”。　6. √

三、1. 我们公司的人员不太够，还需要扩充一下。

3. 为了防止风沙，北方的很多省市都在扩展造林面积。

3. 有些国家为了显示自己的实力，把自己的军队扩张到了海外。

4. 你的这一发言主题思想很好，但内容还需要扩充一下。

5. 随着古代帝王领土的扩大，他们的野心便也随之扩张。

四、1.（1）B　（2）C　2.（1）D　（2）C　2.（1）A　（2）B

五、1. C　（应改成：其业务也已经扩展到了国外）

2. B　（应改成：但还需要扩充大量的课外知识）

3. D　（应改成：从而可以扩展眼界，丰富自己的思想）

第八课 描绘、描述与描写 摸索与探索

描绘 描述 描写

讲一讲

“描绘”是指描画图形，也指用语言文字来描写。后边可带“着、了、过”，也可带结果补语“成、为”，趋向补语“出、出来”，另外可重叠成 ABAB 式。如：

那幅画描绘了祖国的壮丽山河。

他在那本书中把自己描绘成了一个见义勇为的英雄。

她用铅笔把脑海中的美好意象描绘了出来。

“描述”是指形象地加以描写叙述。后边可带“着、了、过”，也可带结果补语“成、为”，趋向补语“出、出来、下去、起来”，另外可重叠成 ABAB 式。如：

作品生动描述了山区人民的辛苦生活。

在众多的神话传说中，龙都被描述为一种外表奇特的生物。

看到这么多人都想知道事情的经过，她又继续描述了下去。

你可以简单描述描述事情的原委。

“描写”是指用生动的语言文字把人物、事件、环境等形象具体得表现出来。后边可带“着、了、过”，也可带结果补语“成、为”，趋向补语“起来、下去、出来”，另外可重叠成 ABAB 式。如：

这段情节成功描写了儿童撒谎时的矛盾心理。

影片把主人公描写成了一个不负责任的酒鬼。

作者把人物的内心世界全都描写出来了。

这首诗把女性的聪明描写得十分传神。

提示

“描绘”“描述”与“描写”的区别

词语	语义特点	常带宾语
描绘	表示用图画或语言文字的形式表现人、事、物，通常表现的内容像图画一样细腻传神	风景、景色、风光、大自然、生活、未来、人生、情景、场景、场面、人物、形象、蓝图
描述	用口头语言、文字、小说、电影等艺术形式加以表现，比较强调个性	事情、事件、人物、过程、情景、友谊、战争、灾难、生活、内容
描写	主要用文字来表现，比较强调客观	人物、英雄、表情、动作、心理、社会、历史、农村、城市、环境、风景、盛况、细节、情景、背景

练一练

一、用"描绘""描述""描写"填空。

1. 在作品中,他对人物的外貌特征进行了逼真的__________。
2. 这幅画__________了中国改革开放以后沿海城市的巨大变化。
3. 别担心,你把当时的情景再__________一下。
4. 这部影片__________了一位下岗工人如何艰辛创业的故事。
5. 他兴高采烈地向我们__________了刚看完的电影内容。
6. 这位女作家最擅长__________中年人的感情生活。

二、判断对错并改正错句(对的画√,错的画×)。

1. 这本小说把内蒙古草原的风光描述得如诗如画。(　　)
2. 集团负责人向我们生动描绘了未来发展的蓝图。(　　)
3. 油画以黑色和灰色为主调,描写了暴风雨中的景色。(　　)
4. 他向警察描述了一个小时前发生的交通事故。(　　)
5. 她从头到尾都在描述自己的孩子怎么怎么不听话。(　　)
6. 画家陈逸飞曾经描述了一幅双桥图,从此名扬世界。(　　)

三、用(　　)中的词语和"描绘""描述"或"描写"一起完成下列句子。

1. ____________________________,我们听了都很气愤。(事情)
2. 为了表达对祖国的深切热爱,他用手中的笔____________________。(图画)
3. 作品____________________,所以我们至今也不能理解其中的深意。(社会背景)
4. 那首曲子____________________,让人听了如痴如醉。(浪漫温馨的世界)
5. 那位作家____________________,以至于每一位读者都被深深吸引住了。(风光)

四、HSK 仿真题:从下面 ABCD 中选择唯一正确的填入空格中。

1. 为了还原壁画的真实面貌,那幅壁画的局部完全是<u>(1)</u>手工<u>(2)</u>,看起来跟真的一模一样。

(1) A. 采用　B. 采取　C. 采纳　D. 运用

(2) A. 描写　B. 描绘　C. 描述　D. 描叙

2. 尽管《红楼梦》中的人物有 100 多个,但作家并没有<u>(1)</u>他们每个人的个性特点,每个人物的性格都<u>(2)</u>得相当传神。

(1) A. 省略　B. 忽略　C. 忽视　D. 轻视

(2) A. 描绘　B. 描述　C. 描写　D. 表现

3. 这种氛围又<u>(1)</u>起了他表达的欲望,于是在喝了一口茶以后他就向我们<u>(2)</u>起当年所发生的事情。

(1) A. 发展　B. 展开　C. 激励　D. 激发

(2) A. 描绘　B. 描述　C. 描写　D. 表现

五、HSK 仿真题:在下面每一段话中找出错误的部分。

1. <u>这部影片除了告诉人们一个充满矛盾斗争的宫廷故事以外</u>,<u>还描述了唐代的一些宫廷</u>

A

宴饮的场面，它不仅让我们明白了当时宫廷的残酷，更让我们看到了上流社会的奢华生活。

B　　　　　　C　　　　　　　　　　　　D

2. 虽然已经过去好几个月了，但每当我想起那天发生的事情，我就忍不住激动万分，即使用再多的语言也无法描写我当时的心情。

A　　　　　　B　　　　　　C　　　　　　D

3. 这部长篇小说主要描绘一个音乐家的成长历程，尽管在年轻时他碰到过各种各样的困境，但他从来都没有放弃，最后终于成为了世界有名的音乐大师。

A　　　　　　B　　　　　　C　　　　　　D

参考答案

一、1. 描写　2. 描绘　3. 描述　4. 描写　5. 描述　6. 描写

二、1. ×，“描述”改成“描绘”或“描写”。　2. √　3. ×，“描写”改成“描绘”。　4. √　5. √　6. ×，“描述”改成“描绘”。

三、1. 他把整个事情的经过向我们描述了一遍，我们听了都很气愤。

2. 为了表达对祖国的深切热爱，他用手中的笔描绘出一幅壮美山河的图画。

3. 作品没有把当时的社会背景描写出来，所以我们至今也不能理解其中的深意。

4. 那首曲子向人们描绘了一个浪漫温馨的世界，让人听了如痴如醉。

5. 那位作家很善于描写农村秀美的风光，以至于每一位读者都被深深吸引住了。

四、1. (1) A　(2) B　2. (1) B　(2) C　3. (1) D　(2) B

五、1. B　(应改成：还描绘了唐代的一些宫廷宴饮的场面)

2. D　(应改成：即使用再多的语言也无法描述我当时的心情)

3. A　(应改成：这部长篇小说主要描写一个音乐家的成长历程)

摸索　探索

“摸索”是指试探着(行进)。后边可带“着、了”，也可带结果补语“到、清楚”，趋向补语“出来、过去、下去”。如：

她在黑暗中摸索着向前走。

灯突然熄灭了，他花了很长时间才摸索到一根蜡烛。

小王一路摸索下去，终于走出了森林。

另外，“摸索”还指寻找(方法、经验)。后边可带“着、了、过”，也可带结果补语“到、清楚”，趋向补语“出、出来、下去”，还可以重叠成 ABAB 式。如：

他不断摸索解决问题的新方法。

虽然参加了几次面试，但他还没有摸索清楚就业的窍门。

经过几年的摸爬滚打，那个商人终于摸索出了一套成功的经验。

你还需要进一步摸索摸索集体合作的工作方法。

“探索”是指多方寻求答案，解决疑问。后边可接“着、了、过”，也可接结果补语“到”，趋向补语“出、下去”，另外可重叠成ABAB式。如：

他从小就立志去探索宇宙的奥秘。

他在这一领域探索了很久，但没有任何结果。

这本书实际上并没有探索出一条新思路。

他打算去探索探索那片神秘的森林。

提示

“摸索”与“探索”的区别

词语	语义特点	搭配对象	可否带补语“过去”
摸索	通常是在黑暗中试探着前行或寻找	开关、火柴、蜡烛、方向	+
	通过实践，找到一些经验、方法、办法或途径	门径、路子、经验、方法、技巧、窍门、规律	
探索	探求深刻的道理或找出事物的发展规律，有深入研究的意思	宇宙、地球、奥秘、原因、真理、根源、意义、知识、学问、本质、真谛、人生	−

练一练

一、用“摸索”“探索”填空。

1. 第一阶段的学习经验我还没有________清楚。
2. 他在工作中积极________一条改变现有体制的新路。
3. 他已经________出了那种游戏的玩法。
4. 这份报纸勇于________真理，关注人生。
5. ________科学规律需要花费很多的时间和精力。
6. 在强烈的烟雾中，他终于________到了门边。

二、判断对错并改正错句（对的画√，错的画×）。

1. 探索到开车技巧，他开心不已。（　　）
2. 他摸索了半天也没找到掉在地上的硬币。（　　）
3. 王明毕业以后就探索搞企业，寻求致富的路子。（　　）
4. 很多规划者都在探索现代城市的发展模式。（　　）
5. 经过十几个小时的努力，他终于摸索出了一条解决问题的最佳路径。（　　）
6. 他以小说家的视角去观察、体验、摸索人生。（　　）

三、用（　　）内的词语和“摸索”或“探索”一起完成下列句子。

1. 天很黑，他________________，终于走到了自己的家门口。（一路）
2. 有些人从来就不想停留在固有的东西上，________________。（新事物）
3. ________________，就一定能找到致富的好方法。（只要）
4. ________________，希望找到海底生物生存的秘密。（海洋世界）

5. ________________________，才能找到解决问题的办法。（原因）

四、HSK 仿真题：从下面 ABCD 中选择唯一正确的填入空格中。

1. 为了人类自身的生存，我们需要进一步___(1)___地球变暖的原因，以便___(2)___有效的预防措施。

（1）A. 摸索　　B. 探索　　C. 考察　　D. 观察

（2）A. 采纳　　B. 采用　　C. 采取　　D. 使用

2. 从临床试验___(1)___，经过几十年的潜心研究，他终于___(2)___出了治疗这种疾病的有效方法。

（1）A. 出发　　B. 发现　　C. 动身　　D. 发生

（2）A. 观察　　B. 探索　　C. 考察　　D. 摸索

五、HSK 仿真题：在下面每一段话中找出错误的部分。

1. 改革开放是中国实行的一项重要举措（A），但此前中国并没有这方面的经验（B），完全是探索着前进（C），所以其间碰到一些困难和挫折也是很自然的事情（D）。

2. 许多作家的作品不仅揭示了当代人的生存状态（A），而且积极摸索着人类以后发展的道路（B），这种思想鼓舞着人们不断前进（C），从而达到人类最终的理想目标（D）。

参考答案

一、1. 摸索　2. 探索　3. 摸索　4. 探索　5. 探索　6. 摸索

二、1. ×，“探索”改成“摸索”。　2. √　3. ×，“探索”改成“摸索”。　4. √　5. √　6. ×，“摸索”改成“探索”。

三、1. 天很黑，他一路摸索过去，终于走到了自己的家门口。

2. 有些人从来就不想停留在固有的东西上，每天都想着去探索新事物。

3. 只要你多加摸索，就一定能找到致富的好方法。

4. 多年来他们都在探索着海洋世界，希望找到海底生物生存的秘密。

5. 我们只有探索出事情发生的原因，才能找到解决问题的办法。

四、1.（1）B　（2）C　2.（1）A　（2）D

五、1. C　（应改成：完全是摸索着前进）

2. B　（应改成：而且积极探索着人类以后发展的道路）

第九课　体会与体验　调和与协调

体会　体验

讲一讲

"体会"是指体验领会。后边可带"着、了、过",也可带结果补语"到",趋向补语"出、出来、起来",另外可重叠成ABAB式。如:

我现在也在体会着当老师的乐趣。

你从来都没有体会过在外地生活的难处。

经过一段时间的实践,他终于体会到了山区农民的艰辛。

你真该去体会体会在高温下工作的感受。

"体验"是指通过亲自实践来认识周围的事物,也可表示亲身经历。后边可接"着、了、过",也可接结果补语"到",趋向补语"出、出来、下去"。另外可重叠成ABAB式。如:

你应该到农村去体验一下那儿的生活。

你说的那种滋味我从来没有体验过。

我终于在电影院体验到了这种音响效果。

只有真正成为一名驾驶员,你才能体验出驾驶的乐趣。

提示

"体会"与"体验"的区别

词语	语义特点	常带宾语
体会	强调仔细领会,侧重在理性认识	感情、快感、友谊、道理、气氛、味道、意思、观点、作品、哲理、感受、心理
体验	亲身经历认识周围的事物,强调亲身的感受,重在感性认识	乐趣、生活、环境、危险、幸福、寂寞、孤独、快乐、痛苦、自由、劳动、失败、胜利

练一练

一、用"体会""体验"填空。

1. 他很想让人们__________一下遨游太空的乐趣。
2. 这本书所包含的哲理你必须慢慢去__________。

3. 很多人都__________过失去亲人的痛苦。

4. 当时老师的一片苦心我没能__________出来。

5. 有时游乐园会让消费者免费__________过山车的快感。

6. 经过跟她这一段相处以后，他才__________到感情并不是那么容易建立起来的。

二、判断对错并改正错句（对的画√，错的画×）。

1. 你的那种矛盾心理，我也曾经体验过。（　　）

2. 我打算同他一起去体验一下矿工们的生活。（　　）

3. 他还没有体验其中的深刻含义。（　　）

4. 在域外生活的甘苦他比父亲体会得更多。（　　）

5. 他离开家去北京工作只是为了体会一种不同的生活方式。（　　）

6. 很多演员都没能深切体会导演的意图。（　　）

三、用（　　）内的词语和“体会”或“体验”一起完成下列句子。

1. 如果你想真正了解农村的生活，______________________________。（好好）

2. 他说的话究竟是什么意思呢？______________________________。（一个晚上）

3. 在奥运会上，______________________________。（失败）

4. 别劝我了，______________________________。（心情）

5. 这个孩子之所以整天呆在游戏房里，______________________________。（乐趣）

四、HSK 仿真题：从下面 ABCD 中选择唯一正确的填入空格中。

1. 要想不被时代的潮流淘汰，我们就应该不断____（1）____我们的范围，在这一过程中我们同样会____（2）____到许多意想不到的快乐。

（1）A. 扩张　　B. 扩展　　C. 扩大　　D. 扩充

（2）A. 体会　　B. 体验　　C. 感受　　D. 觉得

2. 如果你用一种敌视的眼光看周围的一切，你就无法____（1）____到有些人通过交流对你所____（2）____的一些善意。

（1）A. 体会　　B. 体验　　C. 感受　　D. 觉得

（2）A. 表明　　B. 表示　　C. 表达　　D. 表现

五、HSK 仿真题：在下面每一段话中找出错误的部分。

1. 很多人只是通过报纸或电视了解西方的文化（A），发现了一些与中国不同的地方（B），其实只有到了国外（C），你才会真正体会到东西文化的差异（D）。

2. 关于这个问题（A），每个人都有自己的理解（B），我就不一一解释了（C），你可以通过好好思考体验其中的含义（D）。

参考答案

一、1. 体验　2. 体会　3. 体验　4. 体会　5. 体验　6. 体会

二、1. ×,“体验”改成“体会”。　2. √　3. ×,“体验”改成“体会”。　4. √　5. ×,“体会”改成“体验”。　6. √

三、1. 如果你想真正了解农村的生活,你就应该去好好体验一下。

2. 他说的话究竟是什么意思呢?我想了一个晚上也没能体会出来。

3. 在奥运会上,她首次体验到了失败的滋味。

4. 别劝我了,你根本无法体验我此时此刻的心情。

5. 这个孩子之所以整天呆在游戏房里,就是因为他体验到了玩游戏的乐趣。

四、1. (1) D　(2) B　2. (1) A　(2) C

五、1. D　(应改成:你才会真正体验到东西文化的差异)

2. D　(应改成:你可以通过好好思考体会其中的含义)

调和　协调

讲一讲

“调和”是指通过动作使纠纷、矛盾消去,重新和好。后边可接“着、了、过”,也可接结果补语“好、完”,趋向补语“起来、下去、下”,另外可重叠成 ABAB 式。如:

看到两个人吵架,小王赶紧上前调和。

她认为自己还没有调和好朋友之间的关系。

两派之间的冲突调和起来十分困难。

你看他们俩好多天不说话了,你去调和调和吧。

“调和”还指为避免冲突而让步。多用于否定句。如:

在这个问题上,我们决不调和。

他跟敌人向来斗争到底,从不调和。

“协调”是指让几个人或单位在行动上相互配合,使进行得更为顺利。后边可接“着、了、过”,也可接结果补语“好、完”,趋向补语“起来、下去、下”,另外可重叠成 ABAB 式。如:

各部门之间必须协调统一,使这项工作顺利完成。

我已经协调好了他们的行动。

双方还未达成一致,他们还将继续协调下去。

他打算去海关协调协调,看能不能让货物早点进港。

提示

“调和”与“协调”的区别

词语	语义特点	常带宾语
调和	使矛盾、冲突等消解，向“和”的方面转化	分歧、矛盾、争端、纠纷
	表示为避免冲突而妥协让步	
协调	使双方以至多方配合一致或相互商量解决存在的问题	单位、组织、机构、部门、进度、计划、工作、关系

练一练

一、用“调和”“协调”填空。

1. 由于双方__________未果，至今还没有达成协议。
2. 他们之间的分歧几乎不可__________。
3. 我们的目的是把商业开发与环境保护__________起来。
4. 在威胁和恐吓面前，他从不__________。
5. 他去那家单位__________赔偿金的事宜。
6. 我相信他能把方方面面的问题__________好，组织好。

二、判断对错并改正错句（对的画√，错的画×）。

1. 市政府组织调和各部门尽快把这项工作顺利完成。（　　）
2. 联合国秘书长就这个问题与各方代表进行协调，希望能有一个统一的看法。（　　）
3. 这是两家多年结下的矛盾，我可调和不了。（　　）
4. 他说在这个问题上他决不会协调。（　　）
5. 他来这儿是专门协调解决农民工子女上学的问题的。（　　）

三、用（　　）内的词语和“调和”或“协调”一起完成下列句子。

1. 作为一个社区管理员，______________________________。（社区内）
2. ______________________________，看能不能今天把货物送过来。（运输公司）
3. 他们父子不合，______________________________。（从中）
4. 两国______________________________，决定放弃武装对立。（磋商）
5. ______________________________，但当事人双方都不同意。（纠纷）

四、HSK 仿真题：从下面 ABCD 中选择唯一正确的填入空格中。

1. 在双方家长的 （1） 和劝说下，王先生决定与李小姐分手， （2） 这段让人痛苦的婚姻。

（1）A. 调和　　B. 协调　　C. 解释　　D. 了解

（2）A. 解决　　B. 完成　　C. 结束　　D. 完结

2. 经过朋友一番 （1） ，他们终于又恢复了交往，但他们已经无法再 （2） 原先那种和谐完美的境界。

（1）A. 调和　　B. 协调　　C. 解释　　D. 说明

（2）A. 到达　　B. 达到　　C. 抵达　　D. 达成

五、HSK 仿真题:在下面每一段话中找出错误的部分。

1. 要想在这个职位上长期坐下去(A),就要调和好各方面的关系(B),处理好各部门之间的矛盾(C),从而建立起自己的威信(D)。

2. 李明因为一些事情跟朋友发生了矛盾(A)。为了不让事情变得更糟(B),另外一个朋友在两人之间进行了协调(C),终于让两人重归于好(D)。

参考答案

一、1. 协调　2. 调和　3. 协调　4. 调和　5. 协调　6. 协调

二、1. ×,“调和”改成“协调”。 2. √　3. √　4. ×,“协调”改成“调和”。　5. √

三、1. 作为一个社区管理员,他每天都要调和很多社区内的矛盾。

2. 你派小王去运输公司协调一下,看能不能今天把货物送过来。

3. 他们父子不合,还得你从中调和一下。

4. 两国经过协调和磋商后,决定放弃武装对立。

5. 法院很想调和这次纠纷,但当事人双方都不同意。

四、1. (1) B　(2) C　2. (1) A　(2) B

五、1. B　(应改成:就要协调好各方面的关系)

2. C　(应改成:另外一个朋友在两人之间进行了调和)

单元练习

一、把动词和后边适当的宾语用线连起来。

参加	文件	约束	工作
赔偿	晚会	扩展	新领域
辨认	内政	描绘	自我
处理	损失	探索	业务
干涉	灵感	体验	蓝图
激发	尸体	协调	生活

二、用所给的动词完成句子。

1. 如果不____________________,疾病将会迅速蔓延。(采取)
2. ____________________,这儿的矛盾可能永远也解决不了。(干预)
3. 那个皇帝的野心很大,____________________。(扩张)
4. 那部电影很让人感动,____________________。(描写)
5. ____________________,他终于揭开了动物世界那神秘的面纱。(探索)

三、HSK 仿真题:从下面 ABCD 中选择唯一正确的填入空格中。

1. 你根本无法______我当时的心情,那时我感觉失望极了。
A. 摸索　　B. 探索　　C. 体会　　D. 体验
2. 我们应该注意培养学生自我______的能力。
A. 拘束　　B. 干涉　　C. 约束　　D. 干预
3. 父亲欠下的这些债他实在不知道该怎么______。
A. 忽视　　B. 对待　　C. 偿还　　D. 处理
4. 大学生不应该仅仅局限于课本中的内容,还应该通过参与社会来______自己的视野。
A. 扩大　　B. 扩张　　C. 扩展　　D. 扩充
5. 这样______一个无人照料的老人是不公平的。
A. 等待　　B. 对待　　C. 期待　　D. 看待
6. 陌生的东西最能______孩子们的兴趣。
A. 激动　　B. 激励　　C. 鼓励　　D. 激发
7. 领导虽然没有立即______我的意见,但答应会认真考虑一下。
A. 采纳　　B. 采取　　C. 采用　　D. 采集
8. 对那些贪污受贿的的官员,国家都会依法给予______。
A. 处分　　B. 处理　　C. 处置　　D. 处决
9. 通过______社会活动,他们学到了很多东西。
A. 参加　　B. 参考　　C. 参与　　D. 参看
10. 小姑娘开始还有些害羞,但过了一会便______着美妙的音乐跳起舞来。

A. 陪伴　　B. 陪同　　C. 伴随　　D. 跟随

11. 这种病必须______新的治疗方法，否则不能治愈。

A. 采纳　　B. 采用　　C. 运用　　D. 采取

12. 很多自然灾难我们是无法______的，只有勇敢地去面对。

A. 躲藏　　B. 躲避　　C. 拘束　　D. 约束

13. 你设计的产品完全______我们公司的要求，我们将很快跟你签约。

A. 表现　　B. 体现　　C. 相符　　D. 符合

14. 看到路上发生那么多交通事故，每次出门母亲都会再三______，让我路上小心。

A. 叮咛　　B. 说明　　C. 解释　　D. 嘱咐

15. 他拿出一张小学时的照片，让我______一下哪个是他。

A. 分辨　　B. 辨认　　C. 辨别　　D. 发现

16. 这些速冻食品不能过夜，我们必须尽快______掉。

A. 处理　　B. 处分　　C. 处置　　D. 处罚

17. 尽管你不喜欢你女儿现在的男朋友，但你不应该______他们的正常交往。

A. 阻碍　　B. 妨碍　　C. 干预　　D. 干涉

18. 这虽然是一个很小的细节，但一旦______，可能造成很大的危害。

A. 忽视　　B. 疏忽　　C. 忽略　　D. 省略

19. 这篇论文的内容如果再______一下，可能会更有说服力。

A. 扩展　　B. 扩充　　C. 扩大　　D. 扩张

20. 不用紧张，你详细______一下当时的情况。

A. 描述　　B. 描写　　C. 描绘　　D. 解释

四、HSK 仿真题：在下面每一段话中找出错误的部分。

1. <u>为了提高学习的热情</u>(A)，<u>老师经常用很多人的成功来激发我们</u>(B)。<u>这种方法的效果非常明显</u>(C)，<u>往往在一段时间里我们都会信心十足</u>(D)。

2. <u>今来的很多事例告诉我们</u>(A)，<u>做任何事都不应该丧失信心</u>(B)，<u>只要坚持不懈地努力下去</u>(C)，<u>总能探索出一些成功的经验</u>(D)。

3. <u>我们有非常紧急的任务</u>(A)，<u>必须马上从这儿通过</u>(B)，<u>你能不能再去跟有关人员调和一下</u>(C)，<u>让我们赶快过去</u>(D)？

4. <u>由于孩子无法辨认好人和坏人</u>(A)，<u>往往一不小心就会上当受骗</u>(B)。<u>最近发生的几起拐卖儿童的事件</u>(C)，<u>给那些粗心的父母敲响了警钟</u>(D)。

5. 在小王离开公司去国外谈判的时候，领导把他叫到自己的办公室，叮咛他这次谈判对
A B
他们公司非常重要，一定要投入十二分的精力去应对。
C D

6. 当大家都在焦急地寻找明明时，有人发现他躲避在了床底下，那双狡黠的眼睛不停地
A B
往外偷看，搞得大家哭笑不得。
C D

7. 许多人都认为现在的孩子太不听话了，关键的原因是父母过于宠爱，但也有一些人持
A B
反对的态度，我们该如何对待这个问题呢？
C D

8. 为了探明那家工厂究竟发生了什么事，我们伴随记者找到了车间的负责人了解情况，
A B
负责人很热情地回答了我们的提问，但对一些关键问题却没有给出一个明确的答案。
C D

9. 因为是第一次在公众面前表演，所以她开始还有些约束，不过过了十几分钟以后，她便
A B C
完全放松了下来，表演也越发舒展。
D

10. 这都怪我一时忽视，否则无论如何我也不会把他一个人留在车站，现在我们只能找警
A B
察帮忙，看能不能获得一些有用的信息。
C D

11. 他们之间的关系已经很难协调，你不必再为他们费心了，有些事情不是外人可以改变
A B
得了的，就让他们自己去解决吧。
C D

12. 很多作家有时只是凭想象来描写一些地区的风土人情，其实他们并没有亲身体会过，
A B
所以写出的东西往往脱离实际，那么其结果也就可想而知了。
C D

13. 这个项目太庞大了，我们需要一些专业的人员参加进来，跟我们一起合作搞研究，从而
A B C

节省一些时间和精力。
D

14. 他们这是在无理取闹，我们公司完全是按照合同去做的，根本用不着偿还，实在不行我
A　　B　　C
们只好寻求法律的途径来解决了。
D

15. 经过技术分析后发现，在沙地上的脚印跟犯罪现场留下的脚印完全符合，警察由此
A　　B
推断，犯罪嫌疑人有可能在作案以后逃离到这儿。
C　　D

16. 那么美的景色，真的无法用语言来描写，如果你真想知道得更详细一些，最好亲自去
A　　B　　C
游览一下。
D

17. 你千万不要疏忽了孩子的早期教育，这往往会影响到他们以后的发展，因为儿童在很
A　　B
早便具有了一定的认知能力，稍不注意就可能会误导孩子。
C　　D

18. 我这边的事情也很多，那边的业务你就帮我处置一下吧，有些问题真的无法解决，那就
A　　B　　C
等我以后去了再说吧。
D

19. 虽然这些东西的包装几乎一模一样，但如果仔细观察一下，还是能够分辨出不同之处的，
A　　B　　C
因为仿造的总归会有一些瑕疵。
D

20. 历史书上对这一地区描绘得不是特别清楚，所以我们必须寻找当地的一些古迹，通过
A　　B
实物的考证，来确定这一地区是否在历史上占据非常重要的地位。
C　　D

参考答案

一、
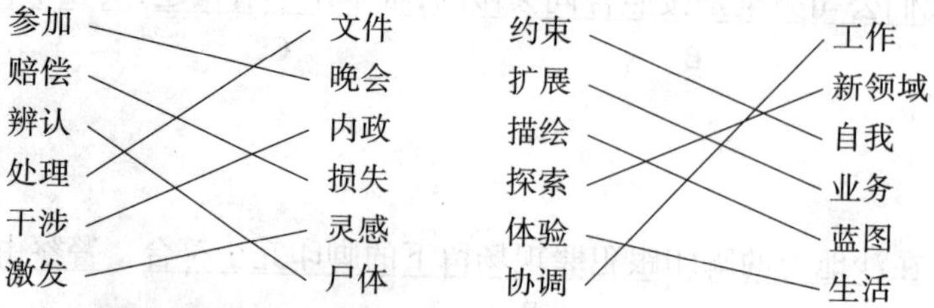

二、1. 如果不采取紧急隔离措施,疾病将会迅速蔓延。
2. 不是领导进行干预,这儿的矛盾可能永远也解决不了。
3. 那个皇帝的野心很大,他想将自己的领土扩张到海外。
4. 那部电影很让人感动,它描写了当时中国农村的困苦生活。
5. 经过不断的努力探索,他终于揭开了动物世界那神秘的面纱。

三、1. C 2. C 3. C 4. C 5. B 6. D 7. A 8. C 9. A 10. C 11. D 12. B 13. D 14. A 15. B 16. A 17. D 18. C 19. B 20. A

四、1. B (应改成:老师经常用很多人的成功来激励我们)
2. D (应改成:总能摸索出一些成功的经验)
3. C (应改成:你能不能再去跟有关人员协调一下)
4. A (应改成:由于孩子无法分辨好人和坏人)
5. C (应改成:嘱咐他这次谈判对他们公司非常重要)
6. B (应改成:有人发现他躲藏在了床底下)
7. D (应改成:我们该如何看待这个问题呢)
8. B (应改成:我们跟随记者找到了车间的负责人了解情况)
9. B (应改成:所以她开始还有些拘束)
10. A (应改成:这都怪我一时疏忽)
11. A (应改成:他们之间的关系已经很难调和)
12. B (应改成:其实他们并没有亲身体验过)
13. B (应改成:我们需要一些专业的人员参与进来)
14. C (应改成:根本用不着赔偿)
15. B (应改成:在沙地上的脚印跟犯罪现场留下的脚印完全相符)
16. B (应改成:真的无法用语言来描绘)
17. A (应改成:你千万不要忽视了孩子的早期教育)
18. B (应改成:那边的业务你就帮我处理一下吧)
19. C (应改成:还是能够辨别出不同之处的)
20. A (应改成:历史书上对这一地区描写得不是特别清楚)

下篇 助动词

总　说

汉语助动词从语义上分为两类:一类表示能力或意愿,如“能、会、想、要、愿意、肯”等。另一类表示必要、可能或许可,如“应该、可能、可以、能、能够、得(děi)”等。

助动词的主要语法特点如下:

1. 助动词一般用在动词前,表示“能力、意愿、可能、许可和情理上需要”等意义。

2. 助动词不能重叠。不能带助词“着、了、过”。

3. 大多数助动词可以用在“～不～”这样的正反疑问式中,如“会不会”、“能不能”、“应该不应该”等。

4. 可以单独回答问题,多用在对话中。如:

——你会不会开汽车? ——会。(或:不会。)

——你愿意和我做朋友吗? ——愿意。(或:不愿意。)

——我能进去吗? ——能。(或:不能。)

5. 当要表示较为复杂的助动意义,可以连用几个助动词。如:

他应该会滑冰。

明天我可能要去天津。

我想她会愿意和我一起去上海的。

学习汉语助动词要注意以下几点:

1. 不少汉语助动词不止一个意义和用法;有的不仅可以作助动词,而且可以作动词,因此需要记住每一个助动词的多种不同的意义和用法。

2. 在表示某个相同或相近的抽象意义时,因主观和客观、语气的轻和重、说话人强调的方面不同,往往有几个不同的助动词可供选择,如表示能力或可能有“会”“能”和“可以”等。它们看起来很相似,但有很多细微的差别。要想学好助动词,最重要的应注意弄清楚这类近义的助动词的差别。

3. 有的助动词的否定形式不是对原词加以否定,而是用另外一个助动词,如“可以”的否定形式是“不能”。

第一单元

第一课　会$_1$　能$_1$

试一试

选用“会”或“能”填空。

1. 我(　　)打网球。
2. 他(　　)吃很辣(là)的菜。
3. 哥哥学了6年英语，现在(　　)看懂英文报纸了。
4. 妈妈很(　　)买东西，买到的东西既便宜又好。
5. 他很(　　)吃，一顿要吃5碗饭。
6. 小林的腿已经完全好了，她现在(　　)踢球了。
7. 小王1分钟(　　)打130多个字。

讲一讲

一、会$_1$

助动词“会”的第一种用法，即表示能力的“会$_1$”，这种能力大多是经过后天学习或练习获得的一般技能。否定在“会”前加“不”。如：

我会打网球。

他会说英语，也会说日语。

小赵不会开车。

疑问句有两种：

——你会游泳吗？——会。(或：不会。)

——他会不会打字？——会。(或：不会。)

二、能$_1$

“能”表示的能力与“会”有所不同。下面“能”的用法都不能换成“会”。

1. 表示生来就有的能力，或以先天条件为基础的、特别的能力(有些不易做到)。如：

她能(＊会)吃很辣的菜。

这只小狗能(＊会)听出主人的声音。

我女朋友的嗓(sǎng)子好,再高的音也能(＊会)唱。

否定句是“不能”,一般表示先天所不具备的能力。如:

他不能从高处往下看。

2. 表示经过特别的练习或磨炼而具备的能力,能完成较难做的事,常用结果补语说明。如:

我父母那代人特别能吃苦。

哥哥学了6年英语,现在能看懂英文报纸了。

3. 通过动作的数量或效率说明的能力,动词后一般要出现数量短语。如:

小王1分钟能打130多个字。

我跳不高,最多只能跳到1.8米,所以打篮球不太合适。

4. 表示由于客观原因,丧失或恢复了某种本来具有的能力。如:

出事后,这孩子得了失语症,不能说话了,现在好了,又能说话了。

小林的腿已经完全好了,现在能踢球了。

“能”的疑问句有两种:

——中国老师说的话你能听懂吗?——能。(或:不能。)

——这个问题杰克能不能回答出来——能。(或:不能。)

另外,“能”和“会”还可以表示可能,这将在第二课详细讲解。

提示

“会$_1$”和“能$_1$”的区别

1.“会”和“能”的最大区别在于“会”大多表示的是经过学习和练习获得的一般技能。这类技能很少用“能”表示。如:

玛丽会说一点儿汉语。(此句“会”可换成“能”)

像下面的“会”与“能”虽然可以用在相同的动词前,意义实际上并不一样:

我不会游泳,你能教我吗?(要学习后才“会”)

我不能游泳,一见水我就紧张。(因先天的原因而“不能”)

2.“会”和“能”都可以受“很”修饰,但表示的意思不一样。“很会”表示动作者擅长做某个动作,强调动作的质量和技巧。“很能”则表示动作可以达到很大的量,强调的是动作的数量。如:

妈妈很会买东西,买到的东西既便宜又好。

妈妈很能买东西,一买就买好多。

他很能吃,一顿饭要吃5碗饭。

他很会吃,花一样的钱,他常能比别人吃到更多的好吃的东西。

记一记

“会$_1$”与“能$_1$”的语义区别	能$_1$	会$_1$
1. 通过后天学习获得的一般技能	+	+
2. 生来就具备的能力或以先天条件为基础的、特别的能力	+	−
3. 表示有能力做较难做的事，常用结果补语作说明。	+	−
4. 表示动作的效率，动词后一般要出现数量短语。	+	−
5. 某种本来有的能力的失去或恢复	+	−
6. 某一动作可达到较大的数量	+	−
7. 擅长做某种动作，懂得做某种动作的技巧	−	+

注：“+”表示可以这样用，“−”表示不可以这样用，下同。

练一练

一、用句后（　　）中的助动词和下面所给的动词完成句子。

听懂　看完　打100多个字　滑雪　跳舞　做饭　吃　开车

1. 他从来没做过饭，所以不____________________。（会）
2. 这里冬天常常下雪，有很多滑雪场，这里的人大部分都________________。（会）
3. 杰克的汉语水平不错，老师说的话他____________________。（能）
4. 这么多书，你一天____________________？（能）
5. 你们去参加舞会吧，我不去，我不________________。（会）
6. 小王打字打得很快，1分钟____________________。（能）
7. 妹妹胃口一直很好，很________________，她吃的常常是我的两倍。（能）
8. 这位司机很________________，在人多车多的地方也开得很好。（会）

二、选择“能”和“会”填空。

1. 爸爸只要尝一小口，就（　　）尝出这酒是哪一年的。
2. 小张很（　　）讲故事，同样的故事他讲得总是比别人有趣儿。
3. 我的脚好多了，现在（　　）自己走了。
4. 朱丽叶在音乐学校学习了4年，（　　）弹钢琴，也（　　）拉小提琴。
5. 小伙子（　　）吃（　　）睡，身体很棒。
6. 这些人真（　　）喝，昨晚一共喝掉了10多瓶啤酒。
7. 学习了3个月，他就（　　）游泳了，现在，他一口气（　　）游50米。
8. 这点活儿，我一个人也（　　）干完。

三、HSK仿真题：将下面句后（　　）中的词语放在唯一合适的地方。

1. 小女孩才3岁，A可是B已经C用中文D写自己的名字了。（能）
2. 我以前A从来B没学过游泳，当然C不D游。（会）
3. 大家A都B知道除了日本菜以外，三木还C做D中国菜。（会）

4. 我觉得老师也 A 不一定 B 做 C 出来，因为这道数学题 D 很难。（能）

5. 朴正爱刚 A 来中国的时候，一点儿汉语 B 也不 C 说 D。（会）

6. 我 A 听说 B 咱们公司里的小刘 C 很 D 买衣服。（会）

四、HSK 仿真题：找出下面每段话中有错误的部分。

1. 杰克在上海生活了两年，口语说得相当不错，他的汉字也很好，已经会看懂中文报纸了。

A　B　C　D

2. 篮球队的队员个个能吃能睡，身体好，胃口也好，一般 1 个月就会吃完 150 斤牛肉。

A　B　C　D

3. 我和妹妹都爱唱歌，可妹妹比我更能唱，高音好听，低音也好听。

A　B　C　D

4. 踢球队的小林出了交通事故，脚受了伤，最近不会踢球了，比赛怎么办？

A　B　C　D

5. 王经理虽然年轻，却很能管理公司，在他的管理下，公司这几年发展得很好。

A　B　C　D

参考答案

一、1. 他从来没做过饭，所以不会做饭。
2. 这里冬天常常下雪，有很多滑雪场，这里的人大部分都会滑雪。
3. 杰克的汉语水平不错，老师说的话他都能听懂。
4. 这么多书，你一天能看完吗？
5. 你们去参加舞会吧，我不去，我不会跳舞。
6. 小王打字打得很快，1 分钟能打 100 多个字。
7. 妹妹胃口一直很好，很能吃，她吃的常常是我的两倍。
8. 这位司机很会开车，在人多车多的地方也开得很好。

二、1. 能　2. 会　3. 能　4. 会；会　5. 能；能　6. 能　7. 会；能　8. 能

三、1. C　2. D　3. C　4. B　5. C　6. D

四、1. D　（应改成："已经能看懂中文报纸了"。"看懂中文报纸"是较难完成的事情，用"能"）
2. D　（应改成："一般 1 个月能吃完 150 斤的牛肉"。表示动作达到的数量时，用"能"）
3. B　（应改成："可妹妹比我更会唱"。"高音好听，低音也好听"表示唱歌的水平高，用"会"）
4. C　（应改成："最近不能踢球了"。由于客观原因失去某种能力，用"能"）
5. B　（应改成："却很会管理公司"。表示懂得管理公司的技巧，用"会"）

第二课　想　要[1]

试一试

选用“想”或“要”填空。

1. 小孩子都(　　)快点长大。
2. 不管你说什么,我都(　　)去那儿旅行。
3. 这一次,我们队一定(　　)赢。
4. 杰克很(　　)跟中国人聊聊天。
5. 听说那位明星来我们学校了,大家都非常(　　)亲眼见见她。
6. 这件事,今天你非(　　)讲清楚不可。

讲一讲

一、想

“想”表示希望或打算,后面带动词或动词短语(可以是较复杂的连动或兼语结构的短语),否定句用“不想”。如:

姐姐想买一本英语词典。
哥哥说他年纪还小,不想马上结婚。
我想去中国学习汉语。
他想叫我去买火车票。

助动词“想”所表示的主观意志不太强,因此,可以受“很”“非常”“特别”“有点儿”等程度副词修饰。如:

小孩子都很想快点长大。
我有点儿想睡了。
听说那位明星来我们学校了,大家都非常想亲眼见见她。

“想”还可以作动词。如:

他想了想,说:“还是我去吧。”(“想”是“思考”的意思)
杨教授在国外也总想着祖国。(“想”是“思念、惦记”的意思)
我想妈妈大概快来了。(“想”是“估计”的意思)

提示

动词"想"与助动词"想"的区别

动词"想"可以带"着""了""过"(见上),助动词"想"不能带"着""了""过",下面的句子是错的:

*那年秋天,杰克想了去北京旅行,但是9月初他病了,所以没有去。

*我想着去看电影。

*三木想过听音乐,可是妈妈不同意。

二、要$_1$

1. "要"表示做某事的意志,从主观意志的强弱看,"要"比"想"强。因此,"要"不能受"有点儿""很""非常"等程度副词的修饰。如:

外国学生要学太极拳。

小林要去北京。

杰克很想(*要)跟中国人聊聊天。

三木非常想(*要)去中国学习汉语。

他有点儿想(*要)走了。

表示意志的"要"否定用"不想",不是"不要"。如:

问:你要不要看电影?

答:我不想看电影。

"要"前常受"一定"修饰,或组成"非要……不可"结构,强调语气。如:

这一次,我们队一定要赢。

这件事,今天你非要讲清楚不可。

2. "要"也有动词用法,表示希望得到或者需要。可以带名词宾语。如:

客人要一杯牛奶,两片面包。("要"是"希望得到"的意思)

你上班路上要多少时间?("要"是"需要"的意思)

提示

"要$_1$"与"想"的区别

1. 助动词"想"所表示的主观意志没有"要"强,因此,当向别人提出某个请求时,用"想"语气比较委婉。如:

我想跟你一起跳个舞,可以吗?

他想借你的自行车用一下,你能借给他吗?

2. 当表示意志坚决或决心、计划已定时,一般用"要"。如下面句中的"要"表达的是一种强烈的主观意志,不能换成"想"。如:

不管你说什么,我都要(*想)去那儿旅行。

我们一定要(*想)赢他们。

孩子哭着要(*想)跟妈妈一起出去。

3. "想"可以受否定副词"别"修饰,"要"一般不这样用。如:

她太熟悉他了,什么事也别想(*要)瞒他。

4. 表示意志的"想"和"要"的否定形式都是"不想"。
5. "不要"一般用来表示劝阻或禁止做某事(详见第三单元第二课)。如:

请不要大声说话。(禁止)

外面在下大雨,你现在还是不要走吧。(劝阻)

记一记

表示意愿的"想"与"要$_1$"的区别					
词语	意义	语气	受"很""非常""有点儿"等副词修饰	受"一定"等修饰	否定
想	意愿	弱	+	–	不想
要	意愿	强	–	+	不想

练一练

一、HSK 仿真题:从下面 ABCD 中选择唯一正确的填入空格中。

1. 他一定______走,我也不好说什么。
A. 要　　B. 能　　C. 会　　D. 想
2. 我有点儿______吃东西了,咱们去买点儿吃的吧。
A. 会　　B. 想　　C. 要　　D. 能
3. 我姐姐喜欢文学,特别______上北京大学中文系。
A. 想　　B. 要　　C. 会　　D. 能
4. 小林说这个电影他已经看过好几遍了,他不______再看了。
A. 要　　B. 能　　C. 想　　D. 会
5. 今晚礼堂有一场音乐会,我非常______去听听,可是票很难买。
A. 可能　　B. 可以　　C. 要　　D. 想
6. 我______借你的手机用用,可以吗?
A. 会　　B. 想　　C. 要　　D. 大概
7. 哥哥下了决心______去国外留学。
A. 会　　B. 打算　　C. 要　　D. 想
8. 今天必须把这些工作做完,做不完,你别____回家!
A. 要　　B. 会　　C. 能　　D. 想
9. 这孩子非______学唱歌不可,还说将来要做歌星呢!
A. 要　　B. 想　　C. 能　　D. 会
10. 三木说她本来也很________参加明天的班级活动,只是最近太忙了,不能来。
A. 要　　B. 能　　C. 想　　D. 会

二、HSK 仿真题:将下面句后(　　)中的词语放在唯一合适的地方。

1. 明天上午 A 我 B 进城看一个 C 从美国 D 来的朋友。(要)
2. 妈妈说 A 这个周末 B 请几个同事 C 来 D 吃饭。(要)

3. A 离开北京之前，我 B 非常 C 去全聚德 C 尝尝烤鸭。（想）
4. 杰克约了玛丽 A 明天 B 出去，他们 C 一起 D 照几张相。（想）
5. 麻烦您了，我 A 把这些美元 B 都 C 换成 D 人民币。（要）
6. 王太太说她 A 不 B 做这种从来 C 都 D 没有变化的工作。（想）
7. 三木想一个人 A 安静一会儿，但是她妹妹 B 非 C 跟她一起 D 玩。（要）
8. 同事小李 A 和我姐姐 B 谈朋友，可是我姐姐 C 一点儿也不 D 喜欢他。（想）

三、HSK 仿真题：找出下面每段话中有错误的部分。

1. 这个学期开学的时候（A），小林对老师说（B），他不想去二班（C），一定想去三班（D）。

2. 金美玉是个韩国人（A），很想了解中国（B），她不但要学习汉语（C），还特别要学习中国历史和文化（D）。

3. 那么漂亮的衣服谁看了都要买（A），李丽也很要买（B），但因为价格太高（C），最后还是没买（D）。

4. 昨天下午我买了两张电影票（A），想了去看电影（B），可公司打电话要我去加班（C），没看成（D）。

5. 小王确实不想让别人知道那件事（A），她对谁都不想说（B），连我都不知道（C），你就别要再打听了（D）。

6. 越来越多的日本女孩子希望有一份自己的工作（A），大学毕业后她们不要呆在家里（B）。很多已经结婚的妇女也打算走出家庭（C），走向社会（D）。

参考答案

一、1. A 2. B 3. A 4. C 5. D 6. B 7. C 8. D 9. A 10. C
二、1. B 2. A 3. C 4. C 5. A 6. B 7. C 8. A
三、1. D （应改为："一定要去三班"，表示坚定的意志时，一般用"一定要"）
2. D （应改为："还特别想学习中国历史和文化"，"要"一般不受"特别"修饰）
3. B （应改为："李丽很想买"，"要"不能受"很"修饰）
4. B （应改为："想去看电影"，句中的"想"不是动词，不能带"了"）
5. D （应改为："你就别想再打听了"，"要"不能受副词"别"修饰）
6. B （应改为："大学毕业后她们不想呆在家里"，表示主观意愿的"要"的否定是"不想"）

第三课　愿意　肯

试一试

选用"愿意"或"肯"填空。

1. 大家心里都挺(　　)参加演讲比赛，只是怕说不好。
2. 儿子不想出去，更(　　)一个人呆在家里。
3. 小丽一直不(　　)承认她的错误。
4. 只要你(　　)，什么时候都可以来找我谈。
5. 我很(　　)听听大家的意见。
6. 你(　　)参加我的生日晚会吗？
7. 小林跟朋友见面时，总不(　　)带着他女朋友，因为他觉得她不漂亮，怕没面子。

讲一讲

一、愿意

1. 动作者根据自己的心愿做某个动作，常常不考虑利害得失。如：

　　大家心里都挺愿意参加演讲比赛，只是怕说不好。

　　只要你愿意，什么时候都可以来找我谈。

2. 动作者乐意主动付出，多用于肯定句，常用于表示决心的场合。如：

　　为了祖国，我愿意献出自己的一切。

　　为了给我妈治病，我什么都愿意做。

3. 动作者通过某种行为能够得到利益或者好处。用在反问句中时，常常表示一种美好的心愿。如：

　　中国公司愿意同国外的公司进行技术上的合作。

　　谁不愿意过轻松愉快的生活呢？

否定句用"不愿意"。如：

　　他不愿意去农村工作。

　　我不愿意放弃这个学汉语的好机会。

　　现在很多年轻人不愿意在同一家公司工作到退休。

疑问句有"愿意不愿意"或"愿不愿意"两种，常用于征求对方的意见。如：

　　A：你愿意参加这次活动吗？

　　B：(我)不愿意。("我"可以省略，下同)

A：明天我搬家，你愿不愿意来帮帮我的忙？

B：（我）愿意。

不能用“愿没愿意”，下面的句子是错的：

＊她愿没愿意给你电话号码？（应改为：她愿不愿意给你电话号码？）

提示

“愿意”“要”与“想”的区别

“愿意”用于动词前重点强调的是符合自己的心愿而同意或乐意做某事。一般不强调动作的目的，而“想”或“要”和动词一起所表示的动作目的性很强。下面的句子只能用“要”或“想”而不能用“愿意”：

今年暑假，我要（想）去上海看朋友。

＊今年暑假，我愿意去上海看朋友。

我想（要）成为一个歌唱家。

＊我愿意成为一个歌唱家。

二、肯

1．“肯”多表示经过思考，接受某种要求或建议，作出最后的决定。如：

他肯接受我做他的学生了！（“他”以前不打算接受“我”做学生）

爸爸想了很久，最后终于肯让我去外地上学了。（爸爸开始时不让我去外地上学）

2．“肯”后的动词常是需要动作者付出努力、精力、财力等的动词。如：

只要你肯花时间，肯吃苦，就一定能成功。

他觉得只要自己肯卖力挣钱，生活是不成问题的。

这孩子做什么事情都不肯动脑筋，懒得很。

3．“肯”的否定形式是“不肯”，“不肯”常用于表示坚持不做某一动作，这类动作通常有以下几类：

（1）认为是违反动作者平时做人的一贯原则或做法而坚决不做。如：

对工作，他从来不肯马虎。

她从来不肯说假话。

（2）考虑到动作会带来不利影响而不做。如：

姐姐舍不得自己的孩子，不肯去国外工作。

小丽一直不肯承认错误。

小林跟朋友见面时，总不肯带着他女朋友，因为他觉得她不漂亮，怕没面子。

（3）固执地坚持某一动作而不改变，多为不听别人的劝告，一味地坚持。如：

我让他早点休息，他就是不肯。

我们希望老师改变考试的方法，可是他一直都不肯。

（4）动作者痛恨自己或他人的过错，长期地不予原谅。

我因为家里穷，考上大学也没能去读，爸爸为此到现在也不肯原谅他自己。

那个朋友欺骗过大卫，因此大卫到现在也不肯见他。

提示

"肯"与"愿意"的区别

1. 在陈述句中，主语为第一人称时，一般用"愿意"，不用"肯"。主语为第三人称时，可以用"肯"，也可以用"愿意"。如：

我很愿意(*肯)听听大家的意见。

这种又脏又累的活儿，他肯(愿意)干，还干得挺高兴。

2. 向对方提出某种请求或发出邀请时，一般用"愿不愿意"或"愿意……吗"，询问对方是否乐意付出时，可以用"肯不肯""肯……吗"。如：

你愿意参加我的生日晚会吗？

我有一件事想求你，不知你肯不肯帮忙？

3. 两件事情进行比较后，更乐意做其中的一件，一般用"愿意"，不用"肯"。如：

儿子不想出去，更愿意一个人呆在家里。

在上海和南京两个城市中挑选，他还是愿意去上海。

4. 动作需要付出的，既可用"肯"，也可以用"愿意"。动作无所谓付出或可以获益的，一般不用"肯"而用"愿意"。如：

这次捐款，他肯(愿意)出多少钱？(动作需要付出)

王经理愿意听听您的想法。(动作无所谓付出)

*王经理肯听听您的想法。

她愿意找一个收入高又轻松的工作。(动作可获益)

*她肯找一个收入高又轻松的工作。

记一记

语义或用法		愿意	肯
表示意愿	发自内心的主观愿望。特别当主语是第一人称时	+	−
	客观陈述他人的意愿，主语为第三人称	+	+
	进行比较后，乐意做某事	+	−
动作需要付出	乐意主动付出、失去某些利益	+	+
	动作无所谓付出或可获益	+	−

练一练

一、用句后(　　)中的助动词和下面所给的动词完成句子。

跟我结婚　　上这儿来吃饭　　花钱买书　　让妹妹去国外留学　　花大价钱买下来

1. 因为这幅油画很有纪念意义，他才____________________。(肯)
2. 这个饭店不干净，菜又贵，谁都不________________________。(愿意)
3. 妈妈肯让弟弟去国外旅游，却不___________________________。(肯)

4. 玛丽愿意花钱买化妆品，但是不______________________________。（愿意）

5. 我年轻时没有工作，家里也很穷，我太太却________________________________，就是因为觉得我人老实。（肯）

二、HSK 仿真题：将下面句后（　　）中的词语放在唯一合适的地方。

1. 酒店 A 有这么好的服务，客人 B 当然 C 都 D 再来。（愿意）
2. 老师 A 说什么 B 也不 C 收下我 C 买的礼物。（肯）
3. 遇到困难和不顺心的事情，大家 A 都 B 和他 C 一起 D 商量。（愿意）
4. 他 A 告诉我们，只要 B 努力，C 做任何事情都 D 能成功。（肯）
5. 我 A 不 B 跟一个不认识的人 C 住 D 在一起。（愿意）
6. 孩子 A 看见大夫 B 拿着针管，C 哭着闹着就是不 D 打。（肯）
7. 姐姐 A 不太 B 把心里的想法 C 跟家里人 D 说。（愿意）
8. 爸爸虽然上了年纪，但是工作时 A 从来 B 不 C 挑轻松的 D 干。（肯）

三、HSK 仿真题：在下面的 ABCD 中选择唯一恰当的答案。

1. 双方都坚持自己的意见而不______让步。

A. 会　　B. 肯　　C. 愿意　　D. 要

2. 那家公司非常______跟我们公司合作。

A. 要　　B. 宁愿　　C. 愿意　　D. 肯

3. 他一直工作到别人都离开了才______下班。

A. 想　　B. 愿意　　C. 要　　D. 肯

4. 为了让农村的孩子都读上书，我______做一名乡村教师。

A. 愿意　　B. 肯　　C. 肯定　　D. 愿望

5. 尽管心里并不______去，但他最后还是去了。

A. 会　　B. 肯　　C. 愿意　　D. 能

6. 奶奶非常节约，从来不______乱花一分钱。

A. 肯　　B. 肯定　　C. 愿意　　D. 能

7. 我暑假想去旅行，你有空吗？______跟我一起去吗？

A. 会　　B. 肯定　　C. 愿意　　D. 肯

8. 我们在那个商店跟老板还价还了半天，但老板始终不______降价。

A. 会　　B. 要　　C. 愿意　　D. 肯

9. 我非常______接受您的邀请。

A. 要　　B. 宁愿　　C. 愿意　　D. 肯

10 没有人会______错过这种难得的机会。

A. 要　　B. 肯　　C. 愿意　　D. 愿望

四、HSK 仿真题：找出下面每段话中有错误的部分。

1. 听说云南气候宜人（A），景色也很有特点（B），玛丽想找人结伴去旅行（C），我肯和她一起去（D）。

2. 他发着高烧（A），大家都劝他回去休息（B），可他就是不愿意（C），工作对于他比生命还重要（D）。

3. 老王是报社的老员工了，有经验为人又和气，我很肯跟他一起工作，可以学到很多东西。

A　　B　　C　　D

4. 我坐下来的时候大家已经开始吃了，我肚子也饿了，我愿意再点一个那家饭店的特色菜，但是大家都反对。

A　　B　　C　　D

5. 小王和小张都不错，如果让我选，我更肯选小张，我觉得他更适合做这份工作。

A　　B　　C　　D

6. 这份合同对公司很重要，昨天对方公司的总经理来了，不知道人家愿没愿意答应我们的条件，谈判进行得顺利不顺利。

A　　B　　C　　D

参考答案

一、1. 因为这幅油画很有纪念意义，他才肯花大价钱买下来。
　2. 这个饭店不干净，菜又贵，谁都不愿意上这儿来吃饭。
　3. 妈妈肯让弟弟去国外旅游，却不肯让妹妹去国外留学。
　4. 玛丽愿意花钱买化妆品，但是不愿意花钱买书。
　5. 我年轻时没有工作，身体也很差，我太太却肯跟我结婚，就是因为觉得我人老实。

二、1. D　2. C　3. B　4. B　5. B　6. D　7. B　8. C

三、1. B　2. C　3. D　4. A　5. C　6. A　7. C　8. D　9. C　10. C

四、1. D （应改为："我愿意和她一起去"，动作"一起去"无所谓付出，用"愿意"）
　2. B （应改为："可他就是不肯"，表示不听别人的劝告，固执地坚持某种意见时，多用"肯"）
　3. C （应改为："我很愿意跟他一起工作"，动作可以获益，用"愿意"）
　4. C （应改为："我想再点一个那家饭店的特色菜"）
　5. C （应改为："我更愿意选小张"，两件事进行比较，更乐意做某事，用"愿意"）
　6. C （应改为："愿不愿意答应我们的条件"，"愿没愿意"是错的）

单元练习

一、HSK 仿真题：在下面 ABCD 中选择最接近画线词意义的词语。

1. 王平是个热心人，很肯帮助人。（　　）
A. 会　　B. 想　　C. 愿意　　D. 能

2. 你想吃什么就拿什么，不用客气。（　　）
A. 会　　B. 肯　　C. 要　　D. 能

3. 我本来不愿意出国留学，可爸妈非要我出来锻炼锻炼。（　　）
A. 会　　B. 想　　C. 能　　D. 可能

4. 他从不愿意把真实的想法告诉别人。（　　）
A. 肯　　B. 会　　C. 希望　　D. 能

5. 杰克要找一个中国学生做家庭老师。（　　）
A. 想　　B. 会　　C. 肯　　D. 能

6. 姐姐的女儿说什么也不肯到我们家来玩。（　　）
A. 想　　B. 会　　C. 愿意　　D. 能

7. 下个月我想去学校外面租房子住。（　　）
A. 要　　B. 会　　C. 愿意　　D. 能

8. 谁不愿意在这样的大公司工作，问题是进不去啊。（　　）
A. 愿望　　B. 想　　C. 能　　D. 会

9. 出租车司机送我去了医院，还帮我付了住院费，就是不愿意留下姓名。（　　）
A. 要　　B. 会　　C. 肯　　D. 想

10. 你最希望跟什么样的人交朋友？（　　）
A. 要　　B. 肯　　C. 愿意　　D. 想

二、HSK 仿真题：将下面句后（　　）中的词语放在唯一合适的地方。

1. 我 A 问了他好几次，他 B 就是 C 不 D 告诉我那个人是谁。（肯）
2. 姐姐 A 特别 B 买东西，C 花钱不多，可东西却不 D 错。（会）
3. 你要是 A 想 B 找 C 一个英语辅导，我 D 教你。（愿意）
4. 有多少人 A 像他一样在 B 两分钟之内记 C 住 D 全班 15 人的名字呢？（能）
5. 只要你肯 A 努力，我 B 想你 C 一定 D 取得好成绩。（能）
6. A 她 B 结婚以后，非常 C 要 D 一个孩子。（想）
7. 我今天一定 A 在 B 5:30 之前 C 赶 D 回去。（要）
8. 孩子已经 A 很困了，可怎么 B 说也 C 不 D 去睡觉。（肯）
9. 除了德语 A 以外，杰克 B 还 C 说 D 法语、英语和汉语。（会）
10. 三木 A 说她 B 留在中国的贸易公司 C 工作几年后再 D 回国。（愿意）
11. 这套公寓 A 不怎么样，B 离市中心很远，C 去 D 买点东西都很不方便。（想）

12. 张明不肯 A 唱歌，你 B 替他 C 唱一首 D 歌吗？（愿意）

三、HSK 仿真题：从下面 ABCD 中选择唯一正确的填入空格中。

1. 不好好复习，考试的时候，可没人______帮你。

A. 会　　B. 想　　C. 要　　D. 能

2. 听说苏州有很多名胜古迹，我很______亲眼去看看。

A. 会　　B. 要　　C. 想　　D. 肯

3. 有个人问我要不要电影票，我只______出 10 块钱，那人想了一会儿，同意了。

A. 会　　B. 要　　C. 想　　D. 肯

4. 在工作方面，他积极______干，得到了大家的信任。

A. 能　　B. 要　　C. 想　　D. 肯

5. 这本小说不难，上过初中的人都______读懂。

A. 会　　B. 能　　C. 肯　　D. 愿意

6. 我跟他商量了很长时间，但她就是不______见你。

A. 会　　B. 能　　C. 愿意　　D. 可以

7. 只要你______为别人着想，关心别人，就会得到真诚的友谊。

A. 想　　B. 要　　C. 愿意　　D. 会

8. 对于没让女儿读大学，父亲直到今天也不______原谅自己。

A. 愿意　　B. 肯　　C. 要　　D. 会

9. 我爸一遇到开心的事情，就一定______喝上几杯。

A. 想　　B. 要　　C. 能　　D. 肯

10. 妹妹非常______通过自己的努力，考上一所满意的大学。

A. 想　　B. 要　　C. 能　　D. 肯

11. 这孩子才是个小学生，就______写出这么好的小说来，一定是个天才。

A. 想　　B. 会　　C. 能　　D. 肯

12. 今年暑假，我要去旅游，有点儿______去西安，又有点儿______去云南。

A 要　　B. 想　　C. 能　　D. 肯

13. “如果你肯卖，我______出 400 元。”

A. 想　　B. 愿望　　C. 要　　D. 愿意

14. 我______去商店买一本英语词典，明天要用。

A. 想　　B. 愿意　　C. 会　　D. 肯

15. 我有一个朋友特别能干，做事又很细心，给她多少任务都______完成。

A 能　　B. 愿意　　C. 想　　D. 要

16. 这孩子一定______我陪她一起去。

A. 想　　B. 要　　C. 愿意　　D. 肯

17. 小林很____下棋，一般人不是他的对手。

A. 能　　B. 愿意　　C. 会　　D. 肯

18. 今年暑假我特别______去西安旅游。

A. 想　　B. 愿意　　C. 能　　D. 肯

19. 小李人聪明，又______努力，取得好成绩是很正常的。

A. 想　　B. 肯　　C. 要　　D. 能

20. 我们求了小王半天，他还是不______把电脑借给同学。

A. 想　　B. 会　　C. 要　　D. 肯

四、HSK 仿真题：找出下面每段话中有错误的部分。

1. 小明在路上捡到一只受伤的鸟，把它养在家里，现在这只鸟的伤好了，又会飞了。

A　B　C　D

2. 李方对爸爸说："我长大了一定想做个科学家！"爸爸说："只要你努力，一定能成功！"

A　B　C　D

3. 这孩子只跟老师学了半个月，就会游泳了。现在他游得很好，一口气会游 50 米。

A　B　C　D

4. 爷爷今年都快 80 了，他老人家会打太极拳，一口气会步行 5 公里，身体棒着呢！

A　B　C　D

5. 让娜是法国人，对中国历史很感兴趣。去年她告诉我，她想了来中国学习汉语。

A　B　C　D

6. 我们班的杰克在日本呆过两年，能说一口流利的日语。因为汉字好，所以会看懂黑板上的内容。

A　B　C　D

7. 开始小林心里不肯参加演出，但因为宿舍里的小王、小马去参加了，她一个人呆着也没意思，所以也就去了。

A　B　C　D

8. 我觉得中国人真热情，有一次我问一个人博物馆怎么走，他一定想给我带路，把我一直送到博物馆门口才肯走。

A　B　C　D

9. 我们的国家一定会有更好的发展，我看到周围的人都在努力，你说，谁不肯拥有一份好工作、一个好家庭呢？

A　B　C　D

10. 大家都以为小马的酒量好，没想到，小林比小马还会喝，昨天一个人就喝了两斤白酒。

A　B　C　D

参考答案

一、1. C　2. C　3. B　4. A　5. A　6. C　7. A　8. B　9. C　10. D

二、1. D　2. B　3. D　4. A　5. D　6. C　7. A　8. D　9. C　10. B　11. C　12. B

三、1. D　2. C　3. D　4. D　5. B　6. C　7. C　8. B　9. B　10. A　11. C　12. B　13. D　14. A　15. A　16. B　17. C　18. A　19. B　20. D

四、1. D　（应改为："又能飞了"，失去某种能力再次恢复时应该用"能"）

2. B　（应改为："我一定要做个科学家"，"想"一般不受"一定"的修饰）

3. D　（应改为："一口气能游 20 米"，表示动作的效率时，应该用"能"）

4. C　（应改为："一口气能步行 5 公里"，表示动作达到一定的数量时，用"能"）

5. D　（应改为："她想来中国学汉语"，助动词"想"的后面不加"了"、"过"等）

6. D　（应改为："所以能看懂黑板上的内容"，有能力做较难的事，用"能"）

7. A　（应改为："开始小林心里不愿意参加演出"，"心里"表示的是内心的愿望，一般用"愿意"）

8. C　（应改为："他一定要给我带路"，"想"的语气没有"要"强，一般不受"一定"的修饰）

9. D　（应改为："谁不愿意拥有一份好工作，一个好家庭呢"，动作可获益，用"愿意"）

10. C　（应改为："小林比小马还能喝"，表示动作达到较大的数量时，应该用"能"）

第二单元

第一课　会$_2$　能$_2$

试一试

选用“会”或“能”填空。

1. 那个箱子(　　)装 20 本书吧。
2. 你秋天来,就(　　)吃到我们这里产的橘子了。
3. 黑板上的字很大,最后一排的同学也(　　)看清楚。
4. 他流血太多,再不送医院,他(　　)死的!
5. 人生病时(　　)特别想家。
6. 我觉得再过几年电器(　　)更便宜的。
7. 小林身体好了,(　　)来上课了。

讲一讲

一、会$_2$

本课讲助动词“会”的另一种用法,即表示可能的“会$_2$”。这类“会$_2$”句末常用语气词“的”,否定用“不会”。

1. 表示根据观察或经验作出的主观推测。如:

　我觉得再过几年电器会便宜的。(推测的情况是说话者所希望的,积极的,下同)
　王老师又漂亮又聪明,孩子们会喜欢她的。
　不写下来,我会忘记的。(推测的情况是说话者所不希望的,消极的,下同)
　他流血太多,再不送医院,会死的!
　他今天不会来了。(推测的的情况是中性的)

2. 表示根据经验和规律作出的推测,有一定的客观性。如:

　人生病时会特别想家。
　他每天早上都会去操场跑步。
　到了初夏,这里常常会下阵雨。

总之,“会”可表示各种可能性,积极的、消极的或中性的。可以是动作者有意识的行为,如“来”，也可以是无意识的、自然发生的动作，如“忘记”“下雨”。“会”后还可以是心理动词，如“喜欢”。

二、能$_2$

助动词“能”还可以表示可能的“能$_2$”，常见的用法如下。

1. 表示有条件能够完成某个动作，较为客观。常与动词、动补结构的肯定式一起用。否定用“不能”。这类句中的“能”不能换成“会”。如：

小林的身体好了，能（＊会）来上课了。

自行车坏了，不能（＊会）骑了。

黑板上的字很大，最后一排的同学也能（＊会）看清楚。

医生，您告诉我，他的病能（＊会）治好吗？

这类“能”常出现在“只有……才”“只要……就”“不……不”等条件复句后一分句中。如：

不刻苦学习，就不能取得好成绩。

只有尊重别人，才能得到别人的尊重。

只要不下雨，明天我就能去爬山。

2. “能”可以表示以客观事实为根据的可能性。这类“能”也不能换成“会”。如：

每天早上你总能（＊会）看见他在跑步。（以他每天跑步的事实为根据）

你秋天来，就能（＊会）吃到我们这里产的橘子了。（以我们这里产桔子为根据）

3. 表示事物有某种用途。如：

这种药能治咳嗽。

优美的音乐能让人放松。

这类“能”后的谓语还可以带数量宾语或补语，表示某事物用途可能达到的量。如：

那个箱子能装20本书吧。

“能”的否定式是“不能”。但是，如强调过去因条件不具备而未能做成某事时，则用“没能”。如：

那天因为太忙，没（不）能去参加你的生日晚会，真对不起。

提示

“能$_2$”与“会$_2$”的区别

1. 当客观条件具备，能够做某事时，用“能”，“会”没有这种用法。如：

现在起风了，能（＊会）放风筝了。

在德国，到了18岁，就能（＊会）自己去酒店买酒了。

2. “会”可以表示各种可能性，所以谓语可以是积极的、消极的、有意识行为、无意识行为以及心理活动等。“能”后谓语只能是积极意义的、有意识的行为，不能是心理动词。下面的谓语前只能用“会”。

酒后不能开车，否则会（＊能）出事的。

这个礼物她一定会（＊能）喜欢的。

你可别动小李的电脑，他会（＊能）不高兴的。

3. 当谓语是表示积极的、肯定的动补结构时，前面既可用“能”也可用“会”，但意义有所不同。如：

你的病能治好。(以客观情况为根据,有较大把握,语气较肯定)

你的病会治好的。(主观推测,把握不太大)

4. 当对带结果义的能力或可能表示否定,一般不用“不能+动词+结果补语”,而是用可能补语的否定形式。如:

很多大学毕业生刚毕业找不到很好的工作。(能力)(不说“不能找到”,下同)

他放的东西,你肯定找不到。(可能)

记一记

语义或用法	能	会
用于主观推测	−	+
根据客观事实进行推测	+	−
根据经验和规律作出推测	−	+
根据客观条件作出推论	+	−
谓语动词表示积极意义	+	+
谓语动词表示消极意义	−	+
谓语动词为心理动词	−	+
谓语动词为有意识的动作	+	+
谓语动词为自然发生的动作	−	+
表示事物有某种用途	+	−

练一练

一、HSK 仿真题:在下面 ABCD 中选择唯一正确的填入空格中。

1. 你觉得今天______下雨吗?

A. 会不会　B. 会　C. 想　D. 能不能

2. 每个人都____做错事,这并不可怕,可怕的是一错再错。

A. 会　B. 能　C. 想　D. 不能

3. 飞机票我买到了,明天我们就______去旅行了。

A. 愿意　B. 肯　C. 会　D. 能

4. 这么晚了,你还不回去,你妈妈______担心的。

A. 能　B. 想　C. 会　D. 可以

5. 如果大家不一起努力,我们一定______失败。

A. 会　B. 能　C. 可能　D. 可以

6. 昨天晚上我 12 点才睡,今天早上没______起得来。

A. 会　B. 能　C. 想　D. 可以

7. 家里停水了,今天不______在家洗澡了。

A. 会　B. 能　C. 愿意　D. 想

8. 他喝了酒，不能开车，要不______出事的。

A. 愿意　　B. 能　　C. 会　　D. 想

9. 二楼最里面的那个小教室______坐 20 个人？

A. 能不能　　B. 会不会　　C. 要不要　　D. 想不想

10. 你衣服穿得这么差，人家______看不起你的。

A. 可以　　B. 能　　C. 想　　D. 会

11. 这本书苏州还没有，不过去上海一定______买到。

A. 要　　B. 能　　C. 想　　D. 会

12. 他一般一周工作五天，有时候忙起来也______加加班。

A. 要　　B. 能　　C. 想　　D. 会

二、从下面选择合适的动词或短语和“会”或“能”一起完成句子。

出去爬山　参加今天的活动　上网玩一会儿游戏　觉得很无聊　感冒　把二班打败　喜欢　生我的气

1. 要是明天不下雨的话，我们班同学就______________________________。
2. 丁老师要去开会，______________________________________。
3. 这次出差忘了给太太买礼物，我担心她____________________________。
4. 妈妈，我作业写完了，________________________________？
5. 咱们班足球队的实力比二班强多了，这次比赛一定______________________。
6. 外面很冷，你只穿一件毛衣出去___________________________的。
7. 一个人在国外生活，又没有朋友，有时候__________________________。
8. 大卫明天过生日，送什么礼物他才______________________________？

三、HSK 仿真题：将下面句后(　　)中的词语放在唯一合适的地方。

1. 王海家附近 A 有一个公园，他 B 经常 C 去那儿 D 散散步。(会)
2. 小林人不错，她如果 A 是个男的，我就 B 跟他成为 C 好朋友 D。(能)
3. 如果明年 A 有时间，我 B 就 C 去 D 游览祖国各地的名山大川。(会)
4. 这件事是否 A 影响 B 中国的经济，我们 C 现在 D 还不知道。(会)
5. 雾 A 太大了，我什么也 B 看不清楚，只 C 看见 D 一个人影。(能)
6. 王经理为人 A 热情，总 B 和周围的人 C 相处得很好 D。(能)
7. 一 A 到梅雨季节，B 这里 C 就 D 下雨。(会)
8. 王秘书 A 要 B 去机场 C 接李院长了，不 D 去开会。(能)

三、HSK 仿真题：找出下面每段话中有错误的部分。

1. 我买东西一般不看价钱(A)，只考虑是不是有用(B)，只要有用(C)，贵一点儿我也能买(D)。

2. 根据我的经验(A)，学生要打工(B)，因为打工会挣钱(C)，而且在工作中你会学到很多东西(D)。

3. 这只是一个短途旅行(A)，三天后就回来(B)，你准备的行李太多了(C)，一个箱子根本不能装下(D)。

4. 他在时，大家都觉得他吵，他不在，大家又能觉得寂寞。

A　　　B　　　C　　　D

参考答案

一、1. B　2. A　3. D　4. C　5. A　6. B　7. B　8. C　9. A　10. D　11. B　12. D

二、1. 要是明天不下雨的话，我们班同学就能出去爬山了。

2. 丁老师要去开会，不能参加今天的活动。

3. 这次出差忘了给太太买礼物，我担心她会不会生我的气。

4. 妈妈，我作业写完了，能不能上网玩一会儿游戏？

5. 咱们班足球队的实力比二班强多了，这次比赛一定能把二班打败。

6. 外面很冷，你只穿一件毛衣出去会感冒 的。

7. 一个人在国外生活，又没有朋友，有时候会觉得很无聊 。

8. 大卫明天过生日，送什么礼物他才会喜欢？

三、1. C　2. B　3. C　4. A　5. C　6. B　7. D　8. D

四、1. D （应改为："贵一点儿我也会买"，根据客观规律作出推测一般用"会"）

2. C （应改为："因为打工能挣钱"，一件事情有某种功能用"能"）

3. D （应改为："一个箱子根本装不下"，当动词带结果形式时，对可能的否定用可能补语的否定形式）

4. D （应改为："大家又会觉得寂寞"，心理动词"觉得"前应该用"会"）

第二课 可能

试一试

选用“可能”或“能”“会”填空。

1. 要在这么短的时间里完成这个任务，是根本不(　　)做到的。
2. 细心的读者(　　)会发现这个问题。
3. 时间不早了，8:00之前(　　)赶不回学校了。
4. 你的病(　　)是累的，你先回家休息两天再说。
5. 电话号码不写在本子上，我(　　)忘记的。
6. 如果收到信，金淑爱小姐也许(　　)来。
7. (　　)是因为读了大学，女儿比以前懂事多了。
8. 10年前你(　　)听说过我。

讲一讲

助动词“可能”表示说话人对客观事物或真实性的估计和推测，语气不太肯定。如：

他可能不来了。

我已经有一年多没见到小张了，他可能出国了。

老张最近可能住在他亲戚家。

“可能”可受“根本不、不、不太、不大、很、完全”等表示不同语气或程度的副词修饰，表示可能性在程度上的差别。如：

要在这么短的时间里完成这个任务，是根本不可能做到的。

谁也不可能记住这么多人的名字。

大卫很可能回家了。

“可能”常常与“会”“要”连用，估计某事将要发生。如：

这次，我觉得中国队可能会赢。

细心的读者可能会发现这个问题。

提示

“可能”与“会”“能”的区别

1. “可能”常用在谓语前，但它也可以用在主语(包括小句宾语的主语)前，“能”“会”则不行。如：

对于这种结果，可能谁也没想到。

如果他来处理这件事，可能情况会好些。

我想可能我们还有做得不周到的地方。

2."会""能"和"可能"都可用于估计某事将要发生。但"会""能"不能像"可能"那样用于表示已发生事情的可能性。当句中有表示过去的时间状语、表示动词完成的助词"过""了"时，只能用"可能"来表示可能性。如：

如果收到信，金淑爱小姐也许能（*会/*可能）来。

他可能（*会/*能）去了朋友家。

10年前你可能（*能/*会）听说过我。

2号晚上发生在那个地区的地震可能（*会/*能）造成了1000人死亡。

3."可能"后可以是形容词、动词及可能补语的否定形式。"会"和"能"则不行。如：

眼下，可能(*会/*能)还没开始。

他今天可能(*会/*能)不来了。

李主任可能(*会/*能)来不了了。

4."可能"后面可以是"是""属于"等表示关系、存在、判断的动词。"能"和"会"一般不可以。如：

你这个病可能(*会/*能)是累的，你先回家休息两天再说。

这地方可能(*会/*能)属于江苏省。

屋子里可能(*会/*能)有人。

5."能"和"会"可以对规律性的行为和情况作出经验性的估计，"可能"不这样用。下面的句子是错的：

*每年的9月10号，李老师经常可能收到学生的节日贺卡。（"可能"应改为"会"）

*在一大群人中间，你总可能发现一个中年人在热情地为旅客服务。（"可能"应改为"能"）

（注：有的词典和语法书根据本课提示中上述几个特点，认为"可能"是副词，这是有一定道理的。本课是按通行对外汉语教学大纲的观点将它放在助动词中讲，但它的许多特点确实说明它不是典型的助动词）

另外，"可能"可以作谓语。如：

这本书是她写的？绝对不可能！

要在3点钟前到火车站，现在已经不可能了。

"可能"还有名词的用法，可以说"一种（个）可能""有可能"。如：

他当时没想到还有另一种可能。

我想只有一个可能，那就是开发商做活雷锋。

"可能"还有形容词的用法，用来修饰名词。如：

我们要抓住一切可能的机会。

家长利用一切可能的条件对孩子进行教育。

记一记

表示可能性的"可能"与"会"的区别			
语 义 或 用 法	可能	能	会
估计某事将要发生	+	+	+
估计某事已经发生	+	-	-
所带谓语动词带动态助词"过""了"	+	-	-
带否定的形容词、动词或可能补语否定式	+	-	-
用在主语前	+	-	-
谓语为"是""属于"等动词	+	-	-
对规律性的行为和情况作出经验性的估计	-	+	+

练一练

一、HSK 仿真题:将下面句后(　　)中的词语放在唯一合适的地方。

1. A 我 B 不 C 知道他去了哪儿? D 去了办公室吧。(可能)
2. 吃了 A 这种药,病 B 不但不可能好,C 还 D 起副作用。(会)
3. 我们 A 还有 B 做得 C 不好的地方,D 请多提意见。(可能)
4. 可能 A 是 B 因为老不下雨,你 C 觉得空气 D 很干。(会)
5. 我 A 看 B 今天天气不错,C 不 D 下雨吧。(可能)
6. 这件衣服 A 看上去 B 小了一点 C,你 D 穿下吗?(能)
7. 我今天 A 晚上 B 来不及 C 赶 D 回来了。(可能)
8. A 用枇杷花 B 烧水 C 喝 D 治咳嗽。(能)
9. A 哥哥的女朋友 B 是那个一直 C 打电话 D 找他的女同学。(可能)
10. 每天 A 睡觉之前,我 B 总是 C 躺着 D 看一会杂志。(会)

二、HSK 仿真题:在下面 ABCD 中选择唯一正确的填入空中。

1. 你是外国人,虽然学了几年汉语,但______还是听不懂京剧。

A. 可能　　B. 能　　C. 会　　D. 可以

2. 这么晚了儿子还不回来,______出什么事儿了?

A. 可能不可能　　B. 会不会　　C. 可以不可以　　D. 能不能

3. 因为有了大家的帮助,我才______成功。

A. 能　　B. 会　　C. 要　　D. 可以

4. 大夫说,我的病______跟饮食有关。

A 会　　B. 能　　C. 可能　　D. 可以

5. 同学们______已经听说了这个消息。

A. 能　　B. 可能　　C. 会　　D. 可以

6. ______是太伤心了,老人说着说着竟然哭出声来。

A. 可以　　B. 能　　C. 会　　D. 可能

7. 还有三个月时间，我的毕业论文大概______按时完成。

A. 能　　B. 可能　　C. 会　　D. 要

8. 也只有女作家才______把人的内心世界刻画得如此细腻传神。

A. 要　　B. 能　　C. 会　　D. 可能

9. 在21世纪，我们面前一定______出现更多的挑战。

A. 要　　B. 能　　C. 会　　D. 可能

10. 这______是个不为人知的商业秘密。

A. 能　　B. 可能　　C. 会　　D. 可以

11. ______王明还没从法国回来。

A. 能　　B. 可能　　C. 会　　D. 可以

12. 人总是______犯错误的。

A. 能　　B. 可能　　C. 可以　　D. 会

三、HSK 仿真题：找出下面每段话中有错误的部分。

1. <u>都7点了</u>，<u>老师会不来参加今天的活动了</u>，<u>可能是因为太忙</u>，<u>要是有时间他肯定会来</u>。

A　　B　　C　　D

2. <u>因为天气的原因</u>，<u>飞往上海的飞机要晚点1个小时</u>，<u>游客们现在还没有接到通知</u>，<u>很多人会还不知道这个坏消息</u>。

A　　B　　C　　D

3. <u>别说学生不会</u>，<u>我看啊</u>，<u>连老师也不能做出来</u>。<u>这些题真的很难</u>。

A　　B　　C　　D

4. <u>我最近老觉得胸口不舒服</u>，<u>上个月去医院检查过了</u>，<u>虽然孩子们都告诉我没什么大事</u>，<u>可我觉得自己可能癌症</u>。

A　　B　　C　　D

5. <u>结婚是人生大事</u>，<u>双方应该认真对待</u>，<u>如果相互之间不了解</u>，<u>结婚后很能发生矛盾</u>。

A　　B　　C　　D

6. <u>你伤害过谁</u>，<u>也许早就忘了</u>，<u>可是被你伤害的那个人</u>，<u>也许永远不能忘记你</u>。

A　　B　　C　　D

参考答案

一、1. D　2. D　3. A　4. C　5. D　6. D　7. B　8. D　9. B　10. C

二、1. A　2. B　3. B　4. C　5. B　6. D　7. A　8. B　9. C　10. B　11. B　12. D

三、1. B （应改为："老师可能不来参加今天的活动了"，谓语动词为否定形式时，用"可能"）
2. D （应改为："很多人可能还不知道这个坏消息"，谓语动词为否定形式时，用"可能"）
3. C （应改为："连老师也做不出来"。这里应该用可能补语的否定形式）
4. D （应改为："可我觉得自己可能得了癌症"，助动词"可能"后应加上谓语动词"得"）
5. D （应改为："结婚后很可能发生矛盾"，表示可能性较大时，在"可能"前加"很"）
6. D （应改为："也许永远不会忘记你"，"忘记"为心理动词，且动词为消极义）

第三课 可以 能$_3$

试一试

选用"可以"或"能"填空。

1. 请问,这个座位有人吗?我(　　)坐吗?
2. 这里的风景很美,(　　)多拍几张照片。
3. 我还不(　　)断定哪个队赢,哪个队输。
4. 这个人总是说假话,我还(　　)再相信他吗?
5. 从上海去昆明,我们(　　)坐飞机去,也(　　)坐火车。
6. 刚刚下雨了,正好(　　)不去爬山了。
7. 他不在没关系,我(　　)等他。

讲一讲

一、可以

助动词"可以"主要有以下几个用法。

1. "可以"最主要的用法是表示主观上许可、允许、准许。如:

　　活儿干完了,大家可以回家了。

　　你明天可以晚点儿来。

常用于疑问句,肯定回答用"可以",否定回答用"不能"。

　　——我可以问你一个问题吗?——可以。

　　——这儿可以停车吗?——不能停。

2. 表示客观条件具备后,可能做某个动作。如:

　　现在凉快了,可以看书了。

　　这次生意成功的话,我就可以买辆车了。

　　只有交了钱,才可以住院。

否定式一般用"不能",不用"不可以"。如:

　　明天我有事,不能(*可以)参加你的生日晚会了。

　　王护士病了,明天不能(*可以)去上班了。

　　目前,我们还不能(*可以)断定哪个队赢,哪个队输。

3. 表示某种用途。否定时通常用"不能",不用"不可以"。如:

　　大白菜可以生吃,小白菜不能生吃。

洗完衣服的水不能用来浇花,但可以用来拖地板。

4. 表示值得(做某事),常用于推荐或建议。如:

这本书写得不错,可以看看。

那边的风景很美,你可以多拍几张照片。

二、能$_3$

“能”除了表示能力(能$_1$)、可能(能$_2$)以外,还可以表示许可。本课讲表示许可的“能$_3$”。“能$_3$”的用法有以下几个特点。

1. “能$_3$”所表示的“许可”既包括社会规范、规章制度规定的许可,也包括个人意愿的许可。“能$_3$”多用于疑问句和否定句。疑问句中的“能”一般可换成“可以”。如:

别人的东西不能拿。

我们要按规定办事,不能想干什么就干什么。

考试能/可以用铅笔吗?

请问,我能/可以借你的手机用一下吗?

这是公司的秘密,不能跟任何人说。

2. 肯定回答常用“可以”;否定回答时,口语中常用“不行”。如:

A:能不能把这本词典借给我用一下?

B:可以/不行。(或:不能借给你。)

提示

“可以”和“能”的区别

1. “可以”和“能”都可以表示“允许”,但下面几种情况常用“可以”而不用或极少用“能”。

(1) 动作允许有几种选择时。如:

从上海去昆明,我们可以(*能)坐飞机去,也可以(*能)坐火车。

晚饭你可以(*能)吃面条,也可以(*能)吃饺子。

你可以(*能)用汉语回答,也可以(*能)用英语回答。

(2) 因主观或客观的原因,某人允许采取某种动作或行为。如:

他不在没关系,我可以(*能)等他。

你再便宜一点儿,他可以(*能)考虑买下来。

(3) 因主观或客观原因,某人允许不做或取消某一动作或行为。如:

你可以(*能)不支持我,我无所谓。

读书时你可以(*能)不发出声音。

刚刚下雨了,正好可以(*能)不去爬山了。

他正在发烧,可以(*能)不去上课了。

(4) 当询问对方是否主观上允许做某事时,多用“可以”,也可用“能”。但肯定回答一般用“可以”,否定回答用“不能”。如:

A:请问,这个座位有人吗?我可以/能坐吗?

B:可以。

A:老师,我可以(*能)走了吗?

B:你还不能走。

2. 表示可能的“能$_2$”和表示允许的“能$_3$”都常用于反问句，或表示对可能性的怀疑，或表示不允许，语气很强。“可以”一般不这样用。如：

这个人总是说假话，我还能（*可以）再相信他吗？

小王既没工作，也没孩子，能（*可以）有什么事？

工作嘛，哪能由自己？（工作不允许由自己）

你怎么能打妻子？你也太过分了。（你打妻子是不能允许的）

3. “可以”可表示值得（做某事），这是“能”所没有的用法。如：

这个问题可以（*能）再研究研究。

吃饭就不必了，坐下来聊聊倒是可以（*能）。

4. “可以”还可以是形容词，以下两种用法，也是“能”所没有的：

(1) 表示还好、不坏、过得去，即基本上符合某个标准，属于“好”与“坏”之间的状态。只能作谓语和补语。如：

这个电影我觉得还可以。

这一意义的“可以”前常带“总”，用于问句，意思是“应该符合某个标准了”。如：

他不是说他分到的东西少吗？我把我的这一份都给他，总可以了吧？

(2) 表示程度相当高（多指说话人所不希望的）。前面不能加“很”，可以加“真”。带有不满的口气。如：

你真够可以的啊！足足迟到了两个小时。

他把自己的名字都写错了，真马虎得可以。

记一记

“能”与“可以”的异同			
语义或用法		能	可以
表示可能	肯定句、疑问句	+	+
	否定句、反问句	+	−
表示允许	肯定形式	能	可以
	否定形式	不能	不能
	对动作作出一种或几种选择	−	+
	因主观或客观的原因允许采取另一种动作或行为	−	+
	因主观或客观原因，允许不进行或取消某一动作或行为	−	+
表示值得（做某事）		−	+
形容词（还好；程度相当高）		−	+

练一练

一、HSK 仿真题：在下面的 ABCD 中选择唯一恰当的答案。

1. 你不想去______不去。

A. 可以　　B. 能　　C. 会　　D. 要

2. 最近我老是失眠，不吃安眠药就不______入睡。

A. 会　　B. 能　　C. 想　　D. 可以

3. 打不到出租车，我们______坐公共汽车去。

A. 能　　B. 可能　　C. 可以　　D. 要

4. 你______在这儿等，也______去阅览室坐一会看看书。

A. 可以；可以　　B. 可能；可能　　C. 能；能　　D 会；会

5. 一本好书往往______影响一个人的一生。

A. 愿意　　B. 要　　C. 可能　　D. 会

6. 留学生们都很希望经过半年的学习，口语水平______得到很大的提高。

A. 愿意　　B. 要　　C. 能　　D. 可能

7. 点的菜吃不完______打包带走，扔掉太浪费了。

A. 可能会　　B. 会　　C. 可以　　D. 可能

8. 有一种洗衣机______不用洗衣粉，照样把衣服洗干净。

A. 可能会　　B. 会　　C. 可以　　D. 可能

9. 夫妻俩的收入不高，工作了五年存下来的钱刚______买一套郊区的小房子。

A. 能　　B. 会　　C. 想　　D. 可能

10. 我借你的钱，你______暂时不还给我，可小李的钱你一定得还。

A. 愿意　　B. 可以　　C. 可能　　D. 要

11. 大多数人认为没用，我倒觉得这个方法还是______试试的。

A. 能　　B. 可以　　C. 可能　　D. 会

12. 作为一名医生，怎么______因为怕自己传染上疾病而不为病人治病呢？

A. 能　　B. 可以　　C. 可能　　D. 要

二、HSK 仿真题：将下面句后(　　)中的词语放在唯一合适的地方。

1. 要是 A 觉得在这儿说 B 不方便的话，我们 C 去茶馆里 D 聊一会儿。（可以）
2. A 对方公司的要求，B 大部分我们 C 是 D 接受的。（能）
3. 你 A 不 B 乐意干的话，C 早说，为什么现在才 D 告诉我呢？（可以）
4. 我住的地方离市中心 A 不远，B 步行 15 分钟 C 就 D 到中央商场了。（能）
5. 女性的年龄 A 是自己的秘密，B 怎么 C 随便 D 告诉别人呢？（可以）
6. 你们 A 出发的那一天，我 B 开车 C 送你们 D 去机场。（可以）
7. A 我们 B 要遵守法律，C 想干什么 D 就干什么。（不能）
8. 人 A 只 B 考虑自己，C 要多 D 想想他人。（不能）

三、根据阅读的内容，在 ABCD 中选择正确的答案。

1. 我女朋友很会安慰人，你心情不好的时候，她几句话常常能把你说得笑起来。说话人

的意思是：(　　)

A. 他女朋友很能说　　B. 他女朋友很会说话

C. 他女朋友可以说笑话　　D. 她爱笑

2. 周末我特别愿意一个人呆在家里，可以睡觉，可以看书，还可以上上网。说话人的意思是：(　　)

A. 他周末很忙　　B. 他喜欢睡觉、看书、上网

C. 他觉得一个人在家很自由　　D. 他没有朋友一起玩

3. 如果你去看过黄山，别的山就可以不用看了。说话人的意思是：(　　)

A. 黄山很美　　B. 别的山很美

C. 人们不能去看别的山　　D. 人们不可能去看别的山

4. 李丽的房间实在是乱得可以，一点不像是个女孩子的房间。说话人的意思是：(　　)

A. 李丽的房间收拾得很干净　　B. 李丽的房间很乱

C. 女孩子的房间可以乱　　D. 李丽像个男孩子

5. 小王，你怎么能让这么小的孩子一个人去学校呢？说话人的意思是：(　　)

A. 小王不能让孩子一个人去学校　　B. 小王能让孩子一个人去学校

C. 说话人想知道小王怎么送孩子去学校　　D. 小王让孩子不去学校

6. 这部小说还可以，真实，生活味很浓，我看了也感动了。说话人的意思是：(　　)

A. 小说写得不太好　B. 小说写对了　C. 小说写得不错　D. 小说不太真实

四、把下面的句子改成否定句。

1. 这衣服能洗干净。

2. 2000 元在苏州可以租到一套很好的公寓。

3. 坐在最后一排的同学也可以看清楚黑板上的字。

4. 要是三个月内这鞋的质量出现问题，顾客可以退货。

5. 我一个人可以吃完整整两大块牛肉。

参考答案

一、1. A　2. B　3. C　4. A　5. D　6. C　7. C　8. C　9. A　10. B　11. B　12. A

二、1. C　2. D　3. C　4. D　5. C　6. B　7. C　8. A

三、1. A　2. C　3. A　4. B　5. A　6. C

四、1. 这衣服洗不干净。

2. 2000 元在苏州租不到很好的公寓。

3. 坐在最后一排的同学看不清楚黑板上的字。

4. 要是三个月内这鞋的质量不出现问题，顾客不能退货。

5. 我一个人吃不完整整两大块牛肉。

单元练习

一、HSK 仿真题：从下面 ABCD 中选择唯一正确的填入空格中。

1. ______你没印象了，可我不会记错的。
A. 可能　B. 会　C. 能　D. 可以

2. 这个意外的惊喜一定______让姐姐心花怒放。
A. 可能　B. 愿意　C. 能　D. 可以

3. ______是因为菜的味道不好，客人们吃得很少。
A. 可能　B. 会　C. 能　D. 可以

4. 你还是回趟家吧，你爸很着急，______他找你有事儿。
A. 能　B. 会　C. 可能　D. 可以

5. 下次那个人一定还______来。
A. 能　B. 会　C. 可能　D. 可以

6. 战士上了前线也许______受伤，也许______失去生命。
A. 会;会　B. 要;要　C. 能;能　D. 可以;可以

7. 你______还不太了解他。
A. 可以　B. 会　C. 能　D. 可能

8. 我今天不能跟你一起去，不过我明天______跟你去。
A. 可能　B. 会　C. 能　D. 可以

9. 我们在一家公司上班，所以______常常见面。
A. 可能　B. 肯　C 能　D. 想

10. 小王忽然意识到同意跟眼前这个女人结婚______是一个巨大的错误。
A. 可以　B. 可能　C. 能　D. 会

11. 也许还是有些人______相信你，可如果有一天大家都不再相信你就糟糕了。
A. 可以　B. 会　C. 能　D. 可能

12. 他挣的钱不多，刚______养活一家人。
A. 要　B. 能　C. 会　D. 可能

13. ______村里的人都睡了，一点灯光也看不到。
A. 可能　B. 会　C. 能　D. 可以

14. 他还______像从前一样把我当成最好的朋友吗？
A. 可以　B. 会　C. 能　D. 可能

15. 你______相信我，也______不相信我。
A. 要;要　B. 会;会　C. 能;能　D. 可以;可以

16. 穿这么少，________感冒的。
A. 可以　B. 会　C. 能　D. 可能

17. 只要是同学买的礼物，哪怕很不起眼，王老师也还是______喜欢的。

A. 能　　B. 会　　C. 可以　　D. 可能

18. 市场虽然不大，里面的假货也多，不过偶尔也能发现好东西，______去逛逛的。

A. 能　　B. 会　　C. 可以　　D. 可能

二、HSK 仿真题：将下面句后(　　)中的词语放在唯一合适的地方。

1. A 沿着这条路 B 往北走，C 就 D 到邮局。（能）
2. 王平不肯学习，又不 A 爱动脑筋，我 B 觉得他不 C 再有什么 D 发展了。（会）
3. A 您要的菜 B 都准备好了，现在 C 拿上来 D 吗？（能）
4. 据医生 A 说，B 吃了这种药，他的病 C 马上 D 好的。（会）
5. 我 A 始终 B 相信他 C 一定 D 成功。（能）
6. 我怎么 A 不 B 把你的 C 话放在心上呢 D？（可能）
7. 也许你 A 说，故事毕竟 B 是故事，那个年代已经 C 过去了，我却 D 不这么想。（会）
8. 她说："我 A 满足你的心愿 B，可是你要 C 答应我 D 几个条件。"（可以）
9. 我 A 一定 B 及时 C 把那本书 D 还回图书馆的。（会）
10. 李东人不 A 错，要是 B 一个男的，我 C 跟他成好朋友 D。（能）
11. 年轻时 A 不 B 努力，将来 C 肯定 D 后悔的。（会）
12. 你来虽说 A 帮 B 不上大忙，但是至少 C 陪着她说说话，D 放松一下心情。（能）
13. 这么晚 A 才 B 睡，明天怎么 C 按时 D 起来呢？（能）
14. 自行车如果不去寄存，就这么随便地 A 放着，B 是 C 被小偷 D 偷走的。（会）
15. 只要你 A 提高了汉语的听说 B 能力，你就 C 更好地 D 和中国人交流。（能）
16. 王平向来 A 都是一个人住，他不 B 跟 C 别人 D 住一个房间。（可能）
17. 片子不长，演员也没什么名气，但是却 A 拍得挺有趣，B 买 C 来 D 看看。（可以）

三、在下面 ABCD 中选择可以替换画线词语的答案。

1. 电脑修好了，<u>能</u>用了。

A. 会　　B. 可以　　C. 可能　　D. 也许

2. 人感冒后会咳嗽，有时候还<u>会</u>发烧。

A. 要　　B. 将要　　C. 可能　　D. 能

3. 天气变化和人类活动都<u>会</u>影响动物们的生活。

A. 要　　B. 可以　　C. 可能　　D. 也许

4. 新手套买不到，旧的也还<u>可以</u>用一段时间。

A. 会　　B. 想　　C. 可能　　D. 能

5. 你的发型太怪了，别人看了<u>可能</u>觉得不舒服。

A. 想　　B. 可以　　C. 会　　D. 能

6. <u>可能</u>他没听见你叫他。

A. 也许　　B. 可以　　C. 会　　D. 能

7. 请问，我<u>能</u>试试那件白色的吗？

A. 要　　B. 可以　　C. 会　　D. 想

8. 这个地方经常<u>会</u>发生地震。

A. 肯　　B. 能　　C. 有可能　　D. 想

9. 大卫的病已经好了，<u>可以</u>去上课了。

A. 可能　　　　B. 能　　　　C. 会　　　　D. 想

10. 听说你买了一件漂亮的大衣，能给我看看吗？

A. 可以　　　　B. 可能　　　　C. 会　　　　D. 有可能

四、HSK 仿真题：找出下面每段话中有错误的部分。

1. 安娜刚来中国的时候你说过，如果每天都让她吃中餐的话，她能受不了的，可现在她特别爱吃中餐。

A　B　C　D

2. 人们相信，未来的 10 年，中国的经济会一定有更大的进步，中国人的生活会越来越好。

A　B　C　D

3. 你去中国以后，一定要努力学习汉语，如果不会说汉语，你能觉得处处困难。

A　B　C　D

4. 现在我们留学生只有凭学生证才会进入学校的大门，但以前不是这样的，那时可以随便进出，没有人会来问你是什么人。

A　B　C　D

5. 苏州的环境比 10 年前好多了，马路又宽又漂亮，路边的树不仅美化了环境，还会防止灰尘。

A　B　C　D

6. 我平常不会一个人去逛街，也很少买衣服，我的衣服质量都很好，所以可能穿很长时间。

A　B　C　D

7. 我的话可能是不太好听，可看到你们的样子，我就能生气，我没法不激动。

A　B　C　D

8. 我们学会了很多生词，也能记住意思，可学过的生词不可能用到会话里，就不能算掌握。

A　B　C　D

9. 每次把目标定得低一点儿，你就不有很大的压力，这样会对自己有信心，进步反而快了。

A　B　C　D

10. 她每天睡觉的地方不一样，在沙发上、床上或者椅子上她都会睡觉，她觉得在哪里都是睡觉，何必要讲究呢？

A　B　C　D

五、用句后(　　)中的助动词和下面所给的动词完成句子。

成功　给你好脸色　办得很好　考虑价格　变得那么糟糕　买几本这方面的书

下一会儿就停下来　按时举行　赢　不喜欢他

1. 队员们打得很好,这次我们系排球队一定__________。(能)
2. 李老师很认真,也很幽默,学生们怎么__________?(可能)
3. 下这么大的雨,明天的运动会大概__________了。(不能)
4. 春天的小雨__________。(不会)
5. 她今天心情不好,__________。(不可能)
6. 这事换了你,一定__________。(能)
7. 如果你当时能在,事情__________。(不会)
8. 买东西的时候,我当然__________。(会)
9. 如果想了解中国人的风俗习惯,你__________看看。(可以)
10. 上次的生意失败了,这次__________吗?我不敢肯定。(能)

参考答案

一、1. A　2. C　3. A　4. C　5. B　6. A　7. D　8. D　9. C　10. B　11. B　12. B　13. A　14. C　15. D　16. B　17. B　18. C

二、1. D　2. C　3. C　4. D　5. D　6. A　7. A　8. A　9. B　10. C　11. D　12. C　13. C　14. C　15. C　16. B　17. B

三、1. B　2. C　3. C　4. D　5. C　6. A　7. B　8. C　9. B　10. A

四、1. C　(应改为:"她会受不了的","受不了"为心理上的感受,且有消极意义,应该用"会")
2. C　(应改为:"中国的经济一定会有更大的进步",句中有副词时,副词一般在助动词的前面)
3. D　(应改为:"你会觉得处处困难","觉得"为心理动词,心理动词前应该用"会")
4. A　(应改为:"现在我们留学生只有凭学生证才能进入学校的大门",在条件复句中,常常用"能")
5. D　(应改为:"还能防止灰尘","能"可以用来表示事物的功能)
6. D　(应改为:"所以能穿很长时间",衣服的质量好表示具备了客观条件,此时用"能")
7. C　(应改为:"我就会生气","生气"为心理动词,心理动词前应该用"会")
8. C　(应改为:"可学过的生词不能用到会话里",这里应该用表示能力的"能")
9. B　(应改为:"你就不会有很大的压力",表示对将来情况的估计,应在"有"的前面加"会")
10. B　(应改为:"在沙发上、床上、椅子上她都可以睡觉",这里表示几种情况都允许)

五、1. 队员们打得很好,这次我们系排球队一定能赢。
2. 李老师很认真,也很幽默,学生们怎么可能不喜欢他呢?
3. 下这么大的雨,明天的运动会大概不能按时举行了。
4. 春天的小雨不会下一会儿就停下来。
5. 她今天心情不好,不可能给你好脸色。
6. 这事换了你,一定能办得很好。
7. 如果你当时能在,事情不会变得那么糟糕。
8. 买东西的时候,我当然会考虑价格。
9. 如果想了解中国人的风俗习惯,你可以买几本有关这方面的书看看。
10. 上次的生意失败了,这次能成功吗?我不敢肯定。

第三单元

第一课　应该　应当　应　该

试一试

用"应该""应当""应""该"填空。

1. 他这样做确实很不(　　)。
2. 我们(　　)尊重老人,爱护儿童。
3. 我们是朋友,我帮助你,是理所(　　)的。
4. 教室里还亮着灯,(　　)有人。
5. 时候不早了,我(　　)回家了。回去晚了,我妈又(　　)说我了。
6. 如果下个学期王老师能再教我们,(　　)多好哇!
7. (　　)死!我怎么把这么重要的事情给忘了。
8. 要学好汉语,(　　)多听、多说、多读、多写。

讲一讲

一、应该　应当

1. "应该""应当"用于从情理上讲需要这样,口语和书面语都可以使用,谓语可以是动词或形容词。"应该"比"应当"更常见。如:

　　我们应该尊重老人,爱护儿童。

　　要学好汉语,应该(应当)多听、多说、多读、多写。

　　遇事应该冷静。

　　对待客人应该热情。

　　学生应该(应当)好好学习。

下面"应当"的用法是一种固定格式,不用"应该":

　　我们是朋友,我帮助你,是理所应当的。

否定式是"不应该""不应当",但"不应当"的使用频率比较低。如:

　　你不应该只考虑自己。

　　做事不应当这么马虎。

"应该""应当"可以构成正反疑问句,但经常用来单独回答问题的是"应该"。如:

问:作为学生,应不应该(应当不应当)遵守纪律?

答:应该(应当)。

2. "应该"还用于事理上的推测或估计。"应当"不太这样用。如:

已经4月了,天气应该(? 应当)暖和了。

教室里还亮着灯,应该有人。

坐飞机从青岛到上海只需1个小时,现在应该(? 应当)到了。

提示

1. 用"应该""应当"的句首常有"按理""按说""按理说"等词。如:

按理,我们应该先过去看您。

按说,他应该知道这事儿,因为当时他也在场。

我们是最好的朋友,按理说,他应当知道我的爱好。

2. "应该"不能用于推测将来可能出现的消极的情况,下面的句子是错的:

* 如果互相不了解,结婚后应该闹矛盾。

改:如果互相不了解,结婚后就可能闹矛盾。

3. "不应该"前面常常加"很",用来作谓语。"应该"还常常出现在"是……的"句中。如:

他这样做确实很不应该。

你的话他是应该听的。

二、应

"应"与"应该""应当"比起来,有以下几点不同。

1. "应"只用于书面语。如:

这场事故的教训不应忘记。

父母不应总是代替孩子做这做那。

旅行时应注意安全。

犯了错误应立即纠正。

下面的书面语结构只用"应",不用"应该""应当"。如:

理应如此　罪有应得　应有尽有

2. "应"不能构成疑问句,也不能单独回答问题。

3. "应"不能用于事理上的估计和推测。下面的句子换成"应"是错的:

这件事老师应当(* 应)已经知道了。

你穿这件应该(* 应)更加合适。

三、该

"该"表示按道理应该做某事,常用于口语。学习"该"应注意以下几点。

1. "该"后面的词语可以是双音节的,也可以是单音节的。如:

我该理解她。

违反交通规则就该罚。

该死! 我怎么把这么重要的事情给忘了。

时间不早了,我该走了。

疑问形式为“该不该”。否定式为“不该”。“不该”可以单独回答问题,“该”也可以单独回答问题,但使用较少。如:

问:你说,你这么不懂事,我该不该发火?

答:不该。/该。

2. 和“应该”一样,“该”也可以表示根据事理和情理所做的推测。如:

按说,这么大的孩子,也该懂事了。

火车这么晚还没来,该不会晚点了吧?

提示

以下是“该”所独有的用法,不能用“应该”“应当”“应”替换。

(1)“该”可以用于假设句的后一分句,对将来可能出现的消极情况进行推测。能受表示规律性重复的副词“又”的修饰。如:

时候不早了,我该走了。回去晚了,我妈妈又该(*应该、应当、应)说我了。

有时,后一分句是表示感叹的“有多+形”,表示希望实现。如:

如果王老师能再教我们,该(*应该、应当)有多好哇!

(2)可构成“该不是”短语,常用于对不希望出现的情况的估计和推测。如:

他从不喝酒,今天突然喝起酒来,该不是遇到什么麻烦事了吧!

小王到现在还没来,该不是病了吧。

(3)“该”可以构成熟语“罪该万死”。还常用“悔不该+不+V”表示后悔。如:

那些偷盗国家宝贵文物的人真是罪该万死!

想想事情的经过,悔不该不听父亲的话,现在后悔也来不及了。

“该”还有动词的用法,意思为“轮到”,宾语为名词或小句。如:

明天又该我值班了。

该你了!

记一记

“应该”“应当”“应”“该”的异同				
语体特点 / 语义及用法	口语和书面语	多用于口语		书面语
	应该	应当	该	应
1. 表示从道理上讲需要这样	+	+	+	+
2. 表示事理上的推测或估计	+	–	+	–
3. 用于正反疑问问	+	+	+	–
4. 可单独回答问题	+	+	+	–
5. 在假设复句后一分句中表示对将来情况的推测或感叹	–	–	+	–
6. 受副词“又”的修饰	–	–	+	–

练一练

一、HSK 仿真题：从下面的 ABCD 中选择唯一恰当的答案。

1. 小王早走了，已经走了半个多小时了，______到家了。

A. 应该　　B. 想　　C. 会　　D. 应

2. 小孩子嘛，就______天真可爱，活泼好动。

A. 想　　B. 应该　　C. 可以　　D. 应

3. 他做错了事，你说，我______批评他？

A. 想不想　　B. 应该不应　　C 该不该　　D. 应不应

4. 这报酬是您______得的，您就收下来吧。

A. 应　　B. 该　　C. 当　　D. 应该

5. 这件事最好别让妈妈知道，要是知道了，她又______急了。

A. 应　　B. 应该　　C. 该　　D. 应当

6. 正确的答案______是 15。

A. 对应　　B. 应该　　C. 该　　D. 相应

7. 照相机用完以后，______取出电池，把电池放在干燥、通风的地方。

A. 想　　B. 应该　　C. 该　　D. 能

8. 山区一旦通了铁路，______会有多大的变化呀！

A. 应当　　B. 应该　　C. 该　　D. 应

9. 你来晚了，______罚！是喝酒还是唱歌？

A. 应　　B. 应当　　C. 应该　　D. 该

10. 玛丽从不迟到，而今天到现在还没来，______不是生病了吧！

A. 想　　B. 应　　C. 该　　D. 应该

11. 你们得了奖，为学校争了光，受到奖励理所______。

A. 该　　B. 应　　C. 应该　　D. 应当

12. 作为一名教师，______注意自己的仪表。

A. 应该　　B. 能　　C. 当　　D. 愿意

13. 你别客气，咱们是老邻居了，帮这点儿忙是______的。

A. 该　　B. 应　　C. 应该　　D. 对应

14. 一个人想要有所作为，______有远大的志向。

A. 该　　B. 应当　　C. 想　　D. 愿意

二、用句后(　　)中的助动词和下面所给的动词完成句子。

对他这么严厉　不提前预订　早一点让家里人知道　起床了　去医院看看他　认认真真　把空调打开　适当给予奖励

1. 张老师病了，咱们______________________。(应该)

2. 他还是个孩子，做爸爸的不______________________。(应当)

3. 工作______________________。(应该)

4. 房间里这么冷，______________________。(应该)

5. 已经 7 点多了，____________________，要不就迟到了。（该）

6. 这么重要的事情，你________________________。（应当）

7. 对于那些学习认真努力的同学，学校________________。（应）

8. 没想到飞机票都订完了，我悔不________________。（该）

三、HSK 仿真题：将下面句后（　）中的词语放在唯一合适的地方。

1. A 没有父母的孩子 B 最 C 得到关爱 D。（应）

2. A 要是 HSK 考过八级，B 有多 C 好哇 D！（该）

3. 这事 A 是他们两人 B 一起做的，现在 C 出了问题，到底 D 批评谁呢？（应该）

4. A 那么，B 如何看待 C 员工的工资和 D 汉语水平的关系呢？（应当）

5. A 考试时，每道题 B 都仔细考虑，做完后，C 更 D 认真检查。（应该）

6. 姐姐 A 这么晚了还不 B 回家，C 不是路上 D 出事了吧。（该）

7. 要是药吃下去 A 还是 B 发烧，就 C 去医院 D 看看。（应当）

8. 三木 A 现在遇到了困难，我们作为朋友 B 想一切办法 C 去 D 帮助他。（应该）

9. 我 A 当时 B 激动得不知道 C 说些 D 什么。（该）

10. 我们 A 相信 B 他能够 C 处理好 D 自己的事情。（应该）

四、给下面的熟语填上适当的助动词“应”“该”“应当”。

理（　　）如此　罪有（　　）得　罪（　　）万死　（　　）有尽有　理所（　　）

五、HSK 仿真题：找出下面每段话中有错误的部分。

1. 这次生病以后，我发现健康对我来说太重要了，为了健康，应该我运动。
A　B　C　D

2. 每个学期开学，我都要交学费，但是我已经花光了所有的钱，到时候又应该头疼了。
A　B　C　D

3. 刚刚 5 点，现在赶回去应来得及，你快点去吧，会议应当还没开始。
A　B　C　D

4. 人生不算长，时间是最应珍惜的，年轻人把工作该放在第一位，而不应该只知道享受。
A　B　C　D

5. 你整天说自己胖，吃得又这么少，以后应该生病，这对你有什么好处？
A　B　C　D

参考答案

一、1. A　2. B　3. C　4. A　5. C　6. B　7. B　8. C　9. D　10. C　11. D　12. A　13. C　14. B

二、1. 张老师病了，咱们应该去医院看看他。

2. 他还是个孩子，做爸爸的不应当对他这么严厉。

3. 工作应该认认真真。

4. 房间里这么冷，应该把空调打开。

5. 已经 7 点多了，该起床了，要不就迟到了。

6. 这么重要的事情，你应当早一点让家里人知道。

7. 对于那些学习认真努力的同学，学校应适当给予奖励。

8. 没想到飞机票都订完了，我悔不该不提前预订。

三、1. C　2. B　3. D　4. B　5. D　6. C　7. C　8. B　9. C　10. A

四、理(应)如此　罪有(应)得　罪(该)万死　(应)有尽有　理所(应当)

五、1. D　(应改成："我应该运动"，主语为动作主体时，助动词在动词的前面)

2. D　(应改成："到时候又该头疼了"，"应该"不受"又"的修饰，不用于对将来消极情况的估计)

3. B　(应改成："现在赶回去应该来得及"，"应"不用于估计与推测，"应该"可以)

4. C　(应改成："年轻人该把工作放在第一位"，在把字句中，助动词要放在"把"的前面)

5. C　(应改成："以后会生病"，"应该"不能用于对将来消极情况的估计)

第二课　要₂　得

试一试

用"要""得"填空。

1. 我看中国队他们(　　)赢了。
2. 你(　　)想开点,别太难过。
3. 男子汉大丈夫说到就(　　)做到。
4. 看样子,(　　)下雨了。
5. 要想拿到本科毕业证,HSK 成绩(　　)过八级。
6. 请不(　　)在教室里抽烟。
7. 这个词换一种方法讲解(　　)清楚得多。
8. 干什么都(　　)下苦功夫。

讲一讲

一、要$_2$

1. "要$_2$"表示从道理上讲应该怎样,后面可以是动词和形容词。多用于口语,也可以用于书面语。如:

　　男子汉大丈夫说到就要做到。

　　做人要本分。

　　政府要把食品安全问题放到第一位。

"要"常常用来提醒、劝说、叮嘱某人做某事。"不要"表示不允许,用于劝告或禁止,可以换成"别"。如:

　　要多给病人喝水。

　　你要想开点儿,别太难过了。

　　考试时不要(别)迟到。

　　请不要(别)在教室里抽烟。

2. 表示估计,根据事实得出的结论。可以受"肯定"修饰,也可以用于比较句。"要"可用在"比"前或"比"后,意思不变。如:

　　穿这么少,肯定要感冒。

　　这个词换一种方法讲解要清楚得多。

　　今天比昨天要冷。(=今天要比昨天冷。)

这两本书，那本要好一些。

3. 表示将要，前面可以加“快、就、马上就”，句末常常有“了”。如：

看样子，要下雨了。

王教授下个月就要去广州出差了。

飞机马上就要起飞了。

4. 表示需要。如：

我要去一下洗手间。

这些花都很干了，要浇点水了。

提示

“要”有很多意义，“要”在有的肯定句中表示应该做某事，转换成正反疑问句时，“要”则表示“需要”或者“想”。如：

你要给他打个电话。（“要”表示应该）

要不要再给他打个电话？（“要”表示需要）

“要”用于否定句，主要表示劝告和禁止。如：

不要在公众场合大声喧哗。

二、得(děi)

1. 表示情理和实际上的需要，有不想做但必须做的含义，一般只用于口语。例如：

你得快点儿，要不就晚了。

要想说一口流利的汉语，就得天天练习。

你得跟小王好好谈谈。

“得”的前面可以加“一定”“可”“更”等副词。“非得＋小句＋(不可)”表示必须。如：

这次您可得帮帮我。

我比别人笨，更得努力学。

再给你三天，到时候一定得交上学费。

银行的人说这事儿非得你亲自去办(不可)。

否定时不用“不得”，一般用“不用”“用不着”，口语中用“甭”。如：

A：这件事我得考虑考虑。

B：不用考虑了(用不着考虑了/甭考虑了)，就这么办吧。

可以构成疑问句，但不能构成正反疑问句，也不能单独回答问题。如：

A：今天的会议我也得参加吗？

B：不用(用不着)。

*不得。/*得。

2. 表示估计，必然如此。没有否定形式，不能单独回答问题。用于口语。如：

我没带雨伞，又得挨淋。

这么晚才回家，妈妈准得问你，你怎么回答？

提示

1. “要”和“得”的后面有数量词时，表示需要。如：

从上海去北京坐火车得(要)一天。

如果让我一个人完成这项工作，那我得(要)日夜不停地干3个月。

结婚得(要)花不少钱吧。

2. “不得”用于反问句，表示肯定的意义，但不是“得”的否定式。如：

等出了问题，还不得我去处理？（还得我去处理，第1种用法）

要是让他知道了，还不得吵翻天了？（必然会吵翻天，第2种用法）

“要”与“得”的区别

1. “要”可以用于口语，也可以用于书面语，“得”只用于口语。

2. “要”和“得”都可以表示估计，但是“要”可以用于对积极和消极结果的估计，而“得”只用于对消积结果的估计。如：

我看这次中国队要(＊得)输。(“输”为消极义，“得”和“要”都可以)

我看这次中国队要(＊得)赢了。(“赢”为积极义，只能用“要”)

3. 根据规章制度，提出要求，一般用“要”。“得”有“不得不”“不愿意也不行”的意思，所以当谓语动词的意义为消极意义，或表示将在时间、精力、钱财等方面有所付出时，用“得”更为合适。如：

现在竞争很厉害，不努力工作就得下岗。

就你这水平，别说进前三名了，初赛就得被刷下来。

他现在有困难，你得帮帮他。

干什么都得下苦功夫。

人活着，就得随时准备经受磨难。

4. “要”可用于肯定句、否定句和正反疑问句。但在不同的句式中，“要”的意义不太一样（详见前“要”词条下）。“得”不能用于否定句和正反疑问句。

“要”“得”与“应该”的区别

1. 在对话中，用于肯定句的“应该”主要用于讲道理，提建议（对方可以不照着办）。“要”“得”主要用于提出要求，让对方照着办。如：

一个人认识到错误后，应该主动改正错误。

你的错误给班里带来了不良影响，你要/得马上向同学道歉。

2. “应该”不能受“一定”“可”的修饰，但可以受“真”“是”“当然”“也许”“至少”等语气副词的修饰。如：

他帮了你那么大的忙，至少应该说声谢谢。

父母辛辛苦苦把我们抚养大，当然应该孝敬父母了。

3. 在公文、法律条文等正式和官方文体中，或者在明确职责或追究责任时，一般用“应该”，不用“要”。如：

父母应该抚养孩子，不应抛弃他们。

你是警察，应该知道这个问题的严重性。（不能用“要”和“得”）

4. 当从事理上进行主观性推断（可以与事实不相符合）或根据自然规律进行推断时，往往用“应该”，不用“要”“得”。如：

按理说，人的本性应该是善良的。

已经是秋天了，天不应该这么热。

5. “不应该”主要用于针对已经发生或存在的事实加以判断，“不要”主要用于对尚未发生的动作的禁止、劝阻、提醒、叮嘱等。如：

考试时，你不要马虎，一定要细心。（事前的提醒）

公共场合不要大声说话。（当场劝阻或事前的提醒）

公共场合不应该大声说话。（针对已出现的情况讲道理）

考试时，你不应该这么马虎。（针对动作不当之处事后进行批评）

记一记

语义及主要用法	要	得	应该
从道理上讲，必须做某事	+	+	+
与“应该”连用	+	+	/
用于积极方面的估计	+	−	+
用于消极方面的估计	+	+	+
从事理上加以主观推测	−	−	+
构成正反疑问句	+	−	+
单独回答问题	+	−	+
受“一定”“可”修饰	+	+	−
语体	口语/书面语	口语	口语/书面语
否定形式	不要、别	不用、甭、用不着	不应该

练一练

一、HSK 仿真题：从下面 ABCD 中选择唯一正确的填入空格中。

1. 请你______多管闲事！

A. 不要　　B. 要　　C. 得　　D. 不应该

2. 鞋子很关键，一定______擦得亮亮的，才配得上这身新西装。

A. 该　　B. 应该　　C. 得　　D. 会

3. 游泳池必须______有专业人员负责泳客的安全！

A. 应该　　B. 该　　C. 得　　D. 应当

4. 您觉得学生生活上的事情做校长的______管呢？

A. 得不得　　B. 要不要　　C. 想不想　　D. 应不应该

5. 这手续办起来比我想的______麻烦一些。

A. 要　　B. 应　　C. 得　　D. 应该

6. 苹果一定______洗干净才能吃。

A. 该　　B. 应该　　C. 要　　D. 应当

7. 你再这么下去,将来非______吃苦头不可。

A. 应　　B. 能　　C. 得　　D. 应该

8. 快点,迟到了又______挨批评了。

A. 应　　B. 应该　　C. 想　　D. 该

9. 我一感冒就不容易好,吃药根本没用,______打针才行。

A. 应该　　B. 不要　　C. 该　　D. 要

10. 一个好作家______能不停地创作出新的作品来。

A. 可能　　B. 得　　C. 该　　D. 想

11. 姐姐比妹妹______懂事一些。

A. 得　　B. 不要　　C. 要　　D. 应该

12. 您只要打个电话就行,______亲自跑过来了。

A. 不应　　B. 不要　　C. 不得　　D. 不应该

13. 当孩子发现一件事情那么奇妙,而且需要你去分享快乐的时候,你____加入到他们当中去。

A. 愿意　　B. 应该　　C. 能　　D. 可以

14. 使用说明上写得很清楚:"此物危险,______放在儿童能拿到的地方。"

A. 不应该　　B. 不想　　C. 不得　　D. 不要

15. 小强和小丽这恋爱谈得不怎么样,最近关系挺紧张,依我看,两个人______吹。

A. 该　　B. 能　　C. 得　　D. 应该

二、HSK 仿真题:将下面句后(　　)中的词语放在唯一合适的地方。

1. A 自己的事情 B 应该 C 由自己来 D 决定。(要)
2. 我 A 认为你 B 提前 C 一个小时 D 出发。(应该)
3. A 朋友之间 B 做到 C 互相 D 理解。(要)
4. 晚上 10:00 之前 A 你 B 一定 C 回 D 来。(得)
5. 上车后 A 先把一块钱 B 塞 C 进收款箱里 D。(要)
6. 要想 A 生意 B 好,饭店的环境 C 一定 D 干净。(要)
7. 你 A 拿 B 出 C 所有的聪明和才能才可能 D 干好这份工作。(得)
8. A 填写答题纸时 B 横线 C 画得粗一些 D。(要)
9. 今年超市里的橙子比 A 橘子 B 贵 C 得 D 多了。(要)
10. 行动比语言 A 更重要,B 你 C 总是把好听的话 D 挂在嘴上。(不要)

三、HSK 仿真题:找出下面每段话中有错误的部分。

1. 要学好汉语,就应该多听、多说、多练。得多和中国人聊天,不得怕说错话。

　　A　　B　　C　　D

2. 你最近必须休息休息,不要去上班了,要吃得清淡一些,烟应该尽量少抽。

　　A　　B　　C　　D

3. 任何一件事情要想做好，都一定应该下功夫，得多看多想，还得不断学习。

A B C D

4. 常吃大蒜应该预防感冒，可大蒜的味道很大，吃完以后要喝点茶漱口，吃口香糖也行。

A B C D

5. 那个年代的人们独门独院地住着，到了晚上都不敢出去，要出去必须几个人一起出去，手里还应该拿着个灯笼。

A B C D

参考答案

一、1. A 2. C 3. C 4. B 5. A 6. C 7. C 8. D 9. D 10. B 11. C 12. B 13. B 14. D 15. C

二、1. C 2. B 3. B 4. C 5. A 6. D 7. A 8. C 9. B 10. C

三、1. D （应改为："得不怕说错话"，"得"的否定形式不是"不得"，或者改为"不要怕说错话"）

2. A （应改为："你最近必须休息"，"必须"的语气较强硬，不能带语气较婉转的动词重叠形式）

3. B （应改为："都一定要下功夫"，"一定"不能修饰"应该"）

4. A （应改为："常吃大蒜能预防感冒"，这里"预防感冒"是"常吃大蒜"的功能，应该用"能"）

5. D （应改为："手里还要拿着个灯笼"，晚上出来没有灯光，这里的语义为"需要"，应该用"要"）

单元练习

练一练

一、HSK 仿真题：从下面 ABCD 中选择唯一正确的填入空格中。

1. 李丽的父亲就她这么一个孩子，对她的感情______很深。

A. 应该　　B. 要　　C. 得　　D. 必须

2. 人活着必须要吃饭，要有饭吃就______工作。

A. 想　　B. 得　　C. 能　　D. 会

3. 我们______在 20 分钟以内扑灭大火，要不然就会发生爆炸。

A. 会　　B. 该　　C. 应　　D. 可能

4. 这个问题我们不能决定，您______找经理才行。

A. 应该　　B. 得　　C. 不得不　　D. 想要

5. 合作______建立在相互信任和诚实履行合同的基础上。

A. 能　　B. 应该　　C. 想　　D. 可能

6. 经理，您忙了一个多月了，难得这个周末比较空，也______回去休息休息了。

A. 该　　B. 应　　C. 得　　D. 必须

7. 这次你可不能放松，最差也______考个前 10 名。

A. 应　　B. 该　　C. 得　　D. 会

8. 这架钢琴______三个身强力壮的人才搬得动。

A. 应该　　B. 要　　C. 该　　D. 得

9. 这么大的事情我一个人说了不算，______跟家里人商量商量再作决定。

A. 应该　　B. 不要　　C. 该　　D. 应

10. 如果这次谈判失败，公司______赔给人家一大笔钱。

A. 必须　　B. 应该　　C. 得　　D. 该

11. 这些树______在雨季来临之前种下去，要不然活不了。

A. 应　　B. 应该　　C. 该　　D. 得

12. 我们是老朋友了，为你多操操心是______的。

A. 该　　B. 应该　　C. 应　　D. 得

13. 这么大吃一顿，那几百块奖金还不______泡汤。

A. 要　　B. 该　　C. 应该　　D. 得

14. 怎么还没到车站，我们______不是走错路了吧？

A. 该　　B. 要　　C. 得　　D. 不要

15. 为什么要把头发染得黄黄的？中国人就______是黑头发黄皮肤。

A. 要　　B. 得　　C. 应该　　D. 可能

16. 还是早点出发吧，如果路上耽误一会儿的话，______赶不上火车的。

A. 应该　　B. 要　　C. 得　　D. 该

17. 做这个菜，肉一定______买新鲜的。

A. 应该　　B. 得　　C. 该　　D. 能

18. 我觉得手机接听电话不______收费。

A. 应当　　B. 得　　C. 要　　D. 想

19. 任何一个企业，要活下来，要发展，就______赚钱。

A. 应该　　B. 应当　　C. 该　　D. 要

20. 她很传统，认为在夫妻关系里男的______比女的强。

A. 应该　　B. 肯　　C. 会　　D. 想

21. 妈妈，听医生说，老年人______经常出去走走，才能保持活力。

A. 不要　　B. 得　　C. 应　　D. 可能

22. 灯光暗下来了，演出______开始了，把报纸收起来吧。

A. 应该　　B. 要　　C. 得　　D. 该

23. 4:00 去接你？那怎么来得及？我还______先去接孩子呢。

A. 应该　　B. 得　　C. 该　　D. 应

24. 现在都 11:30 了，人家______睡了。

A. 应该　　B. 得　　C. 该　　D. 应

二、HSK 仿真题：将下面句后（　　）中的词语放在唯一合适的地方。

1. A 你走之前一定 B 把门窗 C 都关 D 好了。（要）
2. 这次能得奖，A 我想 B 我首先 C 感谢 D 王老师。（应该）
3. 人家 A 付了钱却忘了拿东西，我 B 跑一趟 C 给人家 D 送去。（得）
4. 我 A 有一些事 B 告诉 C 你 D。（得）
5. 这里 A 有山有水，B 要是能 C 住在这儿，D 多好啊。（该）
6. 我们 A 用热烈的掌声 B 来 C 祝贺王平的 D 成功。（应该）
7. 孩子 A 就算 B 犯了错误也 D 不能打，D 教育。（得）
8. 王芳 A 是个聪明人 B，C 明白 D 我的意思。（应该）
9. A 有书面通知，你才能 B 参加 C 这个会，只 D 是口头通知不行。（要）
10. 你们先坐一会儿，我 A 有 B 急事，C 出去 D 一趟。（得）
11. A 在火车站 B 买票 C 一定 D 排队。（要）
12. A 说话 B 做事 C 有自己 D 的立场。（应当）
13. A 作为社会 B 的一员，C 遵守基本的道德规范 D。（应当）
14. 这些衣服 A 都 B 是名牌，光一根领带 C 就 D 500 元。（要）
15. A 凭什么我就 B 让着她？她不能 D 让让我？（得）

三、HSK 仿真题：找出下面每段话中有错误的部分。

1. 你们这些人（A），好的地方去不了（B），艰苦的地方又不愿意去（C），早晚应该吃苦头（D）。

2. 你一看到那些字，就要知道这些信是谁写的，可你却这么粗心，硬是没看出来。

A　　　　B　　　　C　　　　D

3. 做饭其实一点儿也不难，先淘米再放水，你这么聪明，该一学就会。

A　　　　B　　　　C　　　　D

4. 你可不能像以前那样了，得多看书，长知识，不必让人家看不起。

A　　　　B　　　　C　　　　D

5. 老师让我得把这篇论文再看一遍，一定要把有错误的地方找出来，这篇论文相当长，

A　　　　B　　　　C

我得花不少时间。

D

四、在下面 ABCD 中选择可以替换画线词语的答案。

1. 下午我没空，我要和小玲一块儿去看时装表演呢。

A. 肯　　B. 得　　C. 该　　D. 应

2. 汉字应该是美国留学生学习汉语中最难的部分。

A. 得　　B. 要　　C. 可能　　D. 该

3. 他爸爸要是知道他整天不上课，会气个半死！

A. 应　　B. 要　　C. 想　　D. 应该

4. 你一定得把这个亲手交给顾客。

A. 要　　B. 该　　C. 应该　　D. 应

5. 我不知道这份合同该不该签。

A. 应不应　　B. 要不要　　C. 得不得　　D. 应该不应该

6. 我们都听说，咱们公司很快要有大的发展。

A. 得　　B. 必须　　C. 想　　D. 将要

7. 父亲在很多事情上要比母亲想得开。

A. 得　　B. 必须　　C. 应该　　D. 该

8. 药再难喝，你也得喝下去。

A. 可能　　B. 要　　C. 想　　D. 能

9. 你必须得找他好好谈一谈。

A. 可能　　B. 要　　C. 应当　　D. 应该

10. 过去的事情不要再提了。

A. 不应该　　B. 不会　　C. 不得　　D. 不能

11. 穿成这样去参加晚会，人家肯定得笑我！

A. 该　　B. 会　　C. 应当　　D. 必须

12. 你得露一手给大家瞧瞧，不然谁相信你的话？

A. 会　　B. 能　　C. 可能　　D. 应该

13. 这个月去茶场应该会买到新茶。

A. 该　　B. 得　　C. 会　　D. 可能

14. 小张该不会把我跟他说的话全都忘了吧。

A. 应该　　B. 必须　　C. 要　　D. 能

参考答案

一、1. A　2. B　3. C　4. B　5. B　6. A　7. C　8. D　9. A　10. C　11. B　12. B　13. D　14. A　15. C　16. B　17. B　18. A　19. D　20. A　21. B　22. B　23. B　24. A

二、1. B　2. C　3. B　4. B　5. D　6. A　7. D　8. C　9. A　10. C　11. D　12. C　13. C　14. D　15. B

三、1. D　(应改为:“早晚得吃苦头”,“应该”不能用于对将来消极结果的估计)

2. B　(应改为:“就应该知道这些信是谁写的”,这里是对已发生的事情的判断)

3. D　(应改为:“应该一学就会”,“应该”一般不用于估计)

4. D　(应改为:“不要被人家看不起”,这里用于规劝)

5. A　(应改为:“老师让我必须把这篇论文再看一遍”,“得”不跟在“让”引导的兼语句中)

四、1. B　2. C　3. B　4. A　5. D　6. D　7. C　8. B　9. B　10. A　11. B　12. D　13. D　14. A

第四单元

第一课　必须要用助动词的语境

试一试

下面的句子都是外国学生写的错句，你能看出句中的问题吗？

1. 大家都知道，在这样的情况下，是非分明。
2. 沿着这条路一直往北走，就到邮局。
3. 李丽觉得送别的那天，她绝对不哭。
4. 咱们只要坚持下去，任何困难都克服。
5. 如果新娘不懂礼貌，新郎感到自己很没面子。
6. 我说不定找到他的家。
7. 他认为，理想家庭的一个标准是家人之间互相交流。
8. 我始终相信他成功。
9. 现在要凭学生证才进学校。
10. 他不会跳舞，要是你请他跳舞，他感到为难。

讲一讲

外国学生在学了汉语助动词之后，最常见的问题之一是，该用助动词时却没有用。本课主要针对外国学生经常出现的这类现象加以说明。

一、何时必须用“会$_2$”

1. 说话人对将来某种情况或结果作主观的估计和判断时，一般要在谓语动词前用助动词“会”，“会”表示的是某种可能。如果没有“会”，句子一般说的是事实。

　　如果新娘不懂礼貌，新郎会感到自己很没面子。

　　你把这件事告诉爸爸，他也许会生气的。

　　明天大概会下雨。

　　我始终相信他会成功。

　　李丽觉得送别的那天，她绝对不会哭。

从上面的例句看，句中如果有“如果、要是”等假设连词，或有“也许”“大概”“一定”“肯定”等表示估计的语气词，或有“想”“觉得”“相信”“估计”等表示推测的词语时，应注意在表示估计内容的谓语前不要忘了用助动词“会”。

下面的句子因没用“会”[(　　)处]而使句子缺少“可能”的语义，因而是错的：

＊他不会跳舞，要是你请他跳舞，他(　　)感到为难。

＊我也没想到大学毕业以后自己(　　)留在北京。

2. 根据普遍经验和客观规律作出推论或推测时，同样要使用“会”。如：

每当看到自己的孩子有了进步，做家长的都会感到高兴的。

从来没有在很多人面前讲过话的人，一旦站在讲台上，就会十分紧张。

下面的句子，用“会”与不用“会”表示的意义有所不同：

做菜时，我妈每次都放很多辣椒。(只说明客观事实，下同)

晚上加完班回到家，我常常吃夜宵。

做菜时，我妈每次都会放很多辣椒。(说明情况是带规律性的，包括将来，下同)

晚上加完班回到家，我常常会吃夜宵。

二、何时必须用“能”

1. 如要表示具备某种条件，达到某种要求时，某种结果可能实现时，一般在谓语动词前用“能”。如：

沿着这条路一直往北走，就能到邮局。

现在要凭学生证才能进学校。

咱们只要坚持下去，任何困难都能克服。

2. 如果要表示具备某种能力或有某种可能(谓语多为“动词＋结果补语”)时，一般都要用“能”。如：

我说不定能找到他的家。

导游的话我能听懂一点儿，可是朋友们都听不懂。

他能办成这件事情，你不必担心。

3. 说明某事物可能产生某个效果，在谓语动词前也要用“能”。如：

据说这种新药能治愈那种疾病。

体育运动不仅能强身，还能放松心情。

三、何时必须用“要”“得”“应该”“必须”

1. 从一般客观情况出发，完成某一动作需要的时间、经费或行动等的谓语动词前要用“要”“得”。有时两词可以连用。如：

从日本到中国坐飞机只要两三个小时。

要想汉语水平达到 HSK 八级，得有几年的努力。

开一家小超市，一般得要多少钱？

2. 做某事需要某一特定条件时，条件句的谓语前须加“要”或“得”。如：

都 20 多岁的人了，怎么剪个头发还得你妈妈同意。

要有在国外工作过的经历，才能应聘这一职位。

3. 按照规定提出要求，一般说明或提醒，谓语动词前一般用“要”“得”；从道理或情理上讲，用“应该”。这三个助动词既可用于事前提醒，也可以用于事后批评、劝告或提醒。提出较强的命令，不可改变的要求，用“必须”。“必须”只用于动作发生前。如：

参加考试一定要/得带准考证，你千万别忘了。

参加考试应该带准考证吧，你怎么没带呢？

他认为，理想家庭的一个标准是家人之间应该互相交流。

他现在遇到了困难，我是他朋友，应该帮助他。

在中国留学的日子已经不多了，我应该珍惜。

练一练

一、HSK 仿真题：从下面 ABCD 中选择唯一正确的填入空格中。

1. 会议都开始 20 分钟了，你______早一点来。
A. 必须　B. 会　C. 能　D. 应该

2. 过分溺爱孩子对他______有不好的影响。
A. 会　B. 能　C. 应该　D. 必须

3. 我觉得一个家如果没有爱就______不幸福。
A. 应该　B. 要　C. 会　D. 能

4. 从这儿要坐一个半小时的车才______到黄山。
A. 要　B. 能　C. 应该　D. 会

5. 为了增加味道，韩国人甚至______在一个菜里放五六种作料。
A. 会　B. 能　C. 应该　D. 必须

6. 中国人在给别人敬酒时，自己的杯子______比对方的杯子低一点。
A. 会　B. 能　C. 要　D. 应该

7. 小黑是一条聪明的小狗，它______听懂主人说的话。
A. 会　B. 能　C. 要　D. 应该

8. 骑车的时候，______遵守交通规则。
A. 该　B. 必须　C. 能　D. 会

9. 成绩在 85 分以上的人才______参加奖学金评比。
A. 应该　B. 必须　C. 能　D. 会

10. 既然到了非洲，你就______体验一下非洲人的生活。
A. 想　B. 能　C. 应该　D. 会

11. 来中国的游客，不管你喜欢不喜欢，有几个城市一定______去看看。
A. 得　B. 能　C. 必须　D. 会

12. 每次出差，我都______买一些当地的特产回去。
A. 得　B. 能　C. 必须　D. 要

13. 虽然妈妈的态度有些过分，但你______尽量理解她的心情，她主要是为你着急。
A. 会　B. 能　C. 得　D. 可能

14. 从我的公寓到大学______走 20 分钟的路。
A. 会　B. 能　C. 得　D. 应该

15. 中午睡上半个小时，下午就______精神充沛。
A. 要　B. 能　C. 得　D. 应该

二、HSK 仿真题：阅读下面的内容，并从 ABCD 中选择唯一正确的答案。

每年三四月间新茶上市时，茶叶市场__1__格外热闹，老远就__2__闻到空气里那股茶香。

我每去一次，都___3___花上两三个小时。

市场里批发商比较多，一般的消费者少一些。但是老板们却很欢迎我这样的外国顾客，他们___4___花很长时间向我介绍。比如说，春天___5___喝刚上市的绿茶。尝一口，就___6___觉得神清气爽。冬天___7___喝红茶，因为红茶对肠胃特别好。每次朋友从日本来，都___8___买一些中国特产带给亲戚朋友，我总是向他们推荐茶叶，然后___9___陪他们去茶叶市场逛一逛。在那儿，不仅买得到中国茶，___10___跟中国人交流，还能感受到茶文化带来的快乐。

1. A. 会　B. 能　C. 得　D. 应该
2. A. 会　B. 能　C. 得　D. 应该
3. A. 必须　B. 能　C. 得　D. 应该
4. A. 会　B. 能　C. 得　D. 必须
5. A. 会　B. 能　C. 应该　D. 想
6. A. 要　B. 能　C. 得　D. 应该
7. A. 会　B. 能　C. 得　D. 要
8. A. 要　B. 能　C. 得　D. 应该
9. A. 应该　B. 能　C. 必须　D. 会
10. A. 会　B. 能　C. 得　D. 应该

三、HSK 仿真题：找出下面每段话中有错误的部分。

1. 走了两公里多的路（A），大家的腿脚都很疼（B），晚上我们去做了脚部按摩（C），听说按摩解除疲劳（D）。

2. 我很喜欢苏州园林（A），但想去园林的话（B），等到周末（C），因为孩子们平时要上学（D）。

3. 在现代中国人看来（A），不论男女（B），有能力就可以工作（C），我认为这样的想法我们韩国人也借鉴（D）。

4. 望着窗外的天空（A），我想到什么时候天气好（B），我真的不习惯这6月的天气（C），又闷又热（D）。

5. 想成为班长（A），三分之二的同学选你（B），当选后还要发表就职演讲（C），所以不是谁都做得了的（D）。

6. 同行的两个小姑娘都很年轻（A），说话特别逗（B），有了她们（C），我想这次旅行非常有趣（D）。

7. 通知上说（A），所有的人都必须准时出席开学典礼（B），另外都要穿西装（C），不穿就不进场（D）。

8. 巷子很窄（A），而且七弯八拐的（B），只要走路走得稍微快一点（C），一不小心就撞人（D）。

参考答案

一、1. D 2. A 3. C 4. B 5. A 6. C 7. B 8. B 9. C 10. C 11. A 12. D 13. C 14. C 15. B

二、1. A 2. B 3. C 4. A 5. C 6. B 7. D 8. A 9. D 10. B

三、1. D （应改为:“听说按摩能解除疲劳”,某种行为可以产生某种效果,应该用“能”）

2. C （应改为:“得等到周末”,表示“需要”时,应该在表示条件的动词前加上“得”）

3. D （应改为:“我认为这样的想法我们韩国人应该借鉴”,从情理上来讲要做某个动作时,要用“应该”）

4. B （应改为:“我想到什么时候天气才会好”,“想”的小句宾语句中的动词前一般加“会”）

5. B （应改为:“要(得)三分之二的同学选你”,需要某一条件时,应该用助动词“要”或“得”）

6. D （应改为:“我想这次旅行会非常有趣”,“想”后的小句表示对情况的估计,应用“会”）

7. D （应改为:“不穿就不能进场”,具备某种条件后达到某种结果,应加上助动词“能”）

8. D （应改为:“一不小心就会撞人”,根据客观规律作出推论或推测时,应用“会”）

第二课 助动词与部分副词的搭配

试一试

用"很""大概""一定""准""究竟""从来""已经""终于"填空。

1. 我很了解安娜,她(　　)不会在背后说别人的坏话。
2. 班长很聪明,(　　)能想出好主意。
3. 半年后,小王(　　)能和正常人一样清楚流利地念书读报了。
4. 为了练习口语,杰克(　　)想和中国人交往。
5. 这本书(　　)能不能出版,连作者也不太清楚。
6. 我(　　)要在两个小时内赶到。
7. 因为相互怨恨,他们(　　)不可能重归于好了。
8. 如果不注意安全生产,(　　)要出事。

讲一讲

一、助动词与程度副词

可以受程度副词修饰的助动词有以下几类。

1. "想""愿意"常受程度副词"很""非常""十分"等修饰,"肯"可受"很"修饰,用来表示意愿的强弱。如:

为了练习口语,杰克很想和中国人交往。

这些活动留学生十分愿意参加。

王平为了提高自己的工作能力,很肯下苦功夫。

2. "能$_1$"和"会$_1$"的前面常常加上程度副词"很""非常""特别"等,"很会"表示动作的水平高,"很能"表示动作的数量大。如:

这个人极能忍耐,这是他的优点。

她特别会办事,所以大家都喜欢她。

3. "可能"的前面可以加程度副词"很",用来表示对可能性大小的判断。如:

玛丽很可能已经回国了。

二、助动词与语气副词

用语气副词修饰的助动词有以下几种情况。

1. "能$_2$""会$_2$""可以$_1$"的前面常常加语气副词"一定""肯定""准""真的""也许""大概"等。用来表示对可能性的确定程度。如:

他们真的能办好这件事？

班长很聪明，肯定（一定/准）能想出好主意。

一个小时之内一定可以赶到那儿。

多思考思考，也许会有意想不到的收获。

2. “要$_1$”受“一定”修饰，强调意愿。“要$_2$”“得”前用“一定”“可”“必须”“肯定”“准”等，可加强提醒、劝说、叮嘱的语气或推测的语气。如：

这次我一定要打败他！

过马路时，一定要小心！

出门在外，必须要注意身体健康。

如果不注意安全生产，肯定要出事。

如果让老师知道你的作文都是抄来的，她准得气死。

你的病刚好，现在可得注意，最好别抽烟。

3. “究竟”“到底”一般出现在助动词的正反疑问中，加强疑问语气。如：

你究竟会不会说中国话？

这本书到底能不能出版，连作者也不太清楚。

咱们到底该不该请他来呢？

他毕业论文写得这么差，究竟还想不想毕业？

三、助动词与时间副词

1. “经常、常常、往往、一直、有时候、总（是）、老（是）、从来”等常常放在“会$_2$”和“能$_2$”的前面，用于表示根据以往的经验和规律作出的推测。“从来”一般用于否定句。如：

最近我经常会头疼。

人往往会触景生情。

我很了解安娜，她从来不会在背后说别人的坏话。

在附近的那条街上，一直能看到那位老大妈。

下班后，我有时候会顺便去买一张当天的报纸。

“经常、天天”也可以出现在“会$_2$”“能$_2$”之后，谓语动词之前，用来修饰谓语动词。表示动作将重复进行。如：

我们会经常来看您。

他能天天跟着你吗？

我们不能吊死在一棵树上，应该经常转移阵地。

2. “已经”“终于”可以放在“能”和“会”“肯”的前面。如：

李丽已经能用英语应付几句了。

半年后，小王终于能和正常人一样清楚流利地念书读报了。

妈妈终于肯让我一个人出去住了。

经过双方的共同努力，合同终于能签了。

提示

“已经”和“终于”一般不用来修饰“可能”，但“已经”可以修饰“可能”的否定形式“不可能”。如：

因为相互怨恨，他们已经不可能重归于好了。

四、助动词与“又”“再”

表示重复的副词“又”可以放在助动词“想”和表示估计的“得”“该”“要”的前面。如：

小李又想睡觉了。

你穿成这样，人家又该笑话你了。

学校又要放假了。

多穿一点，不然又要感冒了。

同样表示重复的副词“再”只能放在助动词的后面。如：

我想再复习一遍。

他会再来吗？

老师，您能再说一次吗？

“又”还可以放在“会$_2$”“能$_2$”的前面，加强疑问或反问的语气。如：

就算你真的跟你丈夫离婚，又能怎么样呢？

这个故事又会有什么样的结果呢？

练一练

一、HSK 仿真题：从下面 ABCD 中选择唯一正确的填入空格中。

1. 如果大家一起努力，______可能提前完成任务。

A. 终于　　B. 常常　　C. 很　　D. 经常

2. 医生治好了姐姐的病，她______能有自己的孩子了。

A. 终于　　B. 一定　　C. 非常　　D. 很

3. 到了外地，信用卡上的钱______可能拿不出来。

A. 终于　　B. 必须　　C. 准　　D. 很

4. 我们______要做好随时出发的准备。

A. 很　　B. 非常　　C. 准　　D. 一定

5. 将来，你们______会面临同样的问题。

A. 特别　　B. 已经　　C. 很　　D. 也许

6. 时代不同了，我们______不可能再过以前那种悠闲的日子了。

A. 常常　　B. 已经　　C. 从来　　D. 终于

7. 好不容易出来旅游一趟，______得好好地玩玩。

A. 很　　B. 经常　　C. 一定　　D. 大概

8. 这个演员年纪不大，却______会表演，根本看不出来不是专业的。

A. 很　　B. 经常　　C. 必须　　D. 一定

9. 风刮得这么厉害，明天______得下大雨。

A. 很　　B. 经常　　C. 肯定　　D. 一直

10. 小梅______会不会同意我的意见呢？

A. 也许　　B. 究竟　　C. 大概　　D. 终于

11. 经过两次失败的打击，他______会失去信心。

A. 也许　　B. 必须　　C. 究竟　　D. 终于

12. 我宁愿一个晚上不睡觉,也______得写完这篇稿子。

A. 也许　　B. 一定　　C. 究竟　　D. 终于

二、请你从 ABCD 中选择合适的助动词与所给的短语组合后填在横线上。

使家庭教育与学校教育同步　读懂这本书了　她值每周一次的 24 小时昼夜班

打扮自己　完全搞清楚了　得把这份材料写好　请你这个组长在座谈会上介绍经验

经过这条小路

1. 小丽虽然不漂亮,却很________________,总是穿得很得体。

A. 能　　B. 会　　C. 想　　D. 可以

2. 究竟________________,学生怎样才能在优质的教育环境中成长,值得研究。

A. 要不要　　B. 会不会　　C. 想不想　　D. 肯不肯

3. 当年两人之间因为什么产生了矛盾,今天已经________________________。

A. 可能　　B. 不可能　　C. 不应该　　D. 应该

4. 这次你们小组在全市比赛中拿了第一,领导一定________________________。

A. 会　　B. 应该　　C. 必须　　D. 可能

5. 我必须________________________,哪怕今晚不睡觉。

A. 会　　B. 应该　　C. 得　　D. 可能

6. 在来来回回地读了十几遍以后,小钱高兴地发现自己终于______________________。

A. 会　　B. 能　　C. 可能　　D. 要

7. 要进城,必须____________________________。

A. 会　　B. 能　　C. 可能　　D. 要

8. 王护士明天不能上班,今晚________________________。

A. 再该　　B. 该再　　C. 又该　　D. 该又

三、HSK 仿真题:将下面句后(　　)中的词语放在唯一合适的地方。

1. 哪怕遇到再大的困难,我 A 也 B 一定 C 坚持把中文 D 学下去。(要)
2. 那儿离这儿很远,A 骑车 B 大概 C 骑 D 一个多钟头。(要)
3. 他 A 今天晚上肯定 B 收看国际女子排球 C 比赛的 C 实况 D 转播。(会)
4. 玛丽 A 已经 B 回国 C 去 D 了。(可能)
5. 我明年 A 十分 B 带全家人 C 出去 D 旅行一趟。(想)
6. 吃了饭 A 我 B 有时候 C 去 D 散半个小时步。(会)
7. 你不能老在电脑前 A 坐着,B 应该 C 起来 D 活动活动。(经常)
8. 这家健身俱乐部真的不错,A 我 B 会 C 来 D 锻炼的。(常常)
9. 这件事情 A 你 B 再 C 考虑 D 考虑。(应该)
10. 这么多事情 A 要 B 做,今天 C 又 D 开夜车了。(要)
11. 最近嘴巴里 A 淡得要死,所以我 B 又 C 下馆子去吃一次 D 川菜了。(想)
12. 生命 A 只有一次,你 B 再 C 活 D 一回吗?(能)

参考答案

一、1. C 2. A 3. D 4. D 5. D 6. B 7. C 8. A 9. C 10. B 11. A 12. B

二、1. 小丽虽然不漂亮，却很会打扮自己，总是穿得很得体。

2. 究竟要不要使家庭教育与学校教育同步，学生怎样才能在优质的教育环境中成长，值得研究。

3. 当年两人之间因为什么产生了矛盾，今天已经不可能完全搞清楚了。

4. 这次你们小组在全市比赛中拿了第一，领导一定会请你这个组长在座谈会上介绍经验。

5. 我必须得把这份材料写好，哪怕今晚不睡觉。

6. 在来来回回地读了十几遍以后，小钱高兴地发现自己终于能读懂这本书了。

7. 要进城，必须要经过这条小路。

8. 王护士明天不能上班，今晚她又该值每周一次的24小时昼夜班了。

三、1. C 2. C 3. B 4. A 5. B 6. C 7. C 8. C 9. B 10. D 11. C 12. B

第三课 助动词与其他状语的语序

试一试

将下面句后(　　)中的词语放在唯一合适的地方。

1. 我 A 跟 B 他 C 开个 D 玩笑。(想)
2. 她现在生气了,你 A 给她 B 打个电话 C 向她 D 道歉。(应该)
3. A 坐在我旁边的田中 B 最担心 C 被叫起来 D 回答问题。(会)
4. 你在 A 批评别人之前,B 先把事情 C 弄弄 D 清楚。(应该)
5. 这部书 B 一定 C 让你 D 明白很多事情。(能)
6. 我真 A 没想到我 B 对二胡 C 产生 D 这么大的兴趣。(会)
7. 这件事情我不 A 再和别人 B 商量了,我一个人 C 能决定 D。(想)
8. 医生 A 说我 B 回宿舍 C 好好 D 休息休息。(应该)
9. 教室里没人,A 我们 B 在这儿 C 看书 D。(可以)

讲一讲

一、助动词与介词短语

1. 当介词短语在句中充当状语时,助动词一般放在该介词短语的前面,而不是放在谓语动词前。具体有以下几类。

(1) 放在介词“在”引导的短语前(表示时间、空间、处所、范围)。如:

我想在中国学习汉语。

教室里没人,我们可以在这儿看书。

很多家庭都很愿意在子女教育上花钱。

(2) 放在“对、向、跟、给、和、按照、从、由、为、替、为了”等介词引导的表示目的、对象、依据、协同、关涉等意义的短语前。如:

妹妹要和你一起去。

我想跟他开个玩笑。

这样的角色应该由三木来演。

一班的同学已经能按照语法写出正确的句子了。

王老师病了,你可以替她上一次课吗?

你应该给她打个电话向她道个歉。

我想为玛丽准备一件特别的生日礼物。

鸟儿会为了争一个窝打得羽毛乱飞。

我真没想到我会对二胡产生这么大的兴趣。

（3）在“把”字句和“被动句”中，放在“把”和表示被动的“被、叫、让”等引导的介词短语前。如：

你在批评别人之前，应该先把事情弄弄清楚。

坐在我旁边的田中最担心会被叫起来回答问题。

第一名怎么能让他们夺走了？

我真不明白，你竟然会叫自行车撞成这个样子！

提示

有个别句子，助动词在句中的位置两可，可以在介词结构之前，也可以在它的后面。如：

你们应该对顾客热情一些。/你们对顾客应该热情一些。

但这种现象较为少见，从总体上来看，仍以助动词在前的为主。

二、兼语句与连动句中的助动词的位置

“让、叫、使、令”等动词常带兼语，后面还有谓语动词，助动词应放在“让、叫、使、令”等动词前。那些强调语气或程度的副词则应放在助动词的前面。如：

你带来的这个消息一定会让大家大吃一惊的。

我觉得给予比接受更能令人感动。

王平识货，心又不黑，肯定能使买卖双方都放心满意。

我非要叫他知道知道我的厉害！

连动句中一般有前后两个或两个以上的动词，助动词应放在前一个动词的前面。如果这类动词前还有表示时间的副词、形容词的话，助动词则放在这类词语之前。如：

大卫想马上去长城看看。

你愿意立即来我们公司工作吗？

她身体不好，应该早点儿回家好好休息。

练一练

一、将（　　）中的助动词和所给的介词短语组合后填在横线上。

叫孩子　从头　被领导　给你　把那些历史小说里的人物　让同学们的业余生活

在路边　使环境　在阳光下　把家里的门窗关上　被刷下来　为这点小事

1. 课外兴趣小组____________变得丰富多彩起来。（能）
2. 很多地区的草场被用作了耕地，这____________进一步恶化。（会）
3. 班长一说话就脸红的样子一定__________留下深刻的印象。（会）
4. 你_________洗了澡就去休息，他今天已经累坏了。（应该）
5. 杨老师总是________________讲得生动有趣。（能）
6. 既然迷了路，就______________把车子停下来，找个人问问路。（得）
7. 走之前，你一定______________，天气预报说下午有雷阵雨。（要）

8. 丝绸衣服洗了________________晒，只适合晾在阴凉的地方。（不能）

9. 这小伙子不踏踏实实地工作，却总________________提拔，简直不像话。（想）

10. 我还年轻，不怕失败。我________________开始，再来一次。（愿意）

11. 就你这水平，别说进前三名了，初赛就________________。（得）

12. 大家怎么也没想到，小两口________________闹翻。（会）

二、HSK 仿真题：将下面句后（ ）中的词语放在唯一合适的地方。

1. 20 年过去了，我 A 这个愿望 B 还是 B 没 D 实现。（能）
2. 最近孩子的身体不太好，B 经常 C 在夜里 D 又哭又闹。（会）
3. 如果小狗没有人 A 收养，她 B 就 C 把它们 D 送到收容所去。（要）
4. 今天 A 晚上我 B 早点儿回家 C 收看国际女子排球比赛的实况 D 转播。（得）
5. 这部书 A 一定 B 让你 C 明白 D 很多事情。（能）
6. 我们相信只要大家 A 一起努力，B 一定 C 使苏州的城市 D 变得更美。（会）
7. 燕子 A 每年春天 B 都 C 从寒冷的北方 D 飞往温暖的南方。（要）
8. 好好的一面墙 A 怎么 B 被孩子 C 弄得 D 这么脏？（会）
9. 那些 A 不文明的人 B 经常 C 在地上随便地 D 乱扔垃圾。（会）
10. 我 A 觉得这种高超的技艺 B 不是 C 一朝一夕就 D 练成的。（能）
11. 他还跟以前一样 A 把工作中的不 B 快乐 C 带到家里 D 来吗？（会）
12. 直到今天，她那依依不舍的目光 A 仍然 B 常常 C 在我的眼前 D 浮现。（会）
13. 施工 A 开始前，B 主管 C 向附近的居民 D 说明工程计划、噪音大小等问题。（应该）
14. 五一长假我丈夫 A 只 B 在家 C 休息 D 三天。（能）
15. 我 A 为了 B 实现我的人生目标 C 而 D 努力。（愿意）

三、HSK 仿真题：找出下面每段话中有错误的部分。

1. 在日本（A），高考对学生来说很重要（B）。他们为了通过考试而会拼命学习（C），常常开夜车（D）。

2. 我老了（A），但对生活还是充满着热爱（B），我在有生之年到世界各地去想走一走（C），看一看（D）。

3. 王老师有表示她的意见的方式（A），满意时（B），她对你会轻轻点两下头（C），却从不说什么（D）。

4. 交通事故发生在半个月前（A），就在前面的路口（B），当时那辆车开得太快了（C），警察应该了解对事故过程很清楚（D）。

5. 理发店外面的广告牌年久失修（A），如果遇上大风大雨掉下来（B），就把行人会砸伤（C），得抓紧时间修理（D）。

参考答案

一、1. 课外兴趣小组能让同学们的业余生活变得丰富多彩起来。
2. 很多地区的草场被用作了耕地，这会使环境进一步恶化。
3. 班长一说话就脸红的样子一定会给你留下深刻的印象。
4. 你应该叫孩子洗了澡就去休息，他今天已经累坏了。
5. 杨老师总是能把那些历史小说里的人物讲得生动有趣。
6. 既然迷了路，就得在路边把车子停下来，找个人问问路。
7. 走之前，你一定要把家里的门窗关上，天气预报说下午有雷阵雨。
8. 丝绸衣服洗了不能在阳光下晒，只适合晾在阴凉的地方。
9. 这小伙子不踏踏实实地工作，却总想被领导提拔，简直不像话。
10. 我还年轻，不怕失败。我愿意从头开始，再来一次。
11. 就你这水平，别说进前三名了，初赛就得被刷下来。
12. 我们怎么也没想到，小两口会为这点小事闹翻。

二、1. D 2. C 3. C 4. B 5. B 6. C 7. C 8. B 9. C 10. D 11. A 12. B 13. C 14. B 15. A

三、1. C （应改为："他们会为了通过考试而拼命学习"，"会"应出现在介词短语的前面）
2. C （应改为："我想在有生之年到世界各地去走一走"，"想"应出现在介词短语的前面）
3. C （应改为："她会对你轻轻点两下头"，"会"应出现在介词短语的前面）
4. D （应改为："警察应该对事故过程了解得很清楚"，"应该"应出现在介词短语的前面）
5. C （应改为："就会把行人砸伤"，"会"应该出现在介词短语之前）

第四课　意义相近的助动词的连用

试一试

用“想要”“要想”“可能会”“应该要”“得要”填空。

1. ________学好汉语，就一定要多说多练。
2. 人________自信。
3. 退休后我________环游世界。
4. ________用几句话把这件事解释清楚，确实有困难。
5. 睡眠不足，________影响儿童生长。
6. 要想查到自己________的图书，熟悉和掌握图书分类法是非常必要的。
7. 这房子比较大，装修的话________七八个人足足干3个月。
8. 获奖候选人________得到至少三位科学家的推荐。

讲一讲

一、想要　要想

表示意愿的“想”和“要$_1$”可以连用，组成“想要”，与助动词“想”的用法类似，意义相当。如：

很多人想要进我们公司工作。

今晚你想要吃点什么？

退休后我想要环游世界。

“想要”也常常出现在句首，与动词短语一起作句子的主语。如：

想要用几句话把这件事解释清楚，确实有困难。

在这么大的图书馆里，想要一下子找到需要的资料并不容易。

提示

1. “想”和“要”还可以组成“要想”，其中“要”的意思是“要是”，一般出现于假设复句的前一分句。如：

要想得到这个奖，就得好好下功夫。

要想学好汉语，就一定要多说多练。

2. “想要”有时也出现在假设复句的前一分句，此时，它的用法与“要想”相当。如：

一个民族想要站在科学的最高峰，就一刻也不能没有理论思维。

3. “想要”可以作定语，“要想”不可以。如：

要想查到自己想要（*要想）的图书，熟悉和掌握图书分类法是非常必要的。

4. 另外，有些句子中出现的“想要”中的“要”是动词，其后有名词宾语。如：

你想要哪一种？

外婆后来又想要个女儿，就生了我母亲。

二、应该要　得要

1. 表示情理和事实上的需要的“应该”和“要$_2$”、“得”和“要$_2$”可以连用，组成“应该要”“得要”。两者与助动词单独使用时的意义基本一致，都可以带动词和形容词谓语。如：

离开之前应该要（应该）和主人打个招呼。

人应该要（要）自信。

获奖候选人得要（得）得到至少三位科学家的推荐。

待人得要（要）真诚。

2. “得要”还可以表示时量和数量上的需要。后面常常有时间词和数量词。如：

平常我要照顾孩子们，想去虎丘，得要等到周末。

这房子比较大，装修的话得要七八个人足足干3个月。

想要说一口流利的汉语，一般人得要花三到四年的时间。

提示

“应该要”与“得要”的区别

1. “应该要”的语气较婉转，用来表达意见和提出建议。“得要”比“应该要”更口语化，语气比“应该要”略重一些。如：

这是你自个儿的事情，应该要由你自己来决定。

要更改规划得要有主管部门的批准。

2. “得要”可以表示需要，有“不得不”的意思。“应该要”只表示判断，比较主观。下面句中的“得要”一般不用“应该要”。如：

时间过得真快，明天又得要上课了。

这事儿得要你去才能解决。

3. “应该要”有时还可以表示能力的“会$_1$”和“能$_1$”连用。如：

幼儿园的老师应该要会唱歌、跳舞、画画什么的，总之，得多才多艺。

做我们这行的人应该要能吃苦。

三、可能会　可能能

1. 表示说话人对事情的估计、判断的“可能”“会$_2$”“能$_2$”可以连用。与“可能能”相比，“可能会”更为常见。“可能会”“可能能”比起单用“会”或“能”来，语气更婉转，更不确定。也有人把“可能会”“可能能”中的“可能”看成副词，意义与“也许”“大概”差不多。如：

躺着可能会舒服一些。

睡眠不足，可能会影响儿童生长。

这双鞋质量好，可能能穿两三年。

根据目前的情况，我只能说病人的腿可能能康复。

2. “可能会”因“会$_2$”的特点，后面可以带表示各种可能性的谓语。“可能能”由于“能$_2$”的特点，只能带表示积极意义可能性的谓语（详见第二单元第一课）。

在大公司工作将来可能会（*可能能）有更大的发展。

书中的一些论点有些不妥，可能会（*可能能）引起人们的不满。

跟我一起工作的人可能会（*可能能）比较了解我。

这房子太旧了，可能会（*可能能）漏雨。

提示

“可能会”中的“会”也有表示能力的。如：

出租车司机可能会说几句英语。

我们班的日本学生可能会打排球。

练一练

一、请从 ABCD 中选择同义的助动词与句中的助动词连用，再在横线上填上合适的短语。

得到什么　清醒一些　花好几个小时　勇敢　快快乐乐的　离开温暖的被窝

好好感谢感谢人家　得到别人的尊重

1. 你用冷水洗洗脸，____会____________________。

A. 可能　　B. 要　　C. 想　　D. 可以

2. 居委会的刘主任帮了那么大的忙，你们____要____________________。

A. 会　　B. 得　　C. 想　　D. 可能

3. 你这么不择手段，到底____要____________________？

A. 应该　　B. 得　　C. 想　　D. 愿意

4. 前面没有退路，面对挑战我____要____________，而且只能向前。

A. 应该　　B. 可能　　C. 可能　　D. 想

5. 你这个年纪____要____________________，为什么看上去愁眉苦脸的？

A. 应该　　B. 可能　　C. 想　　D. 必须

6. ____想____________________，首先得尊重别人。（想）

A. 要　　B. 应该　　C. 可能　　D. 得

7. 这位演员每天早上 6:00 就____要____________________，和师弟师妹们练功。

A. 应该　　B. 得　　C. 要　　D. 想

8. 做一顿饭____要____________________，不如出去吃吧。

A. 可能　　B. 必须　　C. 应该　　D. 得

二、HSK 仿真题：从下面 ABCD 中选择唯一正确的填入空格中。

1. 我们________树立一种“我为人人，人人为我”的观念。

A. 要应该　　B. 应该要　　C. 想要　　D. 要想

2. 我们提了那么多要求，你觉得人家王经理______接受吗？

A. 可能会　　B. 应该要　　C. 想要　　D. 要想

3. 一个留学生在中国一年，学费生活费一起大约______5000 元。

A. 得要　　B. 可能会　　C. 想要　　D. 要想

4. ______改变父亲的想法可不是件容易的事情。

A. 可能会　　B. 应该要　　C. 要想　　D. 得要

5. 母亲身体不好，______好好休养，不应该过分操劳。

A. 会可能　　B. 要得　　C. 应该要　　D. 得要

6. 你用这样的口气跟妈妈说话，她______伤心的。

A. 要想　　B. 可能会　　C. 要得　　D. 想要

7. 天资加上勤奋______使这孩子成为一位数学家。

A. 会可能　　B. 要应该　　C. 应该要　　D. 可能会

8. 我不知道到底______怎么做经理才能满意。

A. 可能会　　B. 应该要　　C. 要想　　D. 想要

9. 讨论对工作有益，一些问题在讨论中______轻易地解决。

A. 可能会　　B. 可能能　　C. 可能想　　D. 要想

10. 你难道认为商品价格上涨，顾客______没有反应？

A. 想要　　B. 得要　　C. 可能会　　D. 应该要

11. 这个事儿你当初______告诉我，她不肯听你的话，但我的话她是肯听的。

A. 想要　　B. 要想　　C. 应该要　　D. 可能会

12. 姐姐辛苦赚钱让你读书，你______专心才对。

A. 可能要　　B. 要想　　C. 得要　　D. 想要

13. 这个会议______开到几点？

A. 得要　　B. 要想　　C. 想要　　D. 要得

14. 按理说，人家是太太的好朋友，________好好招待。

A. 可能会　　B. 应该要　　C. 要得　　D. 要想

15. 运动______掌握合适的运动量，不够或者过大都不好。

A. 会可能　　B. 应该能　　C. 应该要　　D. 可能会

16. 你以前吃过几次亏，现在______学得聪明一点儿了。

A. 要应该　　B. 要想　　C. 想要　　D. 应该要

17. 在这本杂志上发作家的照片是有条件的，即作家本人______有较高的艺术成就。

A. 可能会　　B. 要得　　C. 应该要　　D. 想要

18. 一个企业______在竞争中立于不败之地，就一定要有创新意识。

A. 可能会　　B. 要　　C. 要得　　D. 想应该要

三、HSK 仿真题：找出下面每段话中有错误的一部分

1. 家人之间，有事情应该要商量，不然容易产生误会，应该要伤害亲人间的感情。
(A: 家人之间　B: 有事情应该要商量　C: 不然容易产生误会　D: 应该要伤害亲人间的感情)

2. 她还很年轻，不能老这么闲着，应该必须找点工作做，这事儿我朋友可能能帮上忙。
(A: 她还很年轻　B: 不能老这么闲着　C: 应该必须找点工作做　D: 这事儿我朋友可能能帮上忙)

3. 女儿刚3岁，当别的孩子难受或者哭的时候，她就会充满感情地看着，有时甚至表现出
(A: 女儿刚3岁　B: 当别的孩子难受或者哭的时候　C: 她就会充满感情地看着)

要想安慰其他孩子的样子。
D

4. 这么大的一幅作品,应该要画半个月才能完成。而且只要稍微不留神,就可能会画坏。
A B C D

5. 最近有报道称,美国加州的一个农场里出现了一种新的西红柿病毒。这种病毒传播得
A B
非常快,可能能对全球的农作物造成危害。
C D

参考答案

一、1. 你用冷水洗洗脸,可能会清醒一些。
2. 居委会的刘主任帮了那么大的忙,你们得要好好感谢感谢人家。
3. 你这么不择手段,到底想要得到什么?
4. 前面没有退路,面对挑战我应该要勇敢,而且只能向前。
5. 你这个年纪应该要快快乐乐的,为什么看上去愁眉苦脸的?
6. 要想得到别人的尊重,首先得尊重别人。
7. 这位演员每天早上6:00就得要离开温暖的被窝,和师弟师妹们练功。
8. 做一顿饭得要花好几个小时,不如出去吃吧。

二、1. B 2. A 3. A 4. C 5. D 6. B 7. D 8. B 9. A 10. C 11. C 12. C 13. A 14. B 15. C 16. D 17. C 18. B

三、1. D (应改为:"可能会伤害亲人间的感情",助动词使用不当,这里是表示估计,应用"可能会")
2. C (应改为:"应该得找点工作做",副词"必须"不修饰"应该","应该"可以和"$得_1$"连用)
3. D (应改为:"有时甚至表现出想要安慰其他孩子的样子",这里表示一种愿望,只能用"想要")
4. B (应改为:"得要画半个月才能完成",有时间和数量上的要求时,应该用"得要")
5. D (应改为:"可能会对全球的农作物造成危害",谓语为消极义,应该用"可能会")

第五课 两种意义的助动词的连用

试一试

用"可能得""可能愿意""能愿意""会肯""应该能""得会""得愿意"填空。

1. 这事儿以前没有过，________研究研究。
2. 习惯了城里生活的阿姨怎么________住到乡下来呢？
3. 这双鞋你已经穿过了，厂家________退货吗？
4. 初级水平的学生________用简单的句子表达自己的想法。
5. 一个人________把心思用在他从事的工作上。
6. 他还在生我的气，______帮这个忙吗？
7. 我们的工作是和人打交道，不但要说，还______说。
8. 首先他自己______学，然后我才能教他。

讲一讲

一、可能与其他助动词的连用

"可能"常与其他助动词连用，组成"可能要""可能得""可能想""可能愿意""可能肯"等。连用式中的"可能"表示说话的判断和估计，后一个助动词表示需要或意愿。如：

可能要等上半个月，王教授才会有空。

这事儿以前没有过，可能得研究研究。

看起来小李可能想跟你和好。

习惯了城里生活的阿姨怎么可能愿意住到乡下来呢？

提示

只要意义允许，有时会出现三个或三个以上的助动词连用。如：

导演最近可能想要拍一部反映现代青年生活的影片。

二、会愿意　能愿意　会肯

"会愿意""能愿意""会肯"较多地出现在否定句、一般疑问句或反问句中，"能"和"会"表示有可能，"愿意"和"肯"则表示意愿。如：

我非常希望李小姐能愿意来。

这双鞋你已经穿过了，厂家会愿意退货吗？

我想学，可谁会愿意教我呢？

他还在生我的气，会肯帮这个忙吗？

提示

只要意义允许，有时会出现三个或三个以上的助动词连用。如：

他可能会愿意收下这张照片。

三、"应该"与其他助动词的连用

1. "应该"可以与"能"和"会"连用，组成"应该能""应该会"。"应该能""应该会"中的"应该"表示估计或猜测。"能"和"会"可以是表示能力的"$能_1$"和"$会_1$"。如：

他在日本呆过一年，应该会说一点儿日语。

初级水平的学生应该能用简单的句子表达自己的想法。

"能"和"会"也可以是表示可能的"$能_2$""$会_2$"。另外，"应该可以"与"应该能"用法相当。如：

早点儿出发的话，应该能赶得上第一趟火车。

两个孩子性格相投，应该会相处得很愉快。

中国队的水平应该可以(应该能)提高得更快一些。

故事的结尾你应该可以(应该能)猜到了。

2. "应该"可以与"想""愿意""肯"连用，"应该愿意"和"应该肯"。"应该"表示估计与猜测，"愿意"和"肯"表示意愿。如：

活动只要搞得有意思，同学们应该愿意参加。

如果你亲自去请，老王应该肯来。

"应该"也可以表示道理上或情理上的需要。如：

一个人应该愿意把心思用在他所从事的工作上。

作为一个中国人，应该肯为国家的建设贡献自己的力量。

四、"得"与其他助动词的连用

"得"可以与"会""能"和"愿意"连用，能成"得会""得能"和"得愿意"。"得会""得能"中的"得"表示事实和情理上的需要，"会""能"为表示能力的"$会_1$""$能_1$"。如：

相声演员"吹、拉、弹、唱"样样得会。

我们的工作是和人打交道，不但要说，还得会说。

营业员要熟悉一定的商品知识，更重要的是得能吃苦。

"得愿意"中的"得"表示需要某一条件或情理上的需要，"愿意"的语义指向主语。如：

光我想有什么用，人家公司得愿意要我才行啊。

首先他自己得愿意学，然后我才能教他。

记一记

常见的助动词连用形式			
前一助动词		后一助动词	
1. 表示意愿	想	要$_1$	1. 表示意愿
2. 表示估计或猜测	可能	想	
	应该	愿意、肯	
	会	会$_1$、能$_1$	2. 表示能力
3. 表示情理上、整理上的需要	应该	会$_2$、能$_2$	3. 表示可能
	得	要$_2$	4. 表示情理或事实上的需要

练一练

一、判断下面的助动词连用形式是否正确，对的在(　　)里打“√”，错的打“×”。

1. 应该愿意(　　)　　愿意应该 (　　)
2. 可能会 (　　)　　会可能 (　　)
3. 应该可以(　　)　　可以应该 (　　)
4. 愿意会 (　　)　　会愿意 (　　)
5. 可能想 (　　)　　想可能 (　　)
6. 得愿意 (　　)　　愿意得 (　　)
7. 想要 (　　)　　要想 (　　)
8. 要应该 (　　)　　应该要 (　　)
9. 应该会能(　　)　　会能应该 (　　)
10. 得要 (　　)　　要得 (　　)

二、HSK 仿真题：从下面 ABCD 中选择唯一正确的填入空格中。

1. 有一些词语的意思看了下文______猜出来。

A. 应该要　　B. 应该能　　C. 应该得　　D. 应该肯

2. 我们的文艺作品、电视节目______贴近生活，让读者觉得喜闻乐见。

A. 得要　　B. 应该能　　C. 得想　　D. 应该想

3. 小玉是个聪明的姑娘，______明白师傅对她的一片苦心。

A. 应该要　　B. 应该能　　C. 应该得　　D. 应该肯

4. 我们______改变自己，让自己在未来变得更加完美。

A. 应该愿意　　B. 愿意应该　　C. 会愿意　　D. 能愿意

5. 领导者______保持公司的实力，所以才决定暂时退出竞争。

A. 应该要想　　B. 可能会要　　C. 可能想要　　D. 得要应该

6. 因为老师和学生们会利用假期出游，咱们旅行社的生意______渐渐地好起来。

A. 可能能　　B. 可能应该　　C. 可能得　　D. 可能必须

7. 我希望我的电影不仅能给观众以视觉上的享受，还______触及人的灵魂。
A. 应该想　B. 应该肯　C. 应该愿意　D. 应该能

8. 读者如果觉得报纸对他们有用就______看。
A. 会愿意　B. 愿意会　C. 要想　D. 得要

9. 买衣服除了看质量和款式以外，还______考虑考虑价格你是否能承受。
A. 要得　B. 想要　C. 应该要　D. 要能

10. 现在是一个学习的年代，大学里学到的东西______管你两三年，却不能管你一辈子。
A. 可能能　B. 可能得　C. 可能要　D. 可能想

11. 我一个普通的职员，根本不能帮他，他怎么______和我扯上关系呢？
A. 可能会要　B. 可能会愿意　C. 可能会能　D. 会愿意可能

12. 自从上次撞了人，小赵也不______再碰汽车那玩意儿了。
A. 会能　B. 能愿意　C. 会愿意　D. 能肯

13. 人到老年应该富于阅历，______用忠告来帮助他人。
A. 可能会　B. 可能要　C. 应该得　D. 应该能

14. 这也不行，那也不行，你到底______用什么办法来解决呢？
A. 可能会　B. 想要　C. 应该得　D. 得能

三、HSK 仿真题：将下面句后（　）中的词语放在唯一合适的地方。

1. 20 分钟他 A 应该 B 赶到，他的家 C 离这儿不 D 远。（能）
2. 一个晚上，我 A 忽然 B 接到了他的电话，他 C 说他最近可能 D 来北京。（会）
3. 孩子 A 想 B 跟我的同事们一起 C 去百货公司 D 买东西。（要）
4. 类似的事情我们 A 可能 B 再 C 举出 D 别的例子。（能）
5. A 这次机会来之不易，我们 B 应该 C 好好 D 珍惜。（要）
6. 我已经完全康复了，下个月就 A 应该 B 和同事们 C 一起正常 D 工作了。（能）
7. 这车旧 A 是旧了点，不过 B 好好 C 修修，可能 D 开。（能）
8. 我们 A 是十几年的老朋友了，这个忙 B 他 C 应该 D 帮。（肯）

参考答案

一、

1. 应该愿意	(√)	愿意应该	(×)
2. 可能会	(√)	会可能	(×)
3. 应该可以	(√)	可以应该	(×)
4. 愿意会	(×)	会愿意	(√)
5. 可能想	(√)	想可能	(×)
6. 得愿意	(√)	愿意得	(×)
7. 想要	(√)	要想	(√)
8. 要应该	(×)	应该要	(√)
9. 应该会能	(√)	会能应该	(×)
10. 得要	(√)	要得	(×)

二、1. B　2. A　3. B　4. A　5. C　6. A　7. D　8. A　9. C　10. A　11. B　12. C　13. D　14. B

三、1. B　2. D　3. B　4. B　5. C　6. B　7. D　8. D

单元练习

一、HSK 仿真题：从下面 ABCD 中选择唯一正确的填入空格中。

1. 身体老不活动就______变差。
A. 必须　　B. 能　　C. 会　　D. 应该

2. 随着收入的差距越来越大，人们______出现心理上的不平衡。
A. 可能会　　B. 可能能　　C. 应该要　　D. 想要

3. 玩具少了也有好处，因为那样______使孩子之间的交流多些。
A. 必须能　　B. 可能会　　C. 应该会　　D. 想要

4. 我们还有几个动作没练好，______抓紧时间。
A. 会　　B. 能　　C. 得　　D. 想

5. 今天我刚打了灭虫剂，家里______没有苍蝇。
A. 会　　B. 应该　　C. 要　　D. 能

6. 他腿上受了点伤，伤口可能______处理一下。
A. 会应该　　B. 得要　　C. 想要　　D. 要想

7. 只要大家齐心协力，我们就一定______战胜困难，获得胜利。
A. 能　　B. 要　　C. 会　　D. 应该

8. 你已经不小了，______学会照顾自己。
A. 应该能　　B. 应该要　　C. 得应该　　D. 应该肯

9. 他本来就是一个规规矩矩的老实人，遇到这次挫折后，更______小心谨慎了。
A. 要得　　B. 可能会　　C. 得要　　D. 会可能

10. 这孩子什么都好，就是考试的时候总是______粗心大意。
A. 想　　B. 能　　C. 愿意　　D. 会

11. 这次演讲有很多话题，听说有一个同学______给大家介绍他独特的学习方法。
A. 应该要　　B. 想要　　C. 愿意要　　D. 可以要

12. 无论如何，这一次我们一定______把这位专家请过来。
A. 得会　　B. 得能　　C. 得要　　D. 得肯

13. 听说你明天晚上______要去参加一个展览，是吗？
A. 会　　B. 可能　　C. 能　　D. 可以

14. 母亲把他抱起来时，他拼命挣扎，______躲开。
A. 得要　　B. 应该能　　C. 想可能　　D. 想要

15. ______说好普通话，首先得要掌握正确的发音方法。
A. 想要　　B. 应该能　　C. 可能会　　D. 可能

二、HSK 仿真题：将下面句后(　　)中的词语放在唯一合适的地方。

1. A 公交车上，B 年轻人 C 给老人 D 让座。（应该）

2. 你 A 走远一点，不 B 在这儿 C 给我 D 添乱了。（要）
3. 谁不 A 得到 B 一个待遇丰厚 C 而又多少有点儿挑战性的 D 工作呢？（愿意）
4. 地震、洪水、干旱 A 都 B 给当地人民的生活 C 带来 D 不便。（会）
5. 王经理这个人的做事方式太 A 特别了，B 经常 C 让你目瞪口呆，D 大跌眼镜。（能）
6. A 吃过那次亏以后，孙小姐 B 再也不 C 再 D 尝试别的减肥药了。（可能）
7. 回国后，我 A 一定 B 跟朋友 C 说说这件有趣的事情 D。（要）
8. 那家茶馆不但 A 茶好，气氛也 B 好，所以我 C 常 D 去。（会）
9. 这件事我只 A 告诉了你一个人，你 B 千万 C 给我保密，D 别说出去。（得）
10. 这家店不但不会把衣服洗干净，还 A 给你 B 把衣服 C 搞得 D 皱皱巴巴的。（可能会）
11. 跟小王一起去旅游特别 A 有意思，他 B 总 C 替你 D 拍很多漂亮的照片。（会）
12. 我担心 A 一个人 B 在国外生活 C 感到 D 孤单。（会）
13. 我们 A 先 B 征求他的意见，C 然后才能 D 作决定。（得要）
14. 这使得很多厂家开始担心自己的产品 A 顺利地 B 从当地 C 运 D 到各大商场。（能不能）
15. A 这个能唱会笑的小玩具 B 给孩子们带去 C 无穷的乐趣 D。（应该会）
16. 这真 A 是美妙愉快的一周，我 B 永远 C 记住它 D。（会）
17. 经济的发展，并 A 不 B 一定 C 以牺牲环境和 D 破坏文物古迹为代价。（要）
18. 这姜汤 A 一定 B 趁热 C 喝下去，凉了就不 D 起作用了。（得要）

三、HSK 仿真题：阅读下面的内容，并从 ABCD 中选择唯一正确的答案。

1—2

我在国内的时候，看过一幅以黄山为背景的广告。广告词是："我们上山时是陌生人，下山时就___1___成为朋友。"那句广告词给我留下了很深的印象，广告里的黄山风景也让我难忘。黄山从此成为我特别___2___去的地方之一。

1. A. 想　　B. 会　　C. 要　　D. 应该
2. A. 想要　　B. 要想　　C. 得要　　D. 应该要

3—4

在中国，我出门不是坐公共汽车，而是打的。一是因为方便，二是因为打的的话，路上花的时间___3___短一些。马路上到处都是出租车，我认为中国___4___称得上"出租车王国"了。

3. A. 想　　B. 该　　C. 要　　D. 得
4. A. 可能　　B. 可以　　C. 想　　D. 应该

5—9

在刺绣研究所，人们___5___亲眼看到十几个手艺人亲手刺绣的样子。我每次都___6___因他们高超的技艺而惊叹。绣花用的线非常细，好像随时___7___在风中飞起来。难怪苏绣那么漂亮和珍贵，虽然听朋友说在那儿买刺绣作品___8___压压价，但当我看到绣娘们辛苦的身影还怎么___9___再还价呢？

5. A. 想　　B. 得　　C. 要　　D. 能
6. A. 会　　B. 可以　　C. 可能　　D. 必须
7. A. 愿意　　B. 得　　C. 要　　D. 应该
8. A. 可能　　B. 可以　　C. 想　　D. 愿意
9. A. 可能会　　B. 想要　　C. 得要　　D. 会愿意

10—14

我是一个喜欢自己动手的人，平常就自己洗衣服。就算出差住在宾馆里，早晨起来的第一件事，就是 __10__ 把桌子擦了，把被子整理整理。我不大爱麻烦别人。干些活我觉得也是一种休息。还有一点，要是你不住宾馆，住在家里，那谁给你收拾房间，还不是 __11__ 自己收拾吗？为什么住了宾馆就非得服务员收拾不可？虽说服务员 __12__ 为你服务，但我认为 __13__ 动手的时候还是自己动手好，你总不能回到家以后，还 __14__ 从宾馆带一个服务员回去吧。

10. A. 想　　B. 应该　　C. 要　　D. 能
11. A. 可能会　　B. 可以能　　C. 应该要　　D. 得要
12. A. 要想　　B. 应该要　　C. 想要　　D. 可能要
13. A. 可能　　B. 可以　　C. 想　　D. 愿意
14. A. 要　　B. 该　　C. 会　　D. 肯

四、HSK 仿真题：找出下面每段话中有错误的部分。

1. 爸爸告诉我，如果用心体会，你发现幸福不在远处，就在我们身边。
A 爸爸告诉我　B 如果用心体会　C 你发现幸福不在远处　D 就在我们身边

2. 导游说黄山的地势很高，有的地方爬不上去，坐缆车上去，那样又安全又可以欣赏周围的风景。
A 导游说黄山的地势很高　B 有的地方爬不上去　C 坐缆车上去　D 那样又安全又可以欣赏周围的风景

3. 社会越来越进步，女性的地位也提高得很快，女性不再是只能做家庭主妇，而是要应该在社会生活中发挥半天边的作用。
A 社会越来越进步　B 女性的地位也提高得很快　C 女性不再是只能做家庭主妇　D 而是要应该在社会生活中发挥半天边的作用

4. 你这会儿去，办公室可能一个人也没有。人家应该都出去吃午饭了，你应该要傻等个把小时。
A 你这会儿去　B 办公室可能一个人也没有　C 人家应该都出去吃午饭了　D 你应该要傻等个把小时

5. 在韩国，人们一般不会端着碗吃饭，他们觉得米饭的热量传导给碗，很可能会烫着手。
A 在韩国　B 人们一般不会端着碗吃饭　C 他们觉得米饭的热量传导给碗　D 很可能会烫着手

6. 谁要是真有水平，能使真正的盲人用耳朵认字认路，和正常人一样地生活，他一定可能获得大奖。
A 谁要是真有水平　B 能使真正的盲人用耳朵认字认路　C 和正常人一样地生活　D 他一定可能获得大奖

7. 据说高速铁路建成后，只4个小时就能从上海抵达北京了，和以前比起来，将会减少一半的时间。
A 据说高速铁路建成后　B 只4个小时就能从上海抵达北京了　C 和以前比起来　D 将会减少一半的时间

8. 这个城市粉墙黛瓦，小桥流水，如果你是初次来到这里，相信它给你能留下深刻的印象。
A 这个城市粉墙黛瓦　B 小桥流水　C 如果你是初次来到这里　D 相信它给你能留下深刻的印象

9. 我今晚不空，7点我赶到机场去得接一个朋友来，我们以后再聚吧，会有时间的。
A　　　B　　　C　　　D

10. 要不是钱花光了，谁愿意会天天吃方便面啊？我们现在是创业阶段，确实挺难的。
A　　　B　　　C　　　D

参考答案

一、1. C　2. A　3. C　4. C　5. B　6. B　7. A　8. B　9. C　10. D　11. B　12. C　13. B　14. D　15. A

二、1. C　2. B　3. A　4. B　5. C　6. C　7. B　8. D　9. C　10. A　11. C　12. C　13. B　14. A　15. B　16. B　17. C　18. B

三、1. B　2. A　3. C　4. B　5. D　6. A　7. C　8. B　9. A　10. C　11. D　12. B　13. B　14. A

四、1. C （应改为："你会发现幸福不在远处"，表示对将来的估计时要用"会"）

2. C （应改为："要坐缆车上去"，需要某一条件时应在谓语动词前加"要"）

3. D （应改为："而是应该要在社会生活中发挥半边天的作用"。连用式错误，应为"应该要"）

4. D （应改为："你得要傻等个把小时"，有时间和数量上的要求时，应该用"得要"）

5. C （应改为："他们觉得米饭的热量会传导给碗"，动词"觉得"表示对一种情况的估计时与"会"连用）

6. D （应改为："他一定能获得大奖"，副词"一定"不修饰"可能"）

7. B （应改为："只要4个小时就能从上海抵达北京了"，需要的时量或数量前要加"要"）

8. D （应改为："相信它能给你留下深刻的印象"，助动词"能"要出现在介词短语之前）

9. B （应改为："7点我得赶到机场去接一个朋友"，连动句中，助动词放在第一个动词的前面）

10. B （应改为："谁会愿意天天吃方便面啊"，"会"和"愿意"连用，应为"会愿意"）